New MBSR
MBSR 이론과 실제

발행일	2024년 03월 05일 개정증보판 1판 1쇄
지은이	이재영
펴낸이	이성범
펴낸곳	도서출판 타래
교정·교열	박진영
표지 디자인	우일미디어디지텍
본문 디자인	우일미디어
주소	서울특별시 영등포구 양평로30길 14, 911호 (세종앤까뮤스퀘어)
전화	(02)2277-9684~5
팩스	(02)323-9686
전자우편	taraepub@nate.com
출판등록	제2012-000232호
ISBN	978-89-8250-163-0　13180

- 이 책은 저작권법에 의해 한국 내에서 보호를 받는 저작물이므로 무단 전재와 무단 복제를 금합니다.
- 파본은 구입한 서점에서 교환해 드립니다.

Mindfulness Based Stress Reduction
마음챙김을 기반으로 한 스트레스 예방과 완화

New MBSR
MBSR 이론과 실제

개정 증보판

body
sense
Well Being
eyes
tongue
ears
nose

이재영 著

심신장애 예방과 자기치유 길잡이

인간은 누구나 현재 그 자체로 완전하다
그것은 자기치유의 자원을 가지고 있기 때문이다
이 자원을 인지하고 개발하는 프로그램이 MBSR이다

Mindfulness
Meditation

도서출판 **타래**

Mindfulness Based Stress Reduction

머리말

New-MBSR 개정 증보판을 내면서!

『New-MBSR 이론과 실제』 초판이 출간된 지 3년 반이 지났다. 짧은 기간이지만 그동안 세상에는 많은 변화가 일어나 사람들의 의식과 세태도 다소 변했다. 코로나19 팬데믹은 세상을 공포의 도가니로 몰아넣었다가 사람들에게 트라우마를 남기고 지금은 종식 단계에 있다. 북한이 쏘아대는 미사일로 인해 전쟁의 불안이 고조되고 경제 면에서는 비싼 집값이 이미 심각한 사회문제가 되었다. MZ 3포(연애·결혼·출산 포기) 세대라는 신조어까지 유행이다. 지금 가장 심각한 사회문제는 저출산·고령화다. 정부는 각종 대책을 내놓고 막대한 예산을 투입하고 있지만 '백약이 무효'인 상황이다. 이 문제를 해결하지 않고선 평화롭고 안정적인 사회가 될 수 없을 것이다.

인간의 욕망은 끝이 없고 그 욕망에 비례해 불만족도 높아지고 있다. 불만족은 스트레스를 유발하고 그로 인해 정신적 장애가 일어나고 있다. 스트레스를 극복하기 위해 마약·알코올 수요와 중독자가 늘고 있다. 결혼을 기피하고 혼자의 삶을 즐기는 '딩크족'과 공동체로부터 자신을 소외시키는 '은둔형 외톨이'도 늘고 있다. 이 모든 현상은 심리적 불안정 때문이다. 심리적 불안정을 약물, 은둔, 게임중독 등으로 회피하는 것이다.

직면한 스트레스를 극복하는 도구가 마음챙김 명상이다. 마음챙김은 지금 현재의 마음을 주시하고 알아차리는 도구다. 마음을 주시하고 알아차림으로써 마음에 끌려가지 않고 마음을 다스릴 수 있다. 몸에서 일어나는 감각과 마음에서 일어나는 감정에 끌려가지 않고 내가 선택해 반응할 수 있게 된다. 내가 내 마음의 주인이 되는 것이다. 감각과 감정에 끌려다니지 않으려면 감각과 감정을 보고 다스릴 수 있어야 한다. 감각과 감정을 보고 다스리는 열쇠가 바로 마음챙김이다. 마음챙김은 인간의 심리적 장애를 치유하는 열쇠가 된다.

마음챙김의 원리를 가르쳐주고 훈련하는 명상이 불교의 수행법 위빠사나다. 서양에서는 이 위빠사나 명상을 치유 도구로 만들어 마음챙김 명상이라고 부른다. 동양의 위대한 유산을 응용해 MBSR(Mindfulness Based Stress Reduction) 치유 프로그램을 개발한 것이다. MBSR 프로그램을 공부하기 위해 많은 경비와 시간을 들여 미국을 드나든 필자는 그들의 노력을 치하하면서도 화도 났다. 수행의 본산지인 우리가 그런 프로그램을 왜 만들지 못하느냐는 자괴감 때문이었다.

필자는 서양에서 닦아놓은 MBSR 기반 위에 더 우수한 우리 프로그램을 만들겠다는 오기와 욕심으로 2020년 『New-MBSR 이론과 실제』를 출간했다. 이 책은 절판되었지만 초판의 부족한 부분을 보충해 이번에 개정 증보판을 출간하게 된 것이다. MBSR을 연구·공부하는 후진들에게 도움이 되기를 바란다. 우리 후진들이 MBSR 창시자 존 카밧진보다 더 심오하고 유용한 MBSR 이론과 실제를 내놓기를 바라는 마음에서 이 책을 세상에 내놓는다. 이 책이 심신의 고통에서 벗어나려는 사람들의 치유를 위해 일하는 지도자들에게 유익한 책이 되기를 바란다.

Mindfulness Based Stress Reduction

목차

머리말 ▶ v

PART 01
마음챙김 명상과 MBSR ▶ 1

CHAPTER 01 MBSR의 기원과 구성 ▶ 3
- **1.1** MBSR의 기원 ▶ 3
- **1.2** MBSR의 내용 구성 ▶ 6

CHAPTER 02 마음챙김의 말뜻과 어원(語源) ▶ 10
- **2.1** 마음챙김의 영어 번역 ▶ 10
- **2.2** 마음챙김의 한국어 번역 ▶ 11
- **2.3** 마음챙김의 말뜻 ▶ 12

CHAPTER 03 불교 수행과 사티(마음챙김) ▶ 16
- **3.1** 불교 경전에서 사티의 쓰임 ▶ 16
- **3.2** 붓다의 가르침과 마음챙김 ▶ 18
- **3.3** 위빠사나 명상과 마음챙김 ▶ 22

CHAPTER 04 마음과 마음챙김 ▶ 26
- **4.1** 마음이란 무엇인가? ▶ 26
- **4.2** 일체유심조와 마음챙김 ▶ 28

PART 02
MBSR 공식 명상 ▶ 33

CHAPTER 05 마음챙김 호흡관찰 명상 ▶ 34
- **5.1** 호흡의 기능과 인간의 생명 ▶ 34
- **5.2** 호흡의 기능과 건강 ▶ 35

5.3 호흡관찰 명상 ▶ 36
5.4 수식관의 유형 ▶ 38

CHAPTER 06 마음챙김 정좌 명상 ▶ 44

6.1 정좌 명상이란? ▶ 44
6.2 좌선의 자세 ▶ 45
6.3 마음챙김 정좌 명상 ▶ 46
6.4 정좌 명상 지시문 사용 ▶ 49

CHAPTER 07 마음챙김 요가 ▶ 51

7.1 요가의 기원 ▶ 51
7.2 요가의 의미 ▶ 52
7.3 라자 요가 ▶ 53
7.4 마음챙김 하타요가 ▶ 54

CHAPTER 08 마음챙김 바디스캔(Body Scan) ▶ 57

8.1 불교 명상과 바디스캔 ▶ 57
8.2 바디스캔의 효과 ▶ 59
8.3 바디스캔 수행 절차 ▶ 62

CHAPTER 09 마음챙김 걷기 명상(行禪) ▶ 65

9.1 걷기 명상의 유래와 의미 ▶ 65
9.2 마음챙김 걷기 명상 ▶ 66
9.3 New-MBSR에서의 걷기 명상 ▶ 68

PART 03

MBSR 비공식 명상 ▶ 71

CHAPTER 10 마음챙김 먹기 명상 ▶ 72

10.1 건포도 명상과 먹기 명상 ▶ 72
10.2 마음챙김 먹기 명상의 유익함 ▶ 73
10.3 건포도 명상 지시문 ▶ 74

CHAPTER 11 마음챙김 자애 명상 ▶ 77

11.1 자애 명상이란? ▶ 77
11.2 자애 명상 ▶ 78
11.3 자애 명상법 ▶ 79
11.4 자애 명상의 효과 ▶ 80

CHAPTER 12 마음챙김 시각화 명상 ▶ 84

    12.1 시각화 명상이란? ▶ 84
    12.2 New-MBSR에서의 시각화 명상 ▶ 86

CHAPTER 13 마음챙김 대화 명상 ▶ 89

    13.1 인간관계와 대화 ▶ 89
    13.2 마음챙김 대화 ▶ 90
    13.3 마음챙김 경청 ▶ 92

CHAPTER 14 일상생활의 마음챙김 ▶ 97

    14.1 수행이란? ▶ 97
    14.2 마음챙김과 현존의 힘 ▶ 99
    14.3 일상생활의 마음챙김 명상 ▶ 100
    14.4 마음챙김 명상의 유익함 ▶ 102
    14.5 마음챙김의 자세 ▶ 103

PART 04

서양 심리학과 마음챙김 ▶ 109

CHAPTER 15 정신분석 심리학과 마음챙김 ▶ 110

    15.1 정신분석학과 마음챙김 명상 ▶ 110
    15.2 인격의 구조와 마음챙김 ▶ 111
    15.3 무의식(Unconsciousness)과 마음챙김 ▶ 112
    15.4 방어기제(Ego-Defence Mechanism)와 마음챙김 ▶ 113

CHAPTER 16 실존주의-인본주의 심리학과 마음챙김 ▶ 116

    16.1 실존주의-인본주의 심리 치유 ▶ 116
    16.2 실존주의-인본주의 심리 치유 기제로서의 마음챙김 ▶ 117

CHAPTER 17 인지행동 심리학과 마음챙김 ▶ 120

    17.1 인지행동 심리학과 인지 치료 ▶ 120
    17.2 인지행동 심리치료와 마음챙김 명상 ▶ 121
    17.3 마음챙김 인지 치료의 기제 ▶ 122

CHAPTER 18 형태주의(Gestalt) 심리학과 마음챙김 ▶ 126

    18.1 형태주의 심리학과 마음챙김 ▶ 126
    18.2 게슈탈트의 주요 개념과 마음챙김 ▶ 127

CHAPTER 19　교류분석과 마음챙김　▶ 131
  19.1　교류분석이란?　▶ 131
  19.2　교류분석 치료와 마음챙김 명상　▶ 133

PART 05

마음챙김 심신치유　▶ 139

CHAPTER 20　마음챙김과 스트레스 대처　▶ 140
  20.1　현대인과 스트레스　▶ 140
  20.2　스트레스의 정의　▶ 142
  20.3　스트레스의 생리적 반응　▶ 143
  20.4　스트레스 반응으로 발생하는 질병　▶ 145
  20.5　스트레스 반응과 마음챙김의 대처　▶ 146

CHAPTER 21　마음챙김과 우울증 대처　▶ 152
  21.1　우울증의 문제　▶ 152
  21.2　우울증과 마음챙김 치유　▶ 153

CHAPTER 22　마음챙김과 불안장애 대처　▶ 157
  22.1　불안장애에 대한 이해　▶ 157
  22.2　마음챙김과 불안장애 대처　▶ 158

CHAPTER 23　마음챙김과 분노조절장애 대처　▶ 162
  23.1　분노조절장애란?　▶ 162
  23.2　마음챙김에 기초한 분노조절장애　▶ 163

PART 06

마음챙김 명상 지도자론　▶ 167

CHAPTER 24　MBSR 지도자론　▶ 168
  24.1　명상 지도자의 위치와 역할　▶ 168
  24.2　명상 지도자의 자질과 자세　▶ 169
  24.3　MBSR 지도자의 레벨 평가　▶ 173
  24.4　MBSR 지도 방법　▶ 175

CHAPTER 25　New-MBSR 교육과정　▶ 177

- **25.1** MBSR 8주 기본 과정 ▶ 177
- **25.2** New-MBSR 8주 일반 과정 ▶ 178
- **25.3** MBSR 8주 일반 과정 커리큘럼 ▶ 180

CHAPTER **26** MBSR 지도자 과정 ▶ 215

- **26.1** MBSR 지도자 교육과정 구성의 원리 ▶ 215
- **26.2** CFM MBSR 지도자 과정 ▶ 217
- **26.3** BMC(Brown Mindfulness Center) MBSR 지도자 과정 ▶ 221

부록 ▶ 225

- 부록 1 마음챙김 요가 자세 ▶ 226
- 부록 2 마음챙김 바디스캔 지시문 ▶ 238
- 부록 3 Body Scan Meditation ▶ 246
- 부록 4 산 명상 지시문 ▶ 254
- 부록 5 느티나무 명상 지시문 ▶ 257

Mindfulness Based Stress Reduction

Mindfulness Based Stress Reduction

PART
01

마음챙김 명상과 MBSR

Mindfulness Based Stress Reduction

Mindfulness Based Stress Reduction

CHAPTER 01

MBSR의 기원과 구성

1.1 MBSR의 기원

MBSR은 Mindfulness-Based Stress Reduction의 머리글자를 따 만든 용어다. 만병의 원인이 되는 스트레스를 예방·치유하는 행동의학으로 1979년 미국 매사추세츠 의과대학(University of Massachusetts Medical School) 메디컬센터의 존 카밧진(Jon Kabat-Zinn) 박사에 의해 개발되었다. 카밧진 박사는 매사추세츠 의과대학 교수로 당시 의료기술로 다스리기 어려운 만성 통증이나 만성 질병에 노출된 환자들의 스트레스 지수 완화를 위해 이 프로그램을 개발했다.

카밧진 박사가 MBSR 프로그램을 개발할 수 있었던 것은 1970년대 당시의 정치적, 문화적, 심리학적, 의학적 상황이 작용했기 때문이며 1970년대 이전 상황도 MBSR을 개발할 수 있는 토양이 되었다. 제2차 세계대전이 끝난 후 자본주의와 공산주의의 이데올로기 논쟁의 심화, 한국 전쟁, 베트남 전쟁 등으로 인해 불안감이 조성되었다. 이러한 상황에서 1960~1970년대 히피족이 등장하면서 기존 문화와 이념에 충격을 안겼다. 이들은 보수적 가치를 적대시하고 물질문명을 부정했으며 자유와 평화를 중시했다. 히피족은 전 세계 청년층에 확산해 하나의 문화 양식으로 자리 잡았다. 거기에 포스트모더니즘 사고가 등장하면서 상대주의, 해체주의 등의 사고가 명상을 배양할 토양을 만들게 되었다. 이러한 심리적 공황과 불안 등으로 인해 미국에 명상이 유입되었고 명상을 통한 치유프로그램 MBSR이 개발된 것이다.

미국에서 MBSR 프로그램의 개발과 교육이 촉진될 수 있었던 것은 불교사상과 불교 명상이 유입되었기 때문이다. 1950년대 미국에 마음챙김 명상의 기반이 되는 위빠사나 명상이 들어왔다. 1955년도 고엔카(S. N. Goenka) 위빠사나가 들어오면서 미국에서 위빠사나 명상의 불씨를 일으켰다. 이후 1970년대 조셉 골드스타인(Joseph Goldstein)과 잭 콘필드(Jack Kornfield)가 설립한 Insight Meditation Society에서 위빠사나를 지도한 것이 카밧진의 MBSR 프로그램 개발에 큰 영향을 미쳤다.

카밧진의 MBSR 개발에 영향을 미친 또 다른 지류는 크리스티나무르티(Krishnamurti) 사상이다. MBSR의 핵심 개념인 '선택 없는 주시(Choiceless Awareness)'는 크리스티나무르티의 사상에서 연원되었다. 크리스티나무르티는 "심판이 있는 곳, 비교와 비판이 있는 곳에는 열린 마음이 없다."라고 말했다[1]. 대상을 경계하면서 수용한다는 의미다. 대상을 판단하거나 평가하지 않고 '있는 그대로' 본다는 것이다. 이러한 개념이 MBSR을 정의하는 데 반영된 것이다.

카밧진의 MBSR 개발에 직접적인 영향을 미친 것은 불교사상과 명상이다. 카밧진은 MIT 학생이었을 때 선불교 전도사 필립 카풀로(Philip Kapleau)에 의해 명상을 처음 접하게 되었다. 이후 틱낫한 스님과 숭산 스님 등과도 함께 명상 연구와 수련을 계속했다. 1979년 카밧진은 매사추세츠 의과대학에서 '스트레스 감소 클리닉(The Stress Reduction and Relaxation Program)'을 개발했다. 이를 기반으로 그는 구조화된 8주 MBSR을 만들었다. 이 프로그램은 불교적 색채와 구조, 불교와 명상의 관계를 없애고 심리학적, 과학적 프로그램으로 개편한 것이다.

MBSR을 모태로 제반 마음챙김을 응용한 심신치유 프로그램을 MBI(Mindfulness Based Intervention)라고 한다. MBI 프로그램 중 마음챙김을 기반으로 인지행동치료(MBCT: Mindfulness Based Cognitive Therapy), 마음챙김을 응용한 수용전념치료(ACT: Acceptance and Commitment Therapy), 변증법적 행동치료(DBT: Dialectical Behavior Therapy), 자기연민치료(MSC: Mindfulness Self-Compassion) 등이 있다.

마음챙김 명상은 심신치유 외에도 교육, 상담, 인간관계, 리더십 교육 등의 분야에서 다양하게 활용되고 있다. 마음챙김 명상을 기초로 하거나 응용한 교육 프로그램에는 SQP(Still Quiet Place), L2B(Learning to Breath), SEL(Social and Emotional Learning) 등이 있으며 이 프로그램들이 어린이, 청소년 등의 교육 프로그램으로 활용되고 있다.

---

[1] Krishnamurti, *The First and Last Freedom*, London: Victor Gollancz, 1972, pp.16-17

위의 심신치유와 상담 프로그램 외에도 마음챙김을 기초로 한 재발방지 프로그램(MBRP: Mindfulness Based Raps Program), 마음챙김을 기초로 한 노인돌봄 프로그램(MBEP: Mindfulness Based Elder Program), 마음챙김을 기반으로 한 의사소통 프로그램, 웰다잉(Well Dying) 프로그램, 임산부 프로그램 등 다양한 치유·상담 프로그램으로 사용되고 있다.

현재 MBSR은 하나의 심리치유 프로그램을 넘어 새로운 심리학 계열의 한 학문으로 자리매김하고 있다. 현대 학문에서 지향하는 융합학문 중 하나로 심리학, 상담학, 의학, 뇌과학, 요가 등을 융합한 학문의 한 분야로 등장한 것이다. MBSR이 새로운 분야의 학문으로 자리매김할 수 있게 된 것은 이 프로그램이 창안된 이후 많은 논문과 임상에 의한 과학적 연구가 심신치유 효과를 입증하고 있기 때문이다. 실제로 MBSR 수련생 중 85% 이상이 심신 건강에 효과를 보았다는 보고도 있다.

2000년대 초부터 현재까지 우리나라에서도 장현갑 박사를 중심으로 한 K-MBSR과 안희영 박사를 중심으로 한 한국 MBSR 연구소에서 MBSR 관련 연구·교육을 시행하고 있다. 안희영 박사는 미국 MBSR 본부 CFM(Center For Mindfulness in Medicine, Health Care and Society)의 인증 지도자로 CFM 교과 과정에 의한 프로그램을 지도하고 있고 장현갑 박사는 MBSR의 CFM 교과 과정을 기본으로 한국형 MBSR 프로그램을 개발해 지도하고 있다.

MBSR 프로그램의 핵심 과정은 'MBSR 일반 8주 과정'으로 전 세계 MBSR 교육기관의 표준화된 프로그램이다. 매주 2시간 30분~3시간 수업과 온종일 프로그램으로 전체 31시간의 공식 명상, 비공식 명상, 그룹 토의 등의 수련 내용으로 구성되어 있다. 교육내용 중 홈 과제와 그에 대한 피드백 나눔이 중요하다. 수업에서 배운 내용을 가정에서 매일 45분 이상 연습해 몸에 익숙하게 하는 수련이다.[2]

1990년대 필자는 미국 CFM이 주관하는 MBSR 일반 과정과 지도자 과정을 수료하고 대학에서 MBSR을 연구·교육하고 있다. 2018년 1월에는 충남 아산에 명상원(禪門명상원)을 개원하고 MBSR 8주 일반 과정과 지도자용 심화 과정을 지도하고 있으며 MBSR의 토대인 위빠사나 명상도 지도하고 있다. 마음챙김 명상을 기초로 한 심신치유 프로그램 외에도 마음챙김 명상을 기초로 한 의사소통개발 프로그램(MBCD:

---

[2] 필자는 미국 CFM이 실시하는 MBSR 8주 일반 과정, MBSR 8주 지도자 과정(PTI)을 수료했다.

Mindfulness Based Communication Development)을 개발해 대학과 직장 등에서 교육하고 있다. MBCD는 인간관계 훈련 프로그램에 속하는 것으로 마음을 챙기며 말하기·듣기 능력을 개발해 인간관계 증진을 목적으로 개발된 프로그램이다.

1.2 MBSR의 내용 구성

오늘날 학문 세계는 학문 간 독자적 연구를 지양(止揚)하고 융합·통합의 학문을 지향(指向)하고 있다. 이러한 학문 융합은 동종(同種) 간 융합뿐만 아니라 이종(異種) 간 융합도 활발히 이루어지고 있다. 인문·사회과학과 자연과학의 융합, 서양 사상과 동양 사상의 융합, 과학과 종교학의 융합, 기초과학과 응용과학의 융합 등 다양한 융합학문 연구가 학계의 대세를 이루고 있다.

MBSR은 불교사상에 기초하고 의학, 심리학, 뇌과학, 그룹 다이내믹스 등의 융합 학문에 기반한 치유프로그램이며 동양의학과 서양의학, 고전 심리학과 현대 심리학, 심리학, 뇌과학, 동양의 전통 사상, 서양 사상 등 학문 간 통합된 이론에 기초한 치유 프로그램이다. MBSR은 이러한 통합 학문에 기초한 이론과 실천이기 때문에 통합의학 또는 통합심리학의 계열 학문으로 분류된다.

MBSR은 오늘날 의학계의 관심의 대상인 행동의학으로 통합의학 또는 대체의학에 해당한다. 의학적 차원에서 예방과 심신의 균형에 초점을 맞춘 동양의학의 전통에 더 가깝다고 할 수 있다. 동양의학의 전통은 음양(陰陽)의 조화, 심신(心身)통일, 천인(天人)합일, 기(氣)의 균형이다. 이러한 동양의학의 통합·균형의 원리가 예방, 면역력, 회복력 강화에 초점을 맞춘 MBSR에서 적용되고 있다.

MBSR의 핵심 기재인 마음챙김의 원리는 공자의 『대학』에 등장하는 격물치지(格物致知), 성의정심(誠意正心), 수신제가(修身齊家), 치국평천하(治國平天下)의 정신을 담고 있다. 사물의 이치를 알고 마음을 바르게 갖고 자기 몸을 다스려 세상을 편하게 할 수 있다는 뜻이다. 웰빙을 지향하는 MBSR의 기반은 격물치지, 성의정심에 있다고 할 수 있다.

고대 서양의 하이지에이안(Hygieian)과 히포크라테스(Hippocrates) 의학 정신도 MBSR의 기반이 된다. 하이지에이안의 통합, 힐링, 참여, 예방, 관계 등의 의학 정신을 강조하며 히포크라테스는 과학적 기반 위에 임상과 실증에 기반한 의학 정신을 강조하고 있다. MBSR에서 추구하는 심리치료는 위의 2가지 전통에 기반하지만 예방·힐링 등을 강조하는 하이지에이안의 의학 정신에 더 가깝다고 할 수 있다.

MBSR은 마음챙김 호흡명상(Awareness of Breath), 바디스캔 명상(Body Scan Meditation), 마음챙김 요가(Mindfulness Yoga), 정좌 명상(Sitting Meditation), 동작 명상(Movement Meditation) 5개 공식 수련과 먹기 명상(Eating Meditation), 자애 명상(Loving and Kindness Meditation), 산 명상(Mountain Meditation), 마음챙김 의사소통(Mindfulness Communication) 등의 비공식 수련으로 구성되어 있다.

MBSR 프로그램은 위의 5개 공식 명상과 몇 개의 비공식 명상으로 고정된 것은 아니다. MBSR 지도자에 따라 스트레스 지수 완화 및 대처에 효과적인 도구(Tools)가 있다면 MBSR 보완 프로그램으로 도입될 수 있다. 인간은 다른 문화와 환경의 영향으로 성격, 삶의 형태(Life Style)가 다르다. 따라서 스트레스의 원인도 다르고 그것에 대처하는 방식도 달라 MBSR의 표준화된 프로그램을 기반으로 보완적인 프로그램들이 참여자의 특성과 문화에 따라 다르게 적용되어야 할 것이다. 물론 이 경우에는 그 도구가 스트레스 예방·완화에 도움이 된다는 것이 임상적으로 입증되어야 할 것이다.

필자의 MBSR 심신치유 수련 경험에 의하면 동양의 기 수련, 요가의 호흡법, 오쇼 라즈니시의 동적(動的) 명상, 춤 치유(Dance Therapy) 등도 스트레스 예방·완화에 큰 도움이 된다. 따라서 이 수행법들도 MBSR 프로그램에서 비공식 명상으로 수용할 수 있을 것이다. 필자가 지도하는 MBSR 그룹에서 실험적으로 이 몇 가지 도구를 사용해 본 결과, 참여자들은 흥미와 유의미한 긍정적 반응을 보였다. 따라서 존 카밧진이 창안한 MBSR 프로그램은 학문 간 융합·통합으로 계속 보완·발전되어야 할 것이다.

MBSR 프로그램의 기반은 아래 그림과 같이 한약을 제조하는 약탕기에 비유할 수 있다. 한약은 질병 진단에 따라 각종 약재를 혼합해 약탕기에 넣어 끓임으로써 약효를 갖는 약을 만들어낼 수 있다. 한약을 제조하면서 빠지지 않는 약제가 바로 감초다. 감초는 한약의 쓴맛을 완화하고 각 약제에 들어있는 독(毒)을 해독하는 작용을 한다. MBSR에서 감초 역할을 하는 것이 Mindfulness(마음챙김)이다. 마음챙김은 명상 수행에서 지루하거나 고통을 완화하는 역할을 하며 인간의 마음에 있는 탐진치(貪瞋痴: 탐욕, 분노, 어리석음)의 독소를 제거하는 역할을 한다. 그리고 MBSR의 기반이 되는 여러 분야의 전통과 학문을 융합하는 연금술(鍊金術) 역할도 한다.

참고문헌

- Bhante, Gunaratana, *Mindfulness-In Plain English*, The Classic Bestseller, 2011.
- Bob Stahl & Elisha Goldstein, *Mindfulness-Based Stress Reduction Workbook*, CA USA; New Harbinger Publications, Inc, 2010.
- Donald McCown. Reibel. and Micozzi, *Teaching Mindfulness*, Washington USA; Springer, 2011.
- Jon Kabat-Zinn, *Full Catastrophe Living*, New York USA; Bantam, 2013.
- Jon Kabat-Zinn, *Wherever You go*, there you are, New York USA; Tachette Books, 2005.
- Mark Williams and Danny Penman, *Mindfulness*, New York; Rodale, 2012.
- Michael Chaskalson, The Mindful Workplace, UK; Wiley Blackwell, 2011.
- Ed. Saki F. Santorelli, Florence Meleo-Meyer and Lynn Koerbel, *Mindfulness-Based Stress Reduction-Authorized Curriculum Guide*, USA Center for Mindfulness *unpublished book, 2017.
- Ed. Ruth A. Bear, *Mindfulness-Based Treatment Approaches*, MA, USA; Academic Press, 2006.
- Ed. Steaven C. Hayes, Victoria M. Follette, Marasha M. Linehan, *Mindfulness and Accep-*

tance, 고진하 역,『알아차림과 수용』, 서울; 명상상담연구원, 2010.
- 김종근,『대념처경과 MBSR의 비교연구』,『선문학 연구』, 제14집, 서울: 선문학연구회, 2013.
- 안양규,『MBSR의 개발과 불교의 영향』,『불교학보』, 제58집, 서울: 불교학회, 2010.
- 임인영,『MBSR 프로그램과 마하시 위빠사나의 비교』,『한국 불교학』, 제86집, 서울: 한국불교학회, 2018.

Mindfulness Based Stress Reduction

CHAPTER 02
마음챙김의 말뜻과 어원(語源)

2.1 마음챙김의 영어 번역

MBSR의 기반이 되는 Mindfulness(마음챙김)는 초기 불교의 사티(Sati)의 영어 번역어다. 서양에서는 '사티'를 'Mindfulness', 'Awareness', 'Notice' 등으로 번역해 사용하고 있지만 현재는 일반적으로 'Mindfulness'가 사용되고 있다. '사티'의 한국어 번역으로 '알아차림', '마음집중', '마음지킴', '마음챙김', '새김' 등이 있지만 현재는 '마음챙김'으로 통용되고 있다.

사티를 'Mindfulness'로 최초로 번역한 인물은 리스 데이비드(T. W. Rhys Davids)로 알려져 있다. 1881년 데이비드가 불교 경전을 편찬하면서 사티를 'Mindfulness'로 번역한 것이 Mindfulness를 최초로 사용한 시원(始元)이 되었다. 데이비드가 Mindfulness로 번역하기 이전에는 1855~1875년 무렵 Monier Williams, Childer, Böhtlingk 등이 빨리어 사전에 '기억(Remembrance, Memory, Reminiscence, Recollection, Thinking 등)'으로 번역해 올렸다.[3]

초기 불교에서 사티는 '기억, 회상, 생각하는 것' 등의 의미로 사용되었다. 붓다는 사티를 '기억, 회상, 생각하는 것' 등의 의미로 사용했다고 본다. 당시는 문자를 기록할 용지가 없어 경전의 전달은 대부분 구전에 의한 것이었다. 구전에 의한 정확한 전달에서는 정확한 기억이 중요할 수밖에 없다. 끊임없이 반복해 명확히 기억하는 것이 중요해졌다. 신중하고 명확한 기억을 위해서는 현재 일어나는 일들에 대한 원인의 결과, 마음과 몸에서 일어나는 현상을 확인하고 기억해야 한다.

---
[3] Rupert, "On some Definition of Mindfulness", Contemporary Buddhism, Vol. 12, No. 1, 2011.

불교의 인식론에서 만물은 무상(無常)이고 무아(無我)다. 실체가 없고 무상의 존재이지만 매 순간 일어나는 현상을 명확히 기억하고 마음에 담아 인식해야만 무명에서 벗어날 수 있다. 사티는 모든 현상, 신체와 정신에서 일어나는 것들에 대한 인식이 반복적으로 이루어져야 깨어있는 삶이 가능하다. 그렇지 않으면 망상과 혼미한 정신으로 살아야 한다. 이러한 망상과 혼미한 정신으로 살게 되면 탐욕, 분노, 어리석음 3독(三毒)에 빠지게 된다.

현대 들어 사티의 의미를 Mindfulness(마음챙김)로 사용하게 된 것은 사티의 의미의 모호성과 사티를 실질적으로 사용하려는 데서 비롯되었다고 본다. 기억과 관련된 정확한 기억, 명확한 이해, 명확한 설명은 인간의 말과 생각을 바르게 이끄는 원동력이다.[4] 따라서 명확한 기억, 이해, 설명을 위해 Mindfulness로 번역된 것은 가장 적절한 표현이라고 본다. Mindfulness는 정견(正見)의 문이 되고 정어(正語), 정명(正命), 정업(正業)을 이끄는 견인차가 된다.

2.2 마음챙김의 한국어 번역

일부에서는 Sati의 한역(漢譯)인 염(念)을 번역해 '생각', '기억' 등으로 옮겼지만 대부분 영어 번역어 Mindfulness는 한국어로 마음챙김, 마음지킴, 알아차림, 마음집중, 주시 등으로 번역해 사용한다.[5] 그중 마음챙김이 가장 많이 사용되고 있다.

임승택은 사티를 '마음지킴'으로 번역해 사용하고 있다. 그는 사티가 한국어 '지키다'의 사전적 의미인 '수호하다', '출입을 감시하다', '~을 주의하다', '~ 절개를 굽히지 않고 지니다' 등의 의미를 포함한다고 보고 사티를 '마음지킴'으로 번역해 사용할 것을 주장했다.[6]

조준호는 임승택의 이러한 번역은 초기 경전 주석서 『청정도론』에 등장하는 문지기의 비유에 근거한 것으로 초기 경전에는 납득할 만한 전거(典據)가 없다고 비판

---

[4] Bhikkhu Bodhi, "What Does Mindfulness Really Mean?-Canonical Perspective", Contemporary Buddhism, Vol. 12, No. 1, 2011.

[5] 김정호, 「마음챙김이란 무엇인가-마음챙김의 임상적 및 일상적 적용을 위한 제언」, 『한국심리학회지: 건강』, 9(2), 2004. pp.511-518.

[6] 임승택, 「마음지킴(Sati)의 위상과 용례에 대한 재검토」, 제7회 구산 논문발표회 자료집(2002, 11).

했다. 그는 사티는 의지 활동을 쉽게 하고 멈추게 하는 기능을 하므로 '수동적 주의 집중'으로 번역해 사용하는 것이 타당하다고 주장했다.[7]

인경은 사티의 '마음챙김'이라는 번역이 부적절하다고 비판하며 '알아차림'으로 사용할 것을 주장한다. 마음챙김은 변하지 않는 마음의 존재를 암시하고 있기 때문에 초기 불교의 '모든 현상은 변한다'라는 관점을 잘 설명하지 못하고 있다고 주장한다. 또한, 마음챙김은 '붙잡다'라는 의미가 함축되어 있으므로 부정적 마음을 흘려보내야 한다는 관점에도 부합하지 않는다고 본다.[8]

전재성은 사티를 '새김'으로 번역해 사용하고 있다.[9] 그는 초기 불교 경전 전집(全集)을 번역하면서 사티를 '새김'으로 번역했다. 필자는 전재성의 '새김'이라는 번역을 지지한다. 새김은 순수한 우리나라 외에 기억(잘 새겨라), 이해(잘 새겨들어라), 반추(되새겨라) 등의 의미이기 때문에 초기 불교 사티의 번역어인 '기억', 현대의 사티 번역어인 '마음챙김'의 의미를 아우를 수 있는 용어이기 때문이다.

2.3 마음챙김의 말뜻

사티의 영어 번역어 'Mindfulness'의 한국어 번역이 학자들 사이에서 큰 논란이 되고 있다. 주로 '마음챙김'이 통용되고 있지만 인경 스님을 비롯한 일부 학자들 사이에서는 '알아차림'으로 사용해야 한다는 주장도 강하게 어필되고 있다. 이 학자들은 '알아차림'이 마음챙김 명상의 특성인 '존재하는 그대로', '비판단적으로', '자각하는' 등의 의미를 함의하고 있다고 주장한다. 마음챙김의 용어 '챙김' 자체에 '마음'이라는 말을 담고 있으므로 '마음챙김'이라는 용어는 의미상 혼란이 있다는 것이다. 알아차림의 용어에는 수동적이고 비판단적인 순수한 주시와 알음알이의 의미가 담겨있다는 것이다.

사티는 알아차림(Awareness), 주시(Attention), 기억(Remembering) 등의 의미를 내포하고 있다. 이 용어들은 인간의 의식작용을 말하는 것으로 'Awareness'는 의식의 Radar(전파탐지기)와 같은 것으로 인간의 내적·외적 세계를 관찰(Monitoring)하는

---

[7] 조준호, 「사티는 왜 수동적 주의 집중인가」, 『인도 철학』, 제16집, 2004년.

[8] 인경 스님, 『명상심리치료』, 명상심리상담원, 2012, p.103.

[9] 전재성 역주, 한국 빠알리성전협회에서 발행한 쌍윳따니까야, 디가니까야, 맛지마니까야 등 니까야에서 사티를 '새김'으로 번역했다.

작용을 말한다. 그리고 주시(Attention)는 의식의 대상에 초점을 맞추어 집중하는 것이다. 여기서 기억(Remembering)은 단순히 '기억하다'라는 의미가 아니라 현재의 경험을 진지하게 주시하고 알아차려 마음속에 새겨 놓았다가 대상을 주시할 때 환기(喚起)시키는 것이다.

서양에서는 사티의 번역어인 'Mindfulness'와 'Awareness'를 혼용하고 있다. 하지만 이 두 단어 개념의 쓰임새에는 약간의 차이가 있다. Mindfulness는 '주시(Attention)'에 더 가까운 의미이며 Awareness는 '알다(noticing)'에 더 가까운 의미가 포함되었다. Mindfulness는 '유념의 상태' 즉, 대상을 마음에 고정해 놓치지 않는 상태를 말하고 'Awareness'는 의식이 대상을 분명히 자각·인식하는 상태를 말한다. Awareness는 자각과 의식이 진행되는 '앎'이라고 할 수 있다. 현재 서양에서는 Mindfulness와 Awareness가 거의 구분 없이 사용되며 Awareness가 더 빈번히 사용되고 있다.[10]

그러나 사티의 영어 번역어 'Mindfulness'의 한국어 번역에 대해서는 학자들 사이에서 많은 논란이 되고 있다. 주로 '마음챙김'이 통용되고 있지만 인경 스님을 비롯한 일부 학자들 사이에서는 '알아차림'으로 사용해야 한다는 주장도 강하게 어필되고 있다. 이 학자들은 '알아차림'이 마음챙김 명상의 특성인 '존재하는 그대로', '비판단적으로', '자각하는' 등의 의미를 함의한다고 주장한다. 마음챙김의 용어 '챙김' 자체에 '마음'이라는 말을 담고 있어 마음챙김이라는 용어는 의미상 혼란이 있다는 것이다. '알아차림'이라는 용어에는 '수동적이고 비판단적인 순수한 주시와 알음알이'라는 의미가 담겨있다는 것이다.[11]

불교에서는 사티가 내포하고 있는 'Attention', 'Mindfulness', 'Awareness' 이 3가지 의식의 작용을 세분화해 설명하고 있다. Attention은 마음이 대상을 주시하는 것, Mindfulness는 마음이 그 대상에 밀착하는 것, Awareness는 마음이 그 대상을 분명히 아는 것으로 설명한다. 이들은 어떤 감각기관이 대상을 대할 때 동시에 일어나는 것이지만 서로 다른 기능을 하고 있다. 사티를 개발하기 위한 위빠사나에서 명상에서는 주시(Attention)를 통해 마음챙김(Mindfulness)의 상태를 개발하고 마음챙김을 통해 알

---

[10] 필자가 미국 CFM이 주최한 MBSR 지도자 과정 워크숍에 참가했을 때 MBSR 지도자들은 'Mindfulness'와 'Awareness'를 혼용했고 주로 'Awareness'를 사용했다.

[11] 고진하 옮김, 『알아차림과 수용』, 명상상담연구원, 2009, p.20.

아차림(Awareness)의 능력과 힘을 개발한다.[12]

불교의 초기 경전의 수행 과정에 대한 설명에서 사티가 중심이 되고 있다. 이 사티에 대한 이해 없이 깨달음의 길을 설명할 수는 없다. 수행의 근기(根氣)를 기르기 위한 5가지 태도인 오력(五力), 해탈에 이르는 8단계인 팔정도(八正道), 깨달음의 7가지 길인 칠각지(七覺支) 등의 수행 과정에서 사티가 사용되고 있다. 마음챙김에 대한 올바른 이해와 사용을 위해서는 불교 수행 과정에서 사티의 쓰임새를 이해해야 한다.

참고문헌

- Bob Stahl & Elisha Goldstein, *Mindfulness-Based Stress Reduction Workbook*, CA USA; New Harbinger Publications, Inc. 2010.
- Donald McCown. Reibel. and Micozzi, *Teaching Mindfulness*, Washington USA; Springer, 2011.
- Jon Kabat-Zinn, *Full Catastrophe Living*, New York USA; Bantam, 2013.
- Jon Kabat-Zinn, *Wherever you go, there you are*, New York USA; Tachette Books, 2005.
- Mark Williams and Danny Penman, *Mindfulness*, New York; Rodale, 2012.
- Michael Chaskalson, *The Mindful Workplace*, UK; Wiley Blackwell, 2011.
- Ed. Saki F. Santorelli, Florence Meleo-Meyer and Lynn Koerbel, *Mindfulness-Based Stress Reduction-Authorized Curriculum Guide*. USA Center for Mindfulness *unpublished book, 2017.
- Ed. Ruth A. Bear, *Mindfulness-Based Treatment Approaches*, MA, USA; Academic Press, 2006.
- 인경 스님, 『명상심리 치료』, 명상심리상담원, 2012.
- Buikkhu Bodhi, "*What Does Mindfulness Really Mean?-A Canonical Perspective*", Contemporary Buddhism Vol. 12, No. 1, Taylor & Francis, 2011.
- Rupert Gethin, "*On Some Definition of Mindfulness*", Contemporary Buddhism, Vol. 12, Taylor & Francis, 2011.
- Ed. Steaven C. Hayes, Victoria M. Follette, Marasha M. Linehan, *Mindfulness and Acceptance*, 고진하 역, 『알아차림과 수용』, 서울; 명상상담연구원, 2010.
- 김정호, 「마음챙김이란 무엇인가?-마음챙김의 임상적 및 일상적 적용을 위한 제언」, 『한국심리학회지: 건강』, 9(2), 2004.
- 임승택, 「마음챙김의 위상과 용례에 관한 재검토」, 『보조사상』, 19, 보조사상연구원, 2003.
- 장진영·김세창, 「사티(Sati), 마음챙김(Mindfulness)과 염(念)의 수행상 의미 변천」, 『철학연

---

12 정준영·박성현, 『초기 불교의 사티와 현대 심리학의 마음챙김: 마음챙김 구성 개념 정립을 위한 제언』, 한국심리학회지, Vol. 22, No.1, pp.1-32. 2010.

구』 제138집, 2016. 대한철학회 논문집, 2016.
- 정준영·박성현, 「초기 불교의 사티(Sati)와 현대 심리학의 마음챙김: 마음챙김 구성 개념 정립을 위한 제언」, 『한국상담심리학회지』, 제22권 1호, 한국상담심리학회, 2010.
- 조준호, 「사티는 왜 수동적 집중인가?」, 『인도철학』, 제16집, 인도철학회, 2004.

Mindfulness Based Stress Reduction

CHAPTER 03

불교 수행과 사티(마음챙김)

3.1 불교 경전에서 사티의 쓰임

오근(五根)과 오력(五力)

오근은 수행자가 지녀야 할 5가지 태도이고 오력은 오근이 강화된 힘을 말한다. 수행의 확립과 정진을 위해 믿음의 기능(信根), 노력의 기능(精進根), *사티의 기능*(念根), 집중의 기능(定根), 지혜의 기능(慧根)이 기반이 되어야 하며 오력은 오근이 강화된 힘 즉, 수행의 정진을 위한 힘으로 믿음, 정진, 사티, 집중, 지혜를 말한다.[13] 오력은 수행을 나태하고 방일(放逸)하게 만드는 5가지 장애 즉, 감각적 욕망, 악의, 나태, 들뜸, 어리석음을 극복하는 힘을 말한다.

사티는 오근과 오력을 구성하는 마음챙김의 역할을 한다. 사티를 오근의 중간 3번째에 둔 것은 믿음과 노력을 이끄는 힘이 되며 집중과 지혜를 계발하는 기반이 되기 때문이다. 사티를 기반으로 바른 수행을 확립하고 사티로 수행의 궁극적인 목표인 집중과 지혜가 증득되기 때문이다.

팔정도에서 마음챙김

팔정도(八正道)는 깨달음에 이르는 불교의 수행 과정이다. 붓다가 깨달음을 얻고 최초로 설법한 내용이 사성제(四聖諦) 즉, 고성제(苦聖諦), 집성제(集聖諦), 멸성제(滅聖諦), 도성제(道聖諦)다. 고집멸도란 "인간의 고통은 집착에서 생기며 이 집착에

---

[13] 『디가니까야』 제3품 십진의 경, 6.

서 벗어나기 위해 팔정도를 수행해야 한다."라는 의미다. 여기서 도성제는 팔정도를 뜻한다. 즉, 인간이 고통에서 벗어나 자유와 해탈의 길에 이르기 위해 팔정도의 수행이 필요하다는 뜻이다.

팔정도는 바른 견해(正見), 바른 사유(正思惟), 바른 언어(正語), 바른 행위(正業), 바른 생계(正命), 바른 노력(正精進), 바른 *사티*(正念), 바른 집중(正定)이다.[14] 팔정도의 7번째에 사티가 들어 있다.

팔정도(八正道)는 '깨달음의 길' 즉, 깨달음의 과정이다. 이 깨달음의 첫 과정이 '정견(正見)'이다. 이는 '바른 견해', '바르게 봄'이라는 뜻이다. 정견을 팔정도의 첫 과정에 놓은 것은 사물과 현상에 대한 바른 견해를 가질 때 '정사유(正思惟)' 즉, 바르게 생각할 수 있기 때문이다. 정사유의 다음 과정은 '정어(情語)', '정업(正業)', '정명(正命)'이다. 정사유를 기반으로 정어(바른말), 정업(바른 일), 정명(바른 직업)이 가능하다.

팔정도의 7번째 과정이 정정진(正精進) '바른 노력'이고 7번째가 바른 사티(正念: Sati)다. 사티 앞에 정정진을 놓은 것은 바른 노력 없이 사티 즉, 마음챙김과 알아차림이 개발되지 않기 때문이다. 사티 앞에 놓인 정견(正見), 정사유(正思惟), 정어(正語), 정업(正業), 정명(正命), 정정진(正精進)에 의해 사티가 확립되고 사티에 의해 팔정도의 마지막 과정인 정정(正定) 즉, 바른 집중과 통찰력을 통해 지혜를 깨달아 얻을 수 있다.

칠각지에서 사티의 쓰임

칠각지란 불교 수행을 위한 7가지 지혜를 말한다. 칠각지의 첫 번째에 염각지(念覺支)가 나오는데 이는 사티를 뜻한다. 사티는 칠각지(七覺支)를 구성하는 첫 번째 요소다. 칠각지는 위빠사나 수행의 결실 과정으로 증득되는 것으로 염각지(念覺支: 사티의 깨달음), 택법각지(擇法覺支: 법에 대한 깨달음), 정진각지(精進覺支: 정진의 깨달음), 희각지(喜覺支: 기쁨의 깨달음), 경안각지(輕安覺支: 평안의 깨달음), 정각지(定覺支: 집중의 깨달음), 사각지(捨覺支: 평온의 깨달음)가 있다.[15]

---

[14] 『디가니까야』 제1품 마할리경, 11.

[15] 『디가니까야』 제2품, 큰 법문의 품, 23.

위빠사나 수행의 결실로 나타나는 것 중 사티는 칠각지의 첫 번째 구성요소로 나머지 깨달음의 6가지 요소를 이끌어 준다. 즉, 사티는 더 차원 높은 수행 단계로 향하는 기반이 된다는 뜻이다. 초기 불교 경전에서 사티의 용례를 보면 계수행(戒修行)의 기반에서 사티가 개발되며 노력과 집중을 이끌어가는 중요한 요소다. 따라서 사티는 수행자들에게 수행의 태도와 덕목의 중심이며 수행자의 정진으로 나타나는 자세와 특성으로 불교 수행의 궁극적 목적인 지혜를 계발시키는 기반이 된다.

3.2 붓다의 가르침과 마음챙김

사성제(四聖諦)와 마음챙김

붓다가 최초로 깨달음을 얻은 진리는 연기법(緣起法)이다. 붓다 스스로 연기법의 깨달음에 만족과 즐거움을 느꼈지만 이 연기법을 대중이 이해하기 어렵다는 것을 알고 사성제(四聖諦)를 통해 연기의 내용을 설파했다. 사성제 즉, 고집멸도(苦集滅道)는 고통은 집착이 원인이고 집착의 소멸이 바로 고통의 소멸이라는 뜻이다. 고통, 집착, 소멸은 연기법에 따른 것이라는 의미다.[16]

MBSR에서 추구하는 것은 고통의 원인이 되는 스트레스에서 벗어나는 것이다. 사성제에서 스트레스의 원인을 분명히 밝히고 있다. 모든 스트레스의 원인은 갈애와 집착이다. 인간은 끊임없는 감각적 쾌락과 애욕(愛慾)을 내려놓지 못하고 스스로 고통의 길로 몰아가고 있다. 갈애와 집착은 인간의 자기중심적 욕망에서 비롯된다.

갈애와 집착이 삼독(三毒) 즉, 탐(貪)·진(瞋)·치(癡)를 낳는다. 탐욕이 분노를 낳고 분노가 어리석음을 낳는다는 것이다.[17] 탐욕적 욕망은 기대하게 만들고 이 기대가 이루어지지 않아 분노를 낳고 이 분노 때문에 자각과 판단이 흐려지고 어리석음에 빠진다. 이 어리석음에 빠진 것을 무명(無明)에 떨어졌다고 한다. 연기법에 따르면 무명에서 갈애가 생기고 갈애가 집착을 낳고 이 집착이 인간을 고통에 빠뜨린다.

인간의 고통의 원인인 무명에서 빠져나오는 길은 사티(마음챙김)의 확립과 알아

---

[16] 『쌍윳따니까야』, 제11. 다섯 갈래 운명의 품, 56:106-135.

[17] 『디가니까야』, 제3품, 합송의 경, 10.

차림이다. 즉, 주시를 통해 알아차림을 확립하고 매 순간 알아차림을 통해 갈애와 집착에 빠지지 않는 것이다. 매 순간 주시와 알아차림의 힘을 개발하는 수행이 불교의 위빠사나 수행이며 서양에서 불교 명상 위빠사나를 재구성해 만든 것이 마음챙김 명상(Mindfulness Meditation)이다.

삼학(三學)과 마음챙김

삼학은 불교의 가장 기본적인 교리로 불교 수행 과정을 말한다. 삼학은 계학(戒學), 정학(定學), 혜학(慧學)이며 이를 닦는 수행이 계수행(戒修行), 정수행(定修行), 혜수행(慧修行)이다. 삼학은 불교 수행의 토대로 깨달음으로 가는 과정이다. 초기 경전에서 수행법을 집대성한 주석 책『청정도론』에서 삼학의 구체적인 과정과 내용을 설명하고 있다.[18]

삼학은 깨달음을 추구하는 수행의 3가지 구분으로 의식적(儀式的)인 면을 계(戒)로 하고 감각적인 면을 정(定)으로 하며 지식적인 면을 혜(慧)로 한다. 삼학의 수행 자체는 순차적이고 상호보완적이다. 계수행의 확립을 통해 정수행이 이루어지고 정수행의 기반 위에 혜수행이 온전히 이루어진다. 이 3가지 수행은 편의상 구분되는 것이지 실제에서는 이 수행 기반이 하나가 되어 불교 수행의 궁극적 목적인 평정심과 지혜를 깨달아 얻게 된다.

계(戒)는 도덕적, 윤리적 생활을 지켜나가는 것으로 '하지 말라'라는 금계(禁戒)가 있고 '하라'라는 권계(勸戒)가 있다. 계수행은 이 금계와 권계를 훈련·실천하는 것이다. 수행승들이 행하는 계수행 중에 두타행(頭陀行)이 있다. 두타행은 출가 수행자가 의도적으로 고통의 길을 가며 몸과 마음을 갈고 닦는 수행을 말한다. 세속의 욕망을 떨쳐버리고 마음의 정화와 평정심을 개발하기 위한 수행법 중 하나다. 수행승뿐만 아니라 재가자들도 도덕적, 윤리적으로 청정을 유지하기 위해서는 계수행이 필요하다. 이는 악을 피하고 선을 행하기 위한 생활지침이다. 대부분 종교에는 윤리적, 도덕적으로 바른 생활을 위한 계율이 있다.

불교에는 기본적으로 지켜야 할 5계명이 있고 기독교에는 10계명이 있다. 이 계명들을 지키지 못하면 마음의 정화와 평화가 이루어질 수 없다. 계수행에 의해 마음이

---

[18] 『청정도론』 서론 해제, pp.74-79.

정화되고 평정심을 이루며 이를 기반으로 정수행(定修行)이 가능하다. 정수행은 호흡, 신체, 정신을 갈고 닦아 마음의 고요와 평정심을 깨달아 얻는 수행이다. 이러한 마음 상태에서 지혜를 계발하는 위빠사나 수행이 가능해진다. 위빠사나 수행은 불교 수행의 궁극적 목적인 통찰력을 계발해 지혜를 증득하고 해탈에 이르게 하는 수행이다.

삼학의 의미를 살펴보는 것은 삼학의 과정에서 마음챙김이 필수적으로 작용되어야 함을 이해하기 위해서다. 인간이 수행하지 않으면 자신도 모르게 번뇌와 망상에 빠지거나 끌려간다. 이 번뇌와 망상에 빠지거나 끌려가지 않기 위해서는 사티(마음챙김)가 필요하다. 계수행에서 마음챙김과 알아차림이 작용되어 자신 안에서 일어나는 탐진치(貪瞋痴)로부터 자신을 보호해야 한다.

정수행을 통해 마음이 고요하고 청정한 상태에서 마음챙김을 확립하면 알아차림은 저절로 이루어진다. 물이 잔잔하고 맑으면 밑바닥이 보이는 것처럼 정수행을 통해 마음이 명경지수(明鏡止水)처럼 맑아지면 마음챙김은 저절로 작용하게 된다. 청정한 내 안에서 일어나는 감각, 느낌, 생각 등을 분명히 주시하고 알아차릴 수 있어 갈애와 집착을 일으키는 감각, 느낌, 생각에 끌려가거나 빠져들지 않는 것이다.

정수행을 확립하면 청정한 마음의 심층에 자리 잡은 신성(神性) 또는 불성(佛性)이 드러나 순수한 의식이 형성된다. "마음이 청결한 자는 복이 있나니 저희가 하나님을 볼 것이다(마태복음 5장 8절)."라는 기독교 성경 구절의 의미는 하나님의 이미지를 볼 수 있다는 것이 아니다. 마음이 청정한 사람은 내 안에 내재된 신성 또는 불성과의 만남이 가능하다는 것이다. 불교에서 수행을 통해 궁극적으로 깨닫게 되는 불성(佛性)이 나의 본래면목(本來面目)임을 알게 된다.

마음이 고요함과 청정함에서 심층에 내재한 신성 또는 불성과의 만남이 이루어지면 사물의 본성과 현상을 꿰뚫어 보는 지혜가 계발된다. 계수행과 정수행의 기반 위에서 마음챙김의 확립과 알아차림의 힘이 계발되어야만 비로소 혜수행이 가능하다. 지혜를 계발하기 위한 위빠사나 수행을 통해 모든 관념과 습관의 세계에서 벗어나 지혜에 이르게 되고 자유와 해탈에 이르게 되는 것이다.

12 연기와 마음챙김

불교의 연기법은 물리적 원인과 결과를 설명하기보다 괴로움의 발생과 소멸을 밝히고 있다. 12연기는 무명(武名) → 행(行) → 식(識) → 명색(名色) → 육처(六處) → 촉

(觸) → 수(受) → 애(愛) → 취(取) → 유(有) → 생(生) → 노사(老死)의 인과 구조를 설명하고 있다.[19] 무명에서 명색까지는 인간의 태어남까지의 연기(緣起)를 설명하며 육처(六處)로부터 노사(老死)까지는 인간이 태어나 실제로 겪는 사성제(四聖諦) 즉, 고집멸도의 과정을 설명한다.

괴로움에서 벗어나기 위해서는 연기의 고리를 끊고 삼법인(三法印) 즉, 무상(無常), 고(苦), 무아(無我)를 깨달아야 한다. 연기의 고리를 끊고 삼법인을 깨닫기 위해서는 사마타와 위빠사나의 수행이 필요하다. 사마타를 통해 마음이 청정하고 고요해지면 마음이 하는 일을 알게 된다. 그리고 청정한 마음 가운데서 마음챙김을 확립하고 알아차릴 때 통찰력을 계발하고 지혜에 이르게 된다. 그래서 붓다는 대념처경에서 사티 즉, '마음챙김이 고통과 괴로움에서 벗어나 열반으로 가는 유일한 길'이라고 말했다.[20] 대념처경에서 마음이 챙겨야 할 대상은 사념처 즉, 身·受·心·法이다. 즉, 몸의 감각, 느낌, 마음, 심신의 현상 등에 대한 알아차림이다. 이러한 사념처가 어떻게 조건화되어 일어나고 소멸되는지를 주시하면서 마음을 챙기고 알아차리는 것이 위빠사나 명상이다.

명색(名色) 즉, 인간의 몸과 마음이 형성되면 안(眼), 이(耳), 비(鼻), 설(舌), 신(身), 의(意) 육처(六處)가 발달하면서 이 6가지 감각기관이 감각 대상을 접촉하게 되고 대상을 접촉하면 좋고 싫음의 느낌이 형성된다. 좋은 느낌을 따르다 보면 갈애가 되고 갈애는 집착이 된다. 좋은 느낌뿐만 아니라 싫은 느낌에 대한 혐오도 집착이 된다. 느낌과 감각에 대한 집착이 곧 업(業)이 되고 업은 생노(生老)의 원인이 된다.

존재의 형성 조건과 연기의 과정에서 마음챙김이 이루어져야 한다. 육처(六處)가 대상을 접촉하면서 일어나는 수(受: 느낌)에서부터 마음을 챙겨야 한다. 느낌이 갈애가 되고 갈애가 취(取)가 되고 취가 유(有)가 되고 유가 고통이 되기 때문이다. 이러한 연기의 과정에서 마음을 챙기고 알아차려야만 연기의 고리를 끊고 고통과 괴로움에서 벗어날 수 있다.

연기의 형성과 그 과정에서 마음챙김과 알아차림이 없으면 습관적 반응으로 연기의 고리가 이어진다. 즉, 느낌에 집착하고 그 느낌에 따라 습관적 반응을 하게 되며 이

---

[19] 『청정도론 III』, 제17장 1-272.

[20] 『대념처경』, 제1장 1-2.

습관적 반응에서 고통의 결과를 낳게 된다. 마음챙김과 알아차림의 힘은 연기의 과정에서 일어나는 습관적 반응에서 벗어나 선택적 반응을 할 수 있게 한다. 마음에서 일어나는 현상들을 알아차려 지금-현재에 머물게 되고 과거의 생각에 붙잡히거나 미래의 환상에 빠져들지 않는다.

3.3 위빠사나 명상과 마음챙김

오늘날 약 350가지 명상이 수행법으로 사용되고 있다고 한다. 현재도 전통적인 명상법을 응용해 새로운 방법들이 계속 출현하고 있다. 이 많은 명상 중에서도 오늘날 위빠사나가 세상에 가장 알려져 있고 주목받고 있다. 현재 서구에서는 위빠사나의 개념에서 종교성을 배제하고 마음챙김(Mindfulness)으로 불리고 있으며 마음챙김 명상을 기초로 한 다양한 심리치료법들이 개발되었다.

위빠사나의 전통을 이어가고 있는 남방 불교에서는 위빠사나는 부처님께서 깨닫기 위해 사용한 유일한 방법이라고 한다. 미얀마, 스리랑카 등 불교가 국교인 국가들에서는 승려나 일반 신도들이 기독교의 기도처럼 일상생활에서 이 수행을 이행하고 있다. 위빠사나가 불교의 발생과 더불어 이어온 수행법이지만 불교국가의 배불정책 등으로 위빠사나의 명맥이 끊겼다가 세상에 알려진 것은 최근이다.

1980년대 후반부터 우리나라에도 고엔카 위빠사나, 마하시 위빠사나 등이 알려졌다. 2000년 필자는 10박 11일간의 고엔카 위빠사나 수행을 통해 위빠사나와 인연을 처음 맺었고 이후 천안 호두마을에서 마하시 위빠사나를 몇 번 수행한 경험이 있다. 이후 미얀마 빤띠따라마에서 21일간의 마하시 위빠사나와 쉐우민 센터에서 2주간 심념처 위빠사나 명상 수행을 경험했다.

위빠사나 명상은 사티(Sati) 즉, 마음챙김을 확립하기 위한 명상이다. 즉, 사념처(四念處: 身, 受, 心, 法)에 대한 마음을 챙기는 명상이다. 따라서 '위빠사나'의 개념은 사티의 개념과 일치한다. '지금-현재 일어나는 감각, 느낌, 생각, 현상 등을 분별없이 있는 그대로 보다'라는 뜻이 있다. '위빠사나'는 부처님 시대 일반 대중이 사용하던 빨리어다. 위빠사나(Vipassana)는 '나누다', '특별하다', '다양하다' 등의 뜻을 가진 접두사 'vi'와 '보다'라는 뜻의 'pas'라는 어근을 가진 명사형 '빠사나(Passana)'가 결합된 합성어다.[21] 이 2가지 의미가 합성되어 위빠사나는 '나누어 봄', '특별한 관찰' 등으로 해석할 수 있다. 위빠사나는 현상을 '있는 그대로 보다'라는 뜻이다. 우리가 사물을 볼 때는 자신의 기억 속에 있는 생각과 이미지를 통해 사물과 현상에 비추어 관념적으로 보도록 되어 있다. 그러나 위빠사나는 통찰과 직관으로 '있는 그대로 주시함'을 뜻한다. 따라서 위빠사나는 '통찰, 내적 통찰, 직관적 통찰' 등으로 해석할 수 있다.

위빠사나는 사물을 '있는 그대로 보다'라는 뜻이다. 이것은 자신을 성찰함으로써 자신을 정화하는 과정이다. 수행자는 우선 마음을 집중하기 위해 자연적인 호흡을 관찰하는 것으로 위빠사나 명상을 시작한다. 호흡은 인간이 살아있음과 감정 변화에 따른 신체 움직임의 변화를 가장 잘 보여준다. 신체 중에서도 호흡은 일정하면서도 계속 변화가 있어 호흡을 관찰한다. 호흡을 주 대상으로 관찰하면서 예리하게 집중된 마음으로 수행자는 몸과 마음이 항상 변화하는 특성을 관찰하게 되고 무상(無常), 고(苦), 무아(無我)의 보편적이고 우주적인 진리를 경험하게 된다.

호흡을 관찰하는 방법으로 콧구멍 밑에서 이루어지는 들숨과 날숨을 주 대상으로 관찰하는 방법과 호흡으로 일어나는 배의 불러옴과 꺼짐을 관찰하는 방법이 있다. 고엔카 위빠사나는 전자의 방법으로 호흡을 관찰하면서 몸의 감각을 주시하고 관찰한다. 몸의 느낌, 통증, 감각 등을 주시하면 망상, 잡념, 생각 등 잡다한 번뇌가 일어나지 않으며 심신의 고요함과 평화로움을 느끼게 된다. 마하시 위빠사나는 호흡에 따른 배의 불러옴과 꺼짐을 주 대상으로 주시하며 배를 주시하다가 몸에서 일어나는 감각, 마음에서 생각, 상(相) 등이 떠오르면 이를 집중해 주시하게 된다. 이러한 감각, 생각, 상 등이 떠오르는 과정과 소멸을 주시하므로 무상, 고, 무아라는 존재의 특성을 꿰뚫어 보게 된다.

일반적으로 명상을 하면 모든 느낌, 감정, 생각을 차단해 무상무념에 들어가는 상태가 된다. 즉, 특정한 한곳에 마음을 집중함으로써 마음 안에서 일어나는 느낌, 감각, 생각들을 차단하므로 번뇌로부터 자유로워지는 것을 명상이라고 생각한다(이 명상법을 '사마타'라고 한다). 그러나 위빠사나는 그러한 생각과 반대로 몸과 마음에서 일어나는 느낌, 감각, 생각 등을 애써 집중하고 주시함으로써 정신현상과 물질현상의 관계, 원인과 결과의 연속, 일어남과 사라짐의 원리를 깨닫는 것이다. 이를 깨달음으로써 부

---

[21] 정준영, 『위빠사나』, 민족사, 2010. p.28.

처님이 깨달은 진리 즉, 고집멸도(苦集滅道) 사성제(四聖帝)와 무상(無常), 고(苦), 무아(無我)의 삼법인(三法印)을 통찰하는 것이다.

불교 경전에 의하면 위빠사나의 궁극적 목적은 지혜를 개발하는 것으로 본다. 위빠사나를 통해 지혜를 개발하고 이 지혜를 통해 무명(無明)에서 벗어나 해탈을 성취한다는 것이다. 위빠사나를 통해 무상, 고, 무아를 깨닫고 해탈의 경지에 이르면 윤회의 고리에서 벗어나게 되는 것이다. 즉, 위빠사나 수행을 통해 모든 번뇌의 윤회, 업의 윤회, 원인과 결과의 윤회로부터 자유로워진다는 것이다. 물론 해탈의 경지에 들어가기 위해서만 위빠사나가 필요한 것은 아니다. 위빠사나를 통해 지혜를 계발하면 우리 일상생활에서도 번뇌를 쌓지 않고 고통에 묶이지 않으며 감각적 쾌락에 빠지지 않을 수 있다. 그것은 위빠사나를 통해 매 순간 일어나는 번뇌의 원인을 주시하고 알아차리면 그 번뇌가 소멸되기 때문이다.

참고문헌

- 전재성 역주, 『디가니까야』, 한국빠알리성전협회, 2011.
- 전재성 역주, 『쌍윳따니까야』, 제1권-7권, 한국빠알리성전협회, 2006.
- 붓다고사, 대림 스님 역, 『청정도론』, 제1권-3권, 초기불전연구원, 2009.
- Chris Mace, *Mindfulness and Mental Health*, London and New York; Routledge, 2008.
- Donald McCown Reibel. and Micozzi, *Teaching Mindfulness*, Washington, USA; Springer, 2011.
- Jon Kabat-Zinn, *Full Catastrophe Living*, New York, USA; Bantam, 2013.
- Lizebeth Roemer. Susan M. Orsillo, *Mindfulness and Acceptance Based Behavioral in Practice*, New York, London, 2009.
- Michael Chaskalson, *The Mindful Workplace*, Oxford UK; Wiley Blackwell, 2011.
- Tse-fu Kuan, *Mindfulness in Early Buddhism*, London and New York; Routledge, 2008.
- Ed. J. Mark G. Williams and Jon Kabat-Zinn, *Mindfulness–Divers Perspectives on its Meaning Origin and Application*, London and New York; Routledge, 2013.
- Ed. Fabrizio Didonna, *Clinical Handbook of Mindfulness*, New York; Springer, 2009.
- Ed. Christopher K. Germer and Ronald D. Siegel, *Mindfulness and Psychology*, New York and London; The Guilford Press. 2013.
- Ed. Kirk Warren Brown, J. David Creswell and Richard M. Ryan, *Handbook of Mindfulness* 인경 스님 외 역, 『알아차림 명상 핸드북』, 서울; 명상상담연구원, 2018.
- Ed. Steaven C. Hayes, Victoria M. Follette, Marasha M. Linehan, *Mindfulness and Acceptance*, 고진하 역, 『알아차림과 수용』, 서울; 명상상담연구원, 2010.

- 장진영·김세창, 「사티(Sati), 마인드풀니스(Mindfulness), 그리고 염(念)의 수행상 의미 변천」, 『철학연구』 제138집, 대한철학회 논문집, 2016.
- 정준영·박성현, 「초기 불교의 사티(Sati)와 현대 심리학의 마음챙김」, 『한국심리학회지』 제22권 2권 제1호, 서울; 한국심리학회, 2010.
- 조준호, 「사티(Sati)는 왜 수동적 집중인가?」, 『인도철학』 제16집, 인도철학회, 2004.
- 임승택, 「마음챙김의 위상과 용례에 관한 재검토」, 『보조사상』, 19, 보조사상연구원, 2003.

Mindfulness Based Stress Reduction

CHAPTER 04
마음과 마음챙김

4.1 마음이란 무엇인가?

6세기 무렵 인도에서 중국으로 와 선종(禪宗)의 조사가 된 보리 달마와 그의 계승자 혜가의 마음에 관한 대화가 전해지고 있다. 어느 날 혜가가 스승 달마에게 "스승님, 제 마음이 불안합니다. 제 마음을 편안하게 해주십시오."라고 부탁했다. 그러자 달마는 "네 마음을 가져와라. 내가 너를 편안하게 해주겠다."라고 대답했다. 이에 혜가는 "제 마음을 찾을 수가 없습니다. 마음이 없는 것을 알았습니다."라고 말하니 "내가 네 마음을 편안케 했다."라고 말했다.[22]

이처럼 불교의 존재에 대한 이해는 삼법인(三法印: 무상(無常), 고(苦), 무아(無我))이다.[23] 무상은 모든 존재는 고정불변의 실체가 없이 일어났다가 사라진다는 의미이고 무아(無我)는 '모든 존재의 실체(實體)는 없다는 의미다. 다만, 어떤 조건들의 결합으로 존재가 되었다가 그 조건들이 해체되면 존재도 없다는 의미다. 즉, '나'라는 존재는 개념상 '나'가 존재하지만 그 실체는 없다. 내 몸이 나일 수 없고 내 마음이 나일 수도 없다. '나'라는 실재(實在)는 오온(五蘊: 몸, 느낌, 생각, 행위, 의식)의 결합으로 하나의 존재로 나타났다가 조건에 의해 형성된 오온이 해체되면 '나'라는 존재도 없는 것이다.

나를 구성하는 오온(五蘊)의 요소 즉, 물질의 요소인 색(色), 감각의 요소인 느낌(受), 인식작용의 상(想), 의지작용의 행(行), 아는 마음작용인 의식(意識) 등이 일어

---

[22] 이은윤, 『중국 선불교 답사기I-밥그릇이나 씻어라』, 자작나무, 1997, p.235.

[23] 『아비담마 길라잡이 下』, 초기불전연구원, 2003. pp.776-778.

났다가 사라지는 것도 조건에 의해서다. 예를 들어, 내 안에서 일어나는 느낌이나 감각도 조건에 의해 일어났다가 조건이 사라지면 사라진다. 우리의 5가지 감각기관이 어떤 감각 대상을 접촉하면 거기에 느낌이 일어난다. 그리고 감각기관이 주시를 다른 데로 옮기면 그 느낌도 사라진다.

감각기관과 감각 대상이 접촉해 일어나는 느낌도 사람마다 모두 다르다. 같은 대상을 보았는데 어떤 사람은 좋은 느낌이 일어나고 어떤 사람은 싫은 느낌이 일어난다. 그것은 그 사람 안에 조건화된 마음의 바탕이 다르기 때문이다. 정서의 바탕 또는 정서의 환경이 다르기 때문이다. 사람들의 정서 안에 조건화된 지각작용이 있기 때문이다. 그래서 같은 대상과 현상을 보더라도 사람마다 반응양식이 다른 것이다.

이는 예수 그리스도의 씨를 뿌리는 비유에 관한 이야기와 같다. 씨를 어디에 뿌리느냐에 따라 그 씨가 자라 열매를 맺을 수도 있고 성장하다가 말라 죽을 수도 있다. 주변 조건에 따라 씨의 성장과 결실이 이루어질 수도 있고 그렇지 못할 수도 있는 것이다. 이처럼 마음도 마음의 바탕에 따라 거친 마음이 있을 수도 있고 맑고 고운 마음이 있을 수도 있다. 이 마음의 환경에 따라 느낌, 감각, 생각 등이 사람마다 다르게 일어난다.

지금 이 순간 일어나는 이러한 지각작용이 조건이 되어 경험을 만들고 이 경험으로 형성된 마음이 조건화되어 마음작용이 일어난다. 이렇게 조건화된 마음의 바탕에서 일어나는 오온의 작용이 패턴화된 반응양식으로 나타난다. 인간의 습관적 행위란 사물과 현상을 접촉했을 마음의 바탕에서 여과되지 않고 자동으로 나타나는 반응양식을 말한다.

우리가 마음을 챙겨야 하는 것은 이러한 습관적 반응양식에서 벗어나기 위해서다. 지금 이 순간 나타나는 느낌, 감각, 생각 등을 주시하고 알아차림으로써 그것들에 빠져들거나 끌려가지 않고 내가 선택적 반응을 할 수 있게 된다. 사람마다 어떤 분노, 우울감, 소외감 등의 표현 방식은 다르게 나타난다. 각자의 습관적 반응양식에 따라 나타나는 것이다. 이러한 습관적 반응양식을 알아차림으로써 내 반응양식을 선택적으로 할 수 있게 된다. 마음챙김으로 느낌, 감각, 생각 등이 여과되는 것이다.

같은 대상을 보고도 사람마다 다른 반응양식을 보이는 것은 그 사람의 경험으로 만들어진 의식의 패턴이 있기 때문이다. 즉, 구조화된 감정 반응양식이 있기 때문이다. 반응양식은 각자의 경험으로 조건화된 양식이다. 경험으로 형성된 관념의 세계에서 사물과 현상을 보고 판단한다. 사건과 사물을 대하면 먼저 도식화(圖式化)한다. 그리고 자신의 내면세계에 형성된 인지 도식(Schema)을 거쳐 자동반응한다.

불교 심리학에 의하면 인간의 고통은 집착에서 오고 집착의 소멸이 자유와 해탈에 이르는 길이라고 했다. 그런데 그 집착의 소멸은 팔정도(八正道) 수행을 통해 가능하다. 팔정도 수행에서 가장 먼저 이루어지는 것이 정견(正見) 즉, 바르게 보고 바른 견해를 갖는 것이다. 바른 견해를 가질 때 바른 생각을 하게 되고 바른 생각에서 바른 말과 행동을 할 수 있게 된다.

그럼 정견의 길을 어떻게 갈 수 있을까? 정견의 길이 바로 사티(Sati)다. 사티는 '마음챙김'으로 번역된다. 마음챙김의 힘을 개발하면 관념의 세계를 깰 수 있고 감정 반응양식을 깰 수 있다. 마음챙김을 통해 느낌이나 감정에 끌려가는 것이 아니라 이것들의 주인이 될 수 있다. 감정 반응양식에 자동적 반응을 하지 않고 선택적 반응을 할 수 있게 된다. 마음챙김의 힘은 나를 감정의 노예가 아닌 감정의 주인이 되게 해준다.

마음챙김은 감정을 거부하거나 감정을 없애려고 하는 것이 아니다. 또한, 의도적으로 감정을 바꾸려는 것도 아니다. 일어나는 느낌, 감정, 생각 등을 '있는 그대로' 보는 것이다. 그대로 주시하면서 마음을 챙기면 자신의 감정을 자각하고 감정 반응양식을 알게 된다. 마음챙김 명상으로 알아차림의 힘이 길러지면 그 감정 반응양식에 따라 습관적으로 반응하는 것이 아니라 스스로 반응양식을 선택해 반응하게 된다.

알아차림의 힘이 강해지면 자동적으로 일어나는 감정 반응양식 또는 내 안에 구조화된 의식의 스키마가 깨진다. 이 스키마가 제거되면 순수한 의식으로 대상을 바라보게 된다. 그리고 자동적으로 반응하던 감정도 자각과 통찰에 의해 반응하게 된다. 마음챙김이 의식의 세계를 정화하고 투명하게 하므로 사물과 현상의 본질을 꿰뚫어 볼 수 있게 된다.

4.2 일체유심조와 마음챙김

'일체유심조(一切唯心造)'라는 말이 있다. '마음이 모든 것을 지어낸다'라는 뜻이다. 흔히 사람들은 '모든 것은 마음먹기에 달렸다'라고 말한다. 그렇다! 인간의 행복도 불행도 인간의 마음이 만들어낸다. 같은 사건을 놓고도 마음먹기에 따라 '행복하다'라고 판단하기도 하고 '불행하다'라고 판단하기도 한다. 같은 물건을 보고도 소유하고 싶은 욕구를 가진 사람이 있는 반면, 그렇지 않은 사람도 있다.

인간의 고통도 마찬가지다. 마음이 편치 않은 것 즉, 불만족이 고통이다. 불교에서 이해하는 고통은 '불만족'이다. 우리가 어떤 사람이나 물건에 욕심과 기대를 가진다면 이러한 욕심과 기대가 이루어지지 않을 때 불만족을 느끼게 된다. 욕망과 기대가 크면 거기에 비례해 고통이 따른다. 인간관계에서 상대방에게 어떤 기대를 했는데 그 기대가 이루어지지 않으면 분노가 일어나고, 이 분노는 고통을 일으킨다. 어떤 물질을 소유하고 싶은 욕구가 이루어지지 않을 때 불만족의 감정과 고통이 일어난다.

종교와 심리학에서는 인간에게 2가지 마음이 있다고 한다. 초기 불교에서는 본심(本心)과 망심(妄心), 대승불교에서는 심층 마음과 표층 마음, 기독교에서는 잠심(潛心)과 분심(分心), 요가에서는 싸트빅(맑고 고운 마음)과 타마식(무거운 마음)으로 구분한다. 이 두 마음의 불일치, 갈등과 투쟁이 인간의 고통의 원인이다. 인간의 두 마음은 본성(本性)에 가까운 마음과 본능(本能)에 가까운 마음으로 구분할 수 있다. 전자는 순수의식, 초월의식, 본래면목 등에 가까운 마음이고 후자는 감각적 쾌락, 안락함, 안정 등의 생리적 욕구에 가까운 마음이다. 인간은 성장하면서 지성과 의식이 발달해 본성에 가까운 마음으로 사는 사람이 있는 반면, 감각적 쾌락이 발달해 생리적 욕구와 만족을 쫓으며 사는 사람이 있다.

인간은 마음과 몸 두 구조로 되어 있다. 따라서 인간의 의식에는 마음이 지향하는 의식이 있고 몸이 지향하는 의식이 있다. 이 마음이 지향하는 의식과 몸이 지향하는 의식의 갈등이 인간의 번뇌와 고통의 원인이다. 종교와 심리학에서는 이 마음과 몸이 일치하는 방법을 가르치고 있다. 마음과 몸의 일치를 이루기 위한 가르침과 훈련이 수행과 수련이다.

"마음은 원이로되 육신은 한이로다."(마태복음 26장 41절), "내 속 사람으로는 하나님의 법을 즐거워하되 내 지체 속에서 다른 법이 내 마음의 법과 싸워 내 지체 속에 있는 법 아래로 나를 사로잡아 오는 것을 보도다. 오호라! 나는 곤고한 자로다."(로마서 8장 22절) 등의 기독교 성경의 성구에서 마음과 몸의 불일치에서 오는 고통을 표현하고 있다.

불교에서는 마음과 몸의 구조로 된 인간을 무아(無我)로 이해한다. 마음도 몸도 나의 실체가 아니라는 것이다. 마음도 나가 아니고 몸도 나라고 할 수 없다는 것이다. 다만, 조건의 결합으로 일시적으로 실재(實在)가 존재한다고 이해하는 것이다. 인간의 번뇌와 고통은 무아인 나에 대해 집착하기 때문에 일어난다고 본다. 내가 제일이고 영원하길 바랄 때 고통이 일어난다.

마음과 몸의 갈등은 남녀노소, 지위고하(地位高下)를 가리지 않는다. 또한, 지식인이나 무식한 사람을 가리지도 않는다. 마음을 갈고 닦아 어느 정도 몸과 마음의 일치와 평정심을 가진 사람을 인격자라고 부른다. 소위 '성인' 반열에 오른 인물들은 마음과 몸의 갈등을 초월해 일치를 이룬 사람들이다. 성인으로 존경받는 인도의 간디도 그의 자서전을 보면 마음과 몸의 갈등으로 괴로워했다.

"내게는 오직 세 적이 있습니다. 내게 가장 손쉬운 적은 어렵지 않게 밀어붙일 수 있는 대영제국입니다. 두 번째 적은 인도 국민으로 이는 훨씬 더 까다로운 상대입니다. 하지만 내게 가장 만만치 않은 적은 간디라는 남자입니다."[24] 간디의 고백에서 보듯이 '자신을 이기는 것', '자신의 마음을 다스리는 것'이 얼마나 힘든지 알 수 있다. 그럼 몸과 마음은 왜 일치되지 못할까? 마음을 챙기지 못하기 때문이다. 자신의 마음에서 일어나는 느낌과 생각을 보고 몸에서 일어나는 감각을 보지 못하고 이러한 것들에 끌려다니기 때문이다. 마음과 몸이 일치되지 못하는 이유를 정리하면 다음과 같다.

첫째, 자신을 대상화시켜 보지 못하기 때문이다. 인간은 동물과 달리 자신을 대상화시켜 볼 수 있는 존재다. 자신이 자신에게 "너는 누구인가?"라고 물을 수 있는 존재다. 몸과 마음의 일치를 위해서는 끊임없이 자신을 대상화시켜 자신에 대한 물음을 제기해야 한다. 즉, '나는 누구인가?', '지금 나는 어디로 가고 있는가?', '지금 나는 무엇을 하고 있는가?'라고 물어야 한다.

둘째, 자신의 마음을 들여다보지 않기 때문이다. 우리의 삶은 대부분 외부 세계에 대한 시선을 두고 산다. 그리고 이 시선에서 일어나는 느낌, 감각, 생각에 끌려 산다. 우리의 생각들은 어떤 대상을 접촉할 때도 일어나지만 무의식의 세계에서도 끊임없이 일어난다. 그리고 이렇게 무의식과 의식의 세계에서 끊임없이 일어나는 생각들에 자동반응하게 되고 그 생각에 끌려가 빠져버린다. 따라서 일어나는 느낌, 감각, 생각 등을 알아차려야만 자동적 반응을 하지 않고 선택적 반응을 할 수 있다.

셋째, 바른 견해 즉, 정견(正見)이 없기 때문이다. 사물과 현상에 대한 바른 견해가 없으면 바른 언어, 바른 행동, 바른 생각을 가질 수 없다. 통찰력과 직관력을 갖지

---

[24] 간디, 박선경 역, 『간디 자서전』, 파주 Books, 2017.

못할 때 자신의 경험에 의해 형성된 관념의 세계에서 그 사물을 볼 수밖에 없다. 자신의 관념의 세계에서 사물과 현상을 보면 본질을 볼 수 없고 이해할 수도 없다.

불교에 '일수사견(一水四見)'이라는 말이 있다.[25] '같은 물을 놓고도 사람마다 견해가 다르다'라는 뜻이다. 보통 사람들은 물을 볼 때 마시고 씻는 것으로 본다. 그러나 천신(天神)은 그 물을 달콤한 물로 본다. 물고기는 그 물을 자신의 삶의 터전으로 볼 것이고 악귀는 피고름으로 본다. 따라서 바른 견해를 가지려면 통찰력과 직관력을 개발해야 한다.

위에서 몸과 마음의 일치를 위해 '자신을 대상화시켜 보자', '자신의 마음을 들여다 보자', '바른 견해를 갖자' 등을 제시했다. 위와 같은 마음과 몸의 일치를 위한 수련이 바로 마음챙김 명상이다. 마음챙김 명상을 통해 직관력과 통찰력을 개발하면 마음과 몸의 일치를 이룰 수 있다. 마음과 몸의 일치는 번뇌와 망상에서 벗어나게 해주고 평정심, 자기 절제, 행복감 등을 증진시킨다.

참고문헌

- 붓다고사, 대림 스님 역, 『청정도론』, I, II, III 울산; 초기불전연구원, 2009.
- 대림 스님·각묵 스님 번역 및 주해, 『아비담마 길라잡이』 상·하, 울산; 초기불전연구원, 2004.
- 미산 외 『마음-어떻게 움직이는가?』, 서울; 운주사, 2009.
- 심준보 역, 『4가지 알아차림의 확립-사념처』, 서울; 보리수 선원, 2004.
- 이영돈, 『마음』, 서울; 예담, 2006.
- 이은윤, 『중국 선불교 답사기I-밥그릇이나 씻어라』, 자작나무, 1997.
- Ajahn Chah, Food for the Heart, 이진 역, 『마음』, 서울; 조화로운 삶, 2002.
- Deepak Chopra, Creating Health, 도솔 역(2009), 『마음의 기적』, 서울; 황금부엉이.
- Mark Williams and Danny Penman, *Mindfulness*, NY, USA; Rodale, 2011.
- Robert Root-Bernstein and Michele Root-Bernstein, Sparks of Genius, 박종성 역, 『생각의 탄생』, 서울; 에코의 서재, 2007.
- Tara Bennett-Goleman, Emotional Alchemy, 윤규상 역, 『감정의 연금술』, 서울; 생각의 나무, 2005.
- 박민 외 3명, 「마음 이론의 신경 기초」, 『한국심리학회지』, 26(2), 2007.
- 박상미, 「몸, 뇌, 마음」, 『무용예술학연구』, 69(2), 2018.
- 이영의, 「체화된 마음과 마음의 병」, 『철학탐구』 23, 중앙철학연구소, 2008.

---

[25] 용하 스님 편저, 『우리말로 읽는 부처님 말씀-능엄경』, 비움과 소통, 2018.

Mindfulness Based Stress Reduction

Mindfulness Based Stress Reduction

PART
02

MBSR 공식 명상

Mindfulness Based Stress Reduction

CHAPTER 05
마음챙김 호흡관찰 명상

5.1 호흡의 기능과 인간의 생명

호흡은 명상 수련의 기반이자 심신치유의 도구가 된다. MBSR 프로그램에서도 호흡은 주시와 알아차림의 핵심 도구이며 MBSR 공식 명상과 비공식 명상의 기반이 된다. 호흡을 기반으로 MBSR에서 추구하는 이완, 집중, 안정, 현재에 머묾, 알아차림 등의 효과를 경험한다.

인간이 호흡한다는 것은 '살아있음'을 의미한다. 호흡의 멈춤은 곧 죽음이다. 보통 인간의 사망 기준을 심장의 머묾에 두는 것은 호흡으로 운동하는 심장이 그 기능을 정지하면 인간의 모든 정신작용과 물질작용이 멈추기 때문이다. 뇌사를 '사망 기준으로 볼 것인지 논쟁이 되는 것은 뇌사자라도 호흡이 멈추지 않았기 때문이다.

호흡은 우리 신체에서 일어나는 물질작용과 정신작용을 가능케 하며 이 두 작용을 연결해준다. 인체에 필요한 에너지를 공급해주며 신진대사를 원활히 해준다. 호흡을 통해 공기 중의 산소와 우리 몸속의 이산화탄소가 교환된다. 숨을 들이쉴 때 산소를 마시고 내쉴 때 연소한 산소 즉, 이산화탄소를 배출한다.

호흡은 인간의 마음에도 영향을 미친다. 호흡은 우리의 감정 상태를 잘 나타낸다. 호흡은 우리의 정신 상태와 밀접한 관계가 있기 때문이다. 스트레스, 고통, 불안이 있으면 호흡이 불규칙해지며 심하게 분노하거나 놀라면 잠시 호흡이 멈추기도 한다. 잠시 호흡이 멈추는 상황을 흔히 '기가 막히다'라고 한다. 우리의 호흡이 안정적일 때 정신을 집중할 수 있다. 맑고 건강한 호흡을 하면 머리가 맑아지고 정신이 밝아진다. 불안할 때 심호흡을 하면 긴장이 해소되고 올바른 판단력이 생긴다. 그래서 우리 조상들은 흥분하거나 분노가 일어나면 '호흡을 세 번 하라'라고 했다. 세 번 호흡하는 동안 자극과 반응 사이에 공간을 만들어 분노하는 자신을 주시하고 알아차림으로써 선택적 반응을 할 수 있다.

특히 호흡은 심장 활동과 밀접한 관계가 있다. 심장 활동은 우리가 살아 있는 한 멈춤이 없다. 심장을 구성하는 근육은 평생 한순간도 쉬지 않고 활동한다. 심장의 활동과 멈춤이 삶과 죽음을 가르는 기준이 된다. 심장이 뛰는 것은 삶을 의미하고 심장 활동이 멈추는 것은 죽음을 의미한다.

5.2 호흡의 기능과 건강

호흡은 명상과 심신치유에 중요한 역할을 한다. 호흡은 명상의 동반자이며 명상의 안내자다. 호흡은 '명상의 세계'로 들어가는 문이라고 할 수 있다. 호흡을 통해 몸과 마음을 조율해 안정적인 자세를 취하고 호흡의 도움으로 집중에 들어가게 된다. 호흡에 대한 관찰은 하나의 명상 구성 그 자체가 된다. 요가 명상에서도 이완과 집중에 들어가는 안내자 역할을 하며 불교 명상에서도 호흡관찰이 모든 명상을 이끌어준다. 명상에서 호흡의 역할은 다음과 같다.

▌마음을 안정시킨다

마음이 고요하고 청정해질 때 집중에 들어갈 수 있고 알아차림이 명료해진다. 아무리 귀한 보석도 흙탕물과 오염된 물 밑바닥에 있으면 보이지 않는다. 마찬가지로 마음이 안정되지 않으면 마음 깊은 곳에 있는 본성이 보이지 않는다. 즉, 마음의 자성인 청정자심(清淨自心)을 볼 수 없다. 내 안에 본성으로 내재한 신성(神性) 또는 불성(佛性)이 드러나지 않는다. 호흡에 집중하고 관찰하면 마음이 청정해지고 고요해진다. 호흡관찰 명상으로 마음이 고요하고 청정한 상태에서 사물과 현상의 알아차림이 명료해진다.

▌현존에 깨어있게 한다

명상은 지금 여기에 머물며 현재 이 순간에 깨어있는 수련이다. 인간의 번뇌와 망상은 과거의 생각에 사로잡히거나 미래의 일을 공상(空想)할 때 일어난다. 이러한 고통으로부터 자유로우려면 지금 이 순간에 깨어있어야 한다. 호흡은 지금 이 순간의 나를 주시하게 해준다. 과거의 생각이나 미래의 공상(空想)에서 벗어나 지금 이 순간을 경험하고 수용하게 한다. 과거의 생각 또는 미래의 공상(空想)에 빠질 때 호흡을 주시하며 알아차리면 의식이 현재로 돌아온다. 이렇듯 호흡은 의식의 정화와 의식의 수준을 높이는 역할을 한다.

무상(無常)을 경험하게 한다

무상이란 이 세상에는 고정불변으로 항상(恒常)하는 것이 없다는 뜻이다. 인간도 무상한 존재다. 존재가 무상한데 인간은 물질, 사람, 명예 등을 갈망하고 집착한다. 그리고 이 집착 때문에 불만족과 고통을 겪는다. 호흡은 무상을 경험하고 이해할 수 있는 가장 적합한 대상이다. 호흡은 실체가 없다. 한순간에 일어났다가 사라진다. 이처럼 인간의 고통도 무상한 것이므로 호흡을 통해 무상을 경험하고 이해하면 정신적, 육체적 고통에서 벗어나는 데 도움이 된다.

치유의 힘을 갖는다

호흡관찰 명상은 마음을 고요하게 안정시키므로 스트레스 이완에 탁월한 효과가 있다. 또한, 건강한 호흡은 건강한 심장 활동을 하게 하므로 심혈관 질환의 완화와 치유에 효과가 있다. 심장은 산소가 담긴 혈액을 폐로부터 동맥과 모세혈관을 통해 몸 전체의 세포로 보내 세포활동을 돕고 있다. 산소를 받은 적혈구 세포는 세포에게 산소를 전해준 후 몸의 조직이 산출한 이산화탄소를 싣고 정맥을 거쳐 심장으로 돌아온다. 심장으로부터 폐로 보내진 이산화탄소는 내쉬는 호흡을 통해 밖으로 품어낸다. 또한, 새로 들이쉬는 숨을 통해 헤모글로빈에 산소가 채워지면 심장근육의 재수축으로 온몸으로 보내진다. 이러한 산소의 공급과 이산화탄소의 원활한 배출 과정에서 치유의 힘이 일어나 작용하게 된다.

5.3 호흡관찰 명상

불교 명상에서 호흡명상과 요가 수행에서 다같이 호흡 수련이 중요한 위치를 차지하고 있다. 그러나 이 두 수행의 호흡 수련에는 다소 차이가 있다. 불교 명상에서는 자연적인 호흡의 느낌과 흐름을 그대로 관찰하지만 요가 수행에서는 호흡을 의도적으로 조절한다. 불교 명상에서는 호흡관찰을 통해 집중을 깨달아 얻기 위한 것이지만 요가 수행에서는 심신의 정화와 신체의 건강을 위해 수련한다.

CHAPTER 05 | 마음챙김 호흡관찰 명상

MBSR에서는 불교 명상법의 하나인 호흡관찰 명상을 도입했다. 호흡관찰 명상은 불교 명상의 핵심인 Sati(마음챙김)의 기반이 된다. 불교 명상의 사마타와 위빠사나는 이 호흡관찰 명상을 통한 기반 위에서 가능하다. 호흡관찰 명상을 통해 주시와 알아차림의 힘을 개발하고 이를 기반으로 마음과 몸이 하는 일을 주시한다. 초기 불교 경전 『디가니까야』「새김의 토대」경에서는 마음챙김 호흡을 다음과 같이 설명하고 있다.[26]

> "여기 수행승이 숲속 나무 밑 한가한 곳으로 가 앉아 가부좌를 틀고 몸을 바로 세우고 얼굴에 마음챙김을 확립해 숨을 들이쉬고 마음챙김을 확립해 숨을 내쉰다."

❶ 숨을 길게 들이쉴 때 나는 숨을 길게 내쉰다는 것을 분명히 안다.
❷ 숨을 짧게 들이쉴 때 나는 숨을 짧게 들이쉰다는 것을 분명히 알고 숨을 내쉴 때 숨을 내쉰다는 것을 안다.
❸ 신체의 전신을 경험하면서 나는 숨을 들이쉬는 데 몰두하고 신체의 전신을 경험하면서 숨을 내쉬는 데 몰두한다.
❹ 신체의 형성을 그치면서 나는 숨을 들이쉬는 데 몰두하고 신체의 형성을 그치면서 숨을 내쉬는 데 몰두한다.

호흡관찰 명상은 마음을 고요하고 청정하게 해준다. 고요하고 청정한 이 마음의 바탕에서 마음이 하는 일을 보게 된다. 거울이 맑아야 투사체를 볼 수 있듯이 마음이 맑고 고요해야만 마음이 하는 일을 볼 수 있다. 청정한 마음을 바탕으로 마음속에서 일어난 생각, 머문 생각, 떠나는 생각을 볼 수 있다. 호흡을 1차 주시 대상으로 고요하고 청정한 마음을 확립한 바탕 위에 2차 대상인 느낌, 감각, 생각 등에 대한 주시와 알아차림을 할 수 있게 된다.

MBSR의 목적은 확고한 주시와 알아차림을 통해 마음의 고요와 안정감을 얻는 것이다. 이 마음의 고요와 안정감을 통해 스트레스 지수가 완화된다. 고요와 안정감의 바탕 위에서 스트레스 반응에서 일어나는 느낌, 감각, 생각 등에 대한 비판단적 주시와 알아차림이 가능하다.

---

[26] 전재성 역주, 『디가니까야』, 제2품 22. pp.965-966.

5.4 수식관의 유형

수식관(隨息觀)

먼저 호흡이 잘 느껴지는 콧구멍이나 배에 마음챙김을 확립하고 거기서 일어나는 호흡을 알아차림하는 것이다. 콧구멍이나 코밑 인중의 한 점을 주시하며 숨을 들이쉬고 내쉬는 과정을 관찰한다. 들숨이 목과 횡격막을 통해 들어가고 다시 나오는 호흡의 흐름을 관찰한다.

수식관(數息觀)

콧구멍 밑이나 배를 주시하며 들숨에 배가 일어나고 날숨에 배가 꺼지는 횟수를 세면서 관찰하는 수련이다. 숨을 한 번 들이마시고 내쉴 때마다 '하나, 둘, 셋…' 숫자를 센다. 숫자를 세다가 잊으면 처음부터 다시 센다. 이처럼 정해진 시간에 무한대로 수를 세거나 넷이나 열까지만 반복해 센다.

호흡 자각 수련

호흡이 느껴지는 콧구멍이나 배를 주시하며 들숨에 '들이마시고' 날숨에 '내쉬거나' 배를 주시하며 들숨에 '일어남', 날숨에 '사라짐' 등의 명칭을 붙이면서 호흡을 관찰하는 명상이다. 주로 마하시 계통의 위빠사나에서 배에서 일어나는 호흡을 관찰한다. 다른 방법으로 요가에서 사용하는 호흡관찰로 들숨과 날숨의 의성어를 사용해 들숨에 '쏘', 날숨에 '함'이라는 명칭을 붙이기도 한다.

불꽃 호흡관찰 명상

오른손을 들어 20~30cm 앞에 놓고 다섯 손가락이나 검지를 보며 그 손가락을 촛불이라고 상상하며 숨을 관찰한다. 여기서 숨을 촛불의 불꽃이라고 상상하면서 코로 불꽃을 흡입하고 날숨은 입으로 불꽃을 배출한다고 상상하면서 호흡한다.

호흡관찰과 마음챙김 명상

앞 장에서 언급했듯이 마음챙김 명상은 불교의 위빠사나 명상과 심리학에 기반한 조작적 정의다. 따라서 위빠사나 수행의 이해와 경험은 마음챙김 명상을 더 수월(秀越)

하게 해준다. 위빠사나 명상도 호흡을 기반으로 주시와 알아차림을 개발하는 명상이다. 그러나 위빠사나의 형태에 따라 호흡관찰 명상법이 조금 다르게 사용된다. 고엔카 명상에서는 콧구멍 주변의 호흡을 주시하고 마하시 계통의 위빠사나에서는 배의 호흡을 주시한다. 같은 마하시 계통이지만 쉐우민 센터의 호흡관찰 명상에서는 수행자 자신의 선호에 따라 콧구멍이나 배의 주시를 선택할 수 있다.

필자는 미얀마에서 마하시 계통의 빤띠따라마 수행처의 위빠사나와 쉐우민 계통의 위빠사나를 경험했고 우리나라에서 고엔카 위빠사나를 경험했다. 이 3가지 유형의 위빠사나가 추구하는 궁극적인 목적은 통찰력 개발의 기반 위에서 지혜를 깨달아 얻는 것이다. 그러나 수행법에 다소 차이가 있다. 우선 어느 부위의 호흡을 관찰하느냐의 차이와 명상 주제인 사념처(四念處: 몸·느낌·생각·법) 중에서 강조하는 염처(念處: 주시 대상)가 다르다.

마하시 위빠사나

필자는 마하시 위빠사나 계통의 수행처 빤띠따라마에서 21일간 위빠사나를 수행했다. 이 수행처에서는 배의 호흡을 관찰한다. 배의 호흡에 대한 명칭을 부르며 위빠사나 수행을 한다. 즉, 들숨에 일어나는 배를 보고 '일어남', 날숨에 꺼지는 배를 보고 '사라짐'의 호흡에 대한 명칭을 붙이면서 마음과 몸에서 일어나는 느낌, 감각, 생각 등을 2차 대상으로 주시하며 명칭을 붙인다.

이 수행처에서는 집중을 위한 호흡관찰과 통찰력 개발을 위한 주시 전환을 하면서 위빠사나 수행을 한다. 즉, 집중과 알아차림을 동시에 수행한다. 사념처를 동시에 주시하고 알아차리는 명상이므로 초보자는 따라하기 다소 어려운 과정이지만 스스로 수행 경험을 통해 깨달음의 길을 가도록 한다. 생활 통제는 매우 엄격해 새벽 4시 30분에 기상해 저녁 9시 30분까지 60분간 좌선, 60분간 걷기 명상으로 이어진다.

빤띠따라마 수행처의 위빠사나는 선택 없이 명상 주제를 관찰한다. 사념처 즉, 감각, 느낌, 생각, 현상을 선택하지 않고 매 순간 일어나는 것을 주시하며 알아차리는 것이다. 즉, 1가지 명상 주제에 머물지 않고 마음이 따라가는 명상 주제를 주시하며 알아차린다. MBSR 초반 회기에서는 명상 주제를 선택하다가 후반에는 마하시 수행처와 같이 선택 없이 매 순간 일어나는 명상 주제를 주시하며 알아차린다.

고엔카 위빠사나

고엔카 위빠사나는 고엔카 선생이 개발한 명상으로 호흡관찰 명상(아나빠나 사티)과 몸의 감각을 주시하는 위빠사나 명상으로 구성되어 있다. 초반 3일간은 호흡관찰을 통해 마음을 정화하고 고요하게 하는 집중명상을 하고 4일째부터는 주로 몸의 감각을 주시하고 알아차리는 위빠사나 명상을 한다. 고엔카 위빠사나에서 몸의 감각을 주로 주시하고 알아차리는 것은 몸의 감각이 삼법인(三法印: 無常·苦·無我)을 가장 잘 경험할 수 있는 대상이기 때문이다.

고엔카 위빠사나의 호흡관찰 명상은 수련 초반에는 인중의 한 지점을 주시하며 호흡을 관찰하다가 이에 익숙해지면 두 콧구멍의 입구를 주시한다. 호흡은 의도적으로 강하게 하거나 약하게 하지 않고 자연스러운 호흡을 관찰한다. 콧구멍 주변에 스치는 호흡의 상태와 느낌을 판단 없이 관찰한다. 호흡관찰 명상은 사마타(집중) 개발을 위한 수행법이다.

호흡관찰 명상은 위빠사나 명상의 기반이 된다. 호흡관찰은 사마타 명상으로서 마음을 정화하고 고요하게 하는 기능을 한다. 마음이 고요해지고 청정해지면 마음에서 일어나는 일들이 명료하게 보인다. 고엔카 위빠사나에서는 이때부터 몸에서 일어나는 감각을 주시하고 알아차린다.

고엔카 위빠사나에서 수(受: Vedanā, 느낌)를 주요 명상 주제로 삼는 것은 느낌이 인간의 고통의 원인이기 때문이다. 몸의 감각은 바로 고통의 표현이다. 이 고통에서 벗어나기 위해서는 감각과 느낌에 붙잡히지 않고 선택적 반응을 할 수 있어야 한다. 고통스러운 감각도 한순간에 일어났다가 사라지는 무상의 현상으로 이해하면 고통으로부터 자유로워질 수 있다.

쉐우민 위빠사나

쉐우민 위빠사나는 쉐우민 사야도가 개발한 명상으로 사념처 명상 중 '심(心: 생각)'을 주로 관찰하는 명상이다. 물론 사념처 명상 중 느낌, 감각 등을 관찰하지만 이러한 느낌과 감각이 일으키는 생각을 관찰한다. 즉, 지금 마음속에서 일어나는 일을 주시하며 판단과 분별없이 알아차리는 것이다.

쉐우민 위빠사나의 호흡관찰은 콧구멍 주변에서 느끼는 호흡이나 배에서 느끼는 호흡을 관찰하는 것이다. 수행자 각자 자신에게 익숙한 호흡관찰법을 따른다. 이 위빠사나 명상에서도 다른 위빠사나와 마찬가지로 호흡을 1차 주시와 알아차림의 대상으로 삼는다. 이를 기반으로 이루어진 마음의 바탕에서 일어나는 생각을 주시와 알아차림의 주제로 삼고 있다.

생각을 주시와 알아차림의 대상으로 삼는 것은 인간의 행위는 생각이 먼저 일어나고 이 생각에 따라 행위가 일어나기 때문이다. 생각을 알아차린다는 것은 '마음에서 일어나는 생각', '마음에 머무는 생각', '마음에서 떠나는 생각' 등을 주시하고 알아차리는 것이다. 생각을 주시하고 알아차림으로써 생각에 빠지거나 끌려가지 않게 된다.

쉐우민 위빠사나는 생활 속에서의 알아차림을 강조한다. 생활 속에서 지금 현재의 경험을 주시하며 알아차리는 것을 강조한다. 따라서 다른 수행처처럼 엄격한 수행규칙이나 생활의 통제 없이 자유로운 분위기에서 지금 여기서 일어나는 생각을 관찰하는 수행을 한다. 수행처에서는 대화, 식사, 산책 등 생활이 자유롭다. 이러한 자유로운 활동 중 항상 마음에서 일어나는 생각을 주시하고 알아차리는 훈련을 한다.

필자의 경험상 쉐우민 위빠사나는 MBSR의 마음챙김 명상의 목적, 수행과 가장 일치하는 명상이다. MBSR의 마음챙김 명상은 쉐우민 위빠사나와 같이 생활 속에서의 알아차림을 강조한다. 일상생활에서 경험하는 모든 것이 마음챙김 명상의 주제가 된다. 일상에서 지금 이 순간에 깨어있으면서 자신에게 일어나는 모든 경험을 주시하며 알아차리는 것이다.

3분 호흡 공간 갖기

종교개혁가 마틴 루터가 개혁을 위한 일들로 바쁜 일상을 보내던 어느 날 친구가 그에게 말했다. "자네, 요즘 개혁을 위한 일들로 너무 바빠 기도할 시간도 없겠군!" 그러자 루터는 "바쁘니까 기도할 일이 더욱 많다네!"라고 대답했다. 그에게 주어진 많은 일을 하다 보면 더 많이 사유하고 더 많이 하나님께 물어야 하기 때문이다.

사람들은 바쁜 일상을 살면서 '정신없이 살았다'라고 많이 말한다. 자신을 돌아보지도 못한 채 어떤 일에 파묻혀 살았다는 뜻이다. 내가 무엇을 하는지도 모른 채 습관적으로 일상을 살았기 때문이다. 이렇듯 정신없이 살아가면서 스트레스를 받고 탈진하게 된다. 스트레스와 탈진으로 짜증, 분노, 불안 등의 감정이 나를 지배하고 이러한 감정의 맥락(Context)이 정서의 바탕을 만든다.

마음챙김 명상은 스트레스와 탈진에서 벗어나고 불행한 감정의 맥락을 행복한 감정의 맥락으로 전환해준다. 일상에서 3분 호흡 공간을 만들어 마음챙김을 위한 공간으로 한다면 우리의 삶을 변화시킬 수 있다. 3분 호흡 공간은 일상에서 잊고 있던 나 자신으로 돌아오는 시간이다. '지금 현재'의 이 순간에 깨어있기 위한 시간 즉, 현존의 시간이다. 현재의 내 감정을 점검하고 평정심으로 돌아오는 시간이다.

3분 호흡 공간의 매우 간단한 명상법은 다음과 같다. 초반에는 하루 2~3번 일정한 시간에 하던 일을 멈추고 3분 동안 호흡을 관찰하는 명상을 한다. 코 밑이나 배를 주시하고 호흡을 알아차리며 내 마음에서 일어나는 느낌이나 생각, 몸에서 일어나는 감각을 주시하고 알아차리는 방법이다. 처음에는 의도적으로 시간을 정하고 그 시간에 멈추어 명상하는 시간을 갖다가 익숙해지면 수시로 자신에게 돌아오는 마음챙김 명상을 한다.

필자는 틱낫한이 설립한 태국 플럼 빌리지에서 일주일 코스 수련에 참가한 경험이 있다. 이곳 수련소에서는 마음챙김에 기반한 정좌 명상, 걷기 명상 등을 실시한다. 특히 마음챙김 먹기, 마음챙김 일하기(Working Meditation), 마음챙김 스포츠 등 생활 가운데서 마음챙김 명상을 강조한다. 이곳 수련소에서 인상 깊었던 점은 15분마다 종이 울리면 모든 사람이 하던 일을 멈추고 각자 있는 위치에서 움직이지 않고 잠시 마음챙김 명상을 한 것이다.

우리도 일상생활에서 정해진 시간에 잠시 마음챙김 시간을 갖는다면 마음의 안정과 평정심을 갖고 행복한 일상을 살아갈 수 있다. 이러한 마음챙김 훈련으로 습관적 동작에서 선택적 동작으로 전환시켜 줄 것이다. 이때 명상 벨을 타이머에 맞추어 일정한 시간에 울리게 하면 잊지 않고 규칙적으로 마음챙김 명상을 할 수 있다.

참고문헌

- 미산 스님 역, 『들숨 날숨에 마음챙기는 공부』, 울산; 초기불전연구원, 2008.
- 전재성 역주, 『맛지마니까야』, 서울; 한국빠알리성전협회, 2009.
- 붓다고사, 대림 스님 역, 『청정도론』, I.II.III. 울산; 초기불전연구원, 2009.
- 심준보 역, 『4가지 알아차림의 확립-사념처』, 서울; 보리수 선원, 2004.
- Larry Rosenberg, Breath by Breath, 미산 스님, 권선아 역, 『일상에서의 호흡명상-숨』, 서울; ㈜한언, 2006.
- Jon Kabat-Zinn, Full Catastrophe Living, New York, USA; Bantam, 2013.
- 이은주, 「사념처 수행과 호흡에 대한 사티 수행의 관계」, 『인도연구』, 16(1) 한국인도학회, 2011.

- 안병희 「호흡관 수행과 심신치유 적용-상좌불교 전통의 호흡관과 MBSR 프로그램을 중심으로」, 『불교학 연구』, 32, 불교학연구회, 2012.
- 김용길, 「불교 명상과 조화를 이루기 위한 호흡 방안」, 『한국교수불자연합학회지』, 26(2), 사단법인 한국교수불자연합회, 26(2), 2020.

Mindfulness Based Stress Reduction

CHAPTER 06
마음챙김 정좌 명상

6.1 정좌 명상이란?

초기 불교 경전 주석서 『대념처경』에 명상은 4가지 자세, 즉 행·주·좌·와(行·住·坐·臥)에서 이루어진다고 했다. 즉, 걸으면서 하는 명상(행선, 行禪), 서서 하는 명상(주선, 住禪), 앉아서 하는 명상(좌선, 坐禪), 누워서 하는 명상(와선, 臥禪)이 있다.[27]

"다시 비구들이여, 비구는 걸어가면서 '걷고 있다'라고 꿰뚫어 알고 서 있으면서 '서 있다'라고 꿰뚫어 알며 앉아있으면서 '앉아있다'라고 꿰뚫어 알고 누워있으면서 '누워있다'라고 꿰뚫어 안다. 또한, 그의 몸이 어떤 자세를 취하든 그 자세로 꿰뚫어 안다."

흔히 우리나라 사람들은 명상은 앉아서 가부좌 자세로 하는 것으로 알고 있다. 한국, 일본, 중국 등 북방불교 사찰에 세워진 붓다의 상(像)은 주로 좌선이지만 태국, 스리랑카, 미얀마 등 남방불교에서는 행선, 주선, 좌선, 와선 붓다의 다양한 상을 볼 수 있다. 이러한 붓다의 상을 보면서 붓다의 명상이 행·주·좌·와 자세로 이루어졌음을 알 수 있다.

북방불교에서 주로 좌선 자세를 보게 되는 것은 이 국가들의 불교 명상이 정좌 자세로 하는 간화선, 묵조선 등에서 이루어지기 때문이다. 간화선이나 묵조선은 지관타좌(只管打坐: 아무것도 하지 않고 그저 앉아 있다)를 지향한다. 고요와 평정심 가운

---
[27] 각묵 스님 옮김, 앞의 책, 47-48

데 흔들림 없이 확고히 앉아있는 그 자체가 명상의 목적 중 하나다. 특히 묵조선에서는 좌선의 자세를 깨달은 사람 그 자체의 모습으로 본다. 고요와 평정심으로 근엄하게 앉아있는 자세 그 자체가 깨달은 자의 모습인 것이다.

6세기 무렵 인도에서 중국으로 건너온 보리 달마는 9년간 좌선 자세로 벽을 바라보며 면벽 수행했다. 이미 깨달음을 얻은 보리 달마가 9년 동안이나 그렇게 면벽 수행한 이유는 첫째, 자신의 깨달음을 유지하고 둘째, 깨달은 자의 모습을 보여주기 위해서였다. 그의 이러한 면벽 수행을 보고 많은 제자가 모여 선종(禪宗)을 이루었고 달마가 선종의 1대 조사가 된 것이다.

서양 사람들은 필자가 미국에서 MBSR 지도자 과정 중 정좌 명상 시간의 한 세션에 2시간 이상 흔들림 없이 정좌 명상하는 것을 보고 신비스럽고 존경스러웠나 보다. 몇 명의 수행자들이 내게 다가와 '무슨 명상을 하느냐?', '어떻게 그렇게 할 수 있냐?'라고 질문했다. 한 지도자는 인터뷰 시간에 필자의 근엄하고 경건한 명상 자세가 인상적이었다고 말했다. 그렇다. 가부좌로 앉아있는 명상 자세는 깨달은 자의 모습이다. 명상하면서 아무 깨달음이 없었더라도 1시간 이상 흔들림 없이 앉아있는 것 자체가 명상의 의미와 목적이 될 수 있다.

6.2 좌선의 자세

수행에 정진하기 위해서는 조용하고 편안한 장소가 좋다. 그리고 혼자 수행하는 것보다 여러 명이 함께 하는 것이 좋다. 여러 명이 함께 수행할 때 잘하려는 분발심이 유발되고 정진하는 다른 수행자로부터 좋은 에너지를 전수받을 수 있기 때문이다. 수행 장소는 너무 덥거나 춥지 않고 적당한 온도와 신선한 공기를 유지해야 하며 소음이 없는 조용한 곳이어야 한다. 앉는 방석은 약 7cm 두께로 부드러워야 편하게 오래 앉아있을 수 있다. 그리고 방석과 함께 엉덩이를 받치는 보조 방석을 사용하면 허리를 꼿꼿이 세우기에 좋다.

전통적으로 좌선의 앉은 자세로는 결가부좌, 반가부좌, 평좌가 있다. 결가부좌는 붓다의 좌선하는 상이나 요가 수행자의 자세에서 많이 볼 수 있다. 그러나 이 자세는 많은 수행을 통해 익숙해져야 가능한 자세다. 이 자세는 안정되고 견고해 보이지만 초보자들에게는 다리가 결리거나 통증이 유발되어 취하기 어려운 자세다. 보통 동양의 수행자들은 반가부좌 자세를 많이 취한다. 반가부좌 자세는 오른쪽 또는 왼쪽 다리를 회음부 쪽으로 45° 정도 구부리고 그 위에 다른 다리를 포개는 방식이다. 이 자세도 불편하게 생각되는 수행자들은 평좌(平坐)를 취한다. 평좌는 양발을 편하게 하체 중심 안쪽으로 구부리고 자연스럽게 앉는 자세다. 이 자세는 다리가 포개지지 않아 혈액순환 장애나 통증 없이 오래 앉아있을 수 있다는 장점이 있지만 다소 흐트러진 자세로 보일 수 있다.

손은 편하게 힘을 빼고 늘어뜨리고 양쪽 무릎 위에 손바닥을 하늘 방향으로 놓거나 구부린 넓적다리 위에 단전을 감싸듯이 두 손을 포개놓고 엄지를 맞닿게 한다. 이때 동양의 수행 전통에서는 오른손에 왼손을 올려놓게 되어 있지만 현대 들어 수행자 각자 편한 자세를 취하고 있다. 허리는 긴장하지 않으면서 꼿꼿이 펴 세운다. 척추는 기(氣)와 신경이 흐르는 통로로 똑바로 세워야 에너지와 흐름이 원활해진다. 시선을 약 2m 앞 바닥의 한 지점에 두면 고개가 조금 숙여진다. 눈은 살며시 감는다. 동양의 묵조선에서는 실눈을 뜨라고 되어 있지만 초보자들은 눈을 감으면 집중이 잘 된다. 눈을 뜨면 시선과 마음이 앞에 보이는 대상에 가기 때문이다.

한편, 동양에서는 방석 위에 앉는 좌선을 주로 취하지만 서양에서 좌선 자세는 매우 다양하고 자유롭다. 의자에 앉는 자세, 둥근 쿠션을 허벅지 사이에 끼고 무릎 꿇은 자세, 낮은 의자에 엉덩이를 걸치고 무릎을 꿇은 자세 그리고 동양에서 일반적으로 취하는 반가부좌나 평좌 등의 자세를 취한다. 그러나 이러한 다양한 자세에서도 지켜야 할 점은 허리를 꼿꼿이 세우고 2m 앞 지점의 바닥에 시선을 두고 고개는 앞으로 조금 숙이는 것이다. 눈을 감는 것은 공통적인 자세다.

의자에서 하는 좌선도 바른 자세를 취해야 한다. 보통 발바닥이 닿을 정도의 의자 높이가 되고 엉덩이를 의자 등받이 깊숙이 넣고 손은 허벅지 위에 놓고 손바닥은 하늘을 향하게 한다. 시선을 3~4m 앞 바닥의 한 지점에 두면 고개가 앞으로 조금 숙여진다. 이 자세에서 정좌해 명상에 들어간다.

6.3 마음챙김 정좌 명상

정좌 명상은 MBSR 공식 명상의 핵심 위치에 있다. 정좌 명상은 특별한 목적과 방법으로 몸과 마음이 일하는 것이다. 여기서 마음이 하는 일은 명상 주제에 대한 주시와 알

좌선(坐禪)의 자세

가부좌
손의 위치 - 단전

반가부좌
손의 위치 - 단전

평좌
손의 위치 - 발목 위

가부좌
손의 위치 - 무릎 위

아차림이다. 주시를 통해 명상 주제에 집중하고 알아차림을 통해 통찰력을 개발한다. 이러한 주시와 알아차림을 통해 MBSR에서 추구하는 스트레스 감소는 물론 몸과 마음의 이완, 안정, 균형, 건강이 증진된다.

좌선의 여러 자세

 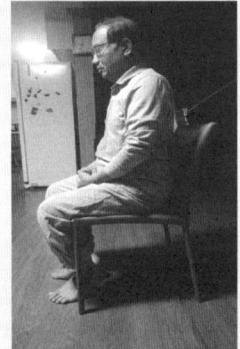 

MBSR에서의 정좌 명상은 불교의 위빠사나 명상에서 비롯되었으며 명상 방식도 비슷하다. 사념처(四念處) 명상과 비슷하고 사념처 중 신(身, 감각)·수(受, 느낌)·심(心, 생각), 법(法, 현상)을 명상 주제로 삼으며 나와 내 주변에서 들리는 소리를 주시와 알아차림의 대상으로 추가했다. 마음챙김 명상은 호흡을 주시하며 사념처, 즉 몸의 감각, 느낌, 생각, 소리를 주시하며 알아차리는 것이다.

정좌 명상은 명상 주제에 대한 주시와 알아차림으로 이루어진다. 명상 주제는 호흡, 소리, 느낌, 감각, 생각이다. 이 명상 주제들을 선택해 차례대로 주시하며 알아차리거나 호흡관찰을 통해 고요하고 청정한 마음의 바탕 위에서 선택 없이 소리, 감각, 생각 중 두드러지게 일어나는 것에 주시하고 알아차리는 방식으로 명상할 수 있다. 이러한 주시와 알아차림에서 중요한 것은 비판단적이고 비분별적이어야 한다는 것이다. 주시하는 대상이 일어나는 원인, 성질 등을 판단하지 않고 '있는 그대로' 주시하며 경험한다. 또한, 주시 대상을 좋아하거나 싫어하지 않고 '있는 그대로' 주시하며 알아차린다. 주시는 감각기관이 감각 대상에 대해 마음을 조준하는 것이며 알아차림은 관념을 배제하고 감각 대상을 순수하게 자각하는 것이다. 감각 대상에 대한 확고한 주시와 알아차림만 있고 아무 판단이나 분별심이 끼어들지 않은 상태를 삼매(사마디)라고 한다.

정좌 명상에서 주시와 알아차림의 대상으로 삼는 호흡, 소리, 느낌, 감각, 생각의 특징은 무상(無常)이고 무아(無我)다. 이 대상들은 고정불변이며 실체가 없다. 이 대상들에 대한 무상성(無常性)과 무아성(無我性)에 대한 인식과 이해는 '나'라는 존재의 무상·무아의 이해로 이어진다. 내 몸과 마음이 무상과 무아의 존재로 이해될 때 번뇌와 고통에서 벗어난다. 존재는 고정불변으로 항상인 것이 없고 실체가 없는데 거기에 집착하는 것이 인간의 고통의 원인이기 때문이다. 따라서 마음챙김 명상은 궁극적으로 존재의 무상과 무아를 깨달아 고통으로부터 자유로워지는 것이다.

정좌 명상은 몸의 움직임과 이동 없이 올곧이 앉아서 하는 명상이므로 다른 자세의 명상보다 집중력을 높일 수 있다. 몸이 움직이면 거기에 따른 감각이 일어나고 눈을 뜨고 움직이므로 감각 대상이 눈앞에 더 많이 펼쳐진다. 따라서 정좌 명상은 한 명상 주제에 집중하는 주시와 통찰력을 개발하는 데 쉬운 명상법이다. MBSR 마음챙김 정좌 명상에서 대상을 선택해 집중하는 이유도 여기에 있다.

6.4 정좌 명상 지시문 사용

명상 수행할 때 동양에서는 시작하기 전 지도자로부터 명상 자세와 방법의 간단한 설명을 듣고 시작부터 마칠 때까지 지도자의 멘트나 지시문 없이 묵언으로 수행한다. 그리고 수행을 마친 후에는 수행하면서 경험한 것을 지도자에게 보고하고 수행 정진을 위한 지도를 받는다. "명상은 명상이 지도한다"라는 말처럼 자기 경험이 학습의 자료이자 스승이라고 할 수 있다. 하지만 MBSR 명상에서는 수행 중 지도자의 지시 멘트가 계속된다. 지도자의 지시 멘트에 따라 주시와 알아차림의 대상을 전환하며 수행한다.

필자가 미국 MBSR 지도자 과정에 참여해 명상 수행할 당시 지도자의 지시 멘트는 수행 정진에 별로 도움이 안 되었다. 질의응답 시간에 "명상 수행 도중 지도자의 지시 멘트가 집중과 알아차림의 장애가 됩니다. 지시 멘트 없이 수행할 수 있나요?"라고 지도자에게 질문했다. 이 질문을 받은 지도자는 필자의 질문에 대한 의견을 참여자들에게 물었다. 대부분의 참여자는 지도자의 지시 멘트가 도움이 된다고 답했지만 수행 경험이 많은 참여자들은 지도자의 지시 멘트가 도움이 안 된다고 답했다.

지도자의 지시 멘트는 수행 입문자들에게는 도움이 되지만 수행 경험이 많은 사람에게는 도움이 안 된다는 사실을 알게 되었다. 따라서 필자가 진행하는 MBSR 수업 전반부에는 회기에서 명상 도중 지시 멘트를 사용하지만 마지막 회기에 가까워지면 지시 멘트 없이 수행자 자신이 명상 주제를 선택해 주시하고 알아차리도록 한다. 예를 들어, MBSR 8주 일반 과정 프로그램의 1~4회기 때는 명상 중 지도자의 육성이나 녹음된 지시 멘트를 사용하고 4회기 이후부터 지시 멘트를 점점 줄이다가 7~8회기부터 지시 멘트 없이 수행하는 것이 바람직하다고 본다.

지도자의 주시 멘트는 주시 대상에 대한 전환을 알리는 멘트가 대부분이다. MBSR에서 주시 대상이 되는 호흡, 소리, 감각, 느낌, 생각에 대한 주시와 알아차림에 대한 멘트를 한다. MBSR 초반 회기에서는 그중 1가지 주제로 명상하다가 회기가 진행되면서 지도자의 지시 멘트에 따라 하나씩 추가해가면서 명상 수행 시간을 늘려나간다. 한 주시 대상에서 다음 주시 대상을 추가하는 동시에 명상 주제를 여러 개 주시 대상으로 늘려나간다. 미국 MBSR본부의 정좌 명상에서는 보통 7~8분 사이에 다른 명상 주제로 전환해 수행한다.

참고문헌

- 김호귀(2008), 『선과 수행』, 서울: 석란.
- 현각 스님(2008), 『선학강의』, 서울: 보명.
- 關田一喜, 김재천 역(1989), 『좌선의 구조와 실천』, 경서원.
- 이희익(1982), 생활속의 선, 서울: 홍법원.
- Bhante Gunaratana(2002), *Mindfulness in Plain English*, Boston USA: Wisdom Publication.
- Jon Kabat-Zinn(2013), *Full Catastrophe Living*, New York, USA: Bantam.
- Stephen Snyder and Tina Rasamusen, 정준영 역(2015), 『몰입이 시작이다』, 서울: 불광출판사.
- 김부찬, 「좌선의 개념을 통해 본 선사들의 심신관」, 『선학』, (23), 한국선학회, 2011.
- 김재성, 「혜능의 좌선관」, 『정토학연구』, (18), 한국정토학회, 2012.
- 오지연, 「초기 천태교단의 좌선관」, 『한국불교학』, (50), 한국불교학회, 2008.

Mindfulness Based Stress Reduction

CHAPTER 07

마음챙김 요가

7.1 요가의 기원

요가의 기원은 학자마다 견해가 다르지만 고대 파키스탄 펀자브 지방에서 발견된 벽화의 요가 수행 자세를 통해 기원전 2000~2500년 무렵으로 추정할 수 있다.[28] 문헌상으로는 '인도의 성전(聖典)'으로 불리는 리그베다(기원전 1500년)에 요가 철학의 근본 사상과 요가 행자들이 소개되어 있다. 리그베다는 브라만교의 경전으로 사용되었으며 이 경전에는 당시 성현(聖賢) 반열에 오른 요가 행자들의 사상이 깃들어 있다.

리그베다의 철학을 소개하는 우파니샤드는 기원전 700~200년 무렵 만들어진 것으로 추정되는데 이 자료에서도 요가의 철학과 근원적 사상이 담겨 있다. 이 자료는 요가 수행의 6단계를 소개하고 있다(라자 요가에서는 8단계로 구성). 힌두교 경전의 위치에 있는 바가바드기타에서도 요가의 3가지 사상인 '지(知)의 요가(Janna Yoga)', '행(行)의 요가(Karma Yoga)', '신애(信愛)의 요가(Bhakti Yoga)'를 소개하고 있다.

기원전 2세기 무렵 요가 사상을 체계화하고 기원후 4~5세기에 완성된 것으로 보이는 파탄잘리의 『요가수트라』는 '요가의 교과서'로 불릴 만큼 요가의 사상과 요가 명상의 체계를 갖춘 책이다.[29] 이 책에서는 마음 다스림과 이를 위한 수행법 그리고 요가의 체계인 아스탕가 즉, 팔지(八支) 요가를 소개하고 있다.

---

[28] 이태영, 『요가철학』, 도서출판 여래, 2007. 15~16.

[29] 호이에르슈타인, 김형준 역, 『요가 전통』, 무수, 2008.

7.2 요가의 의미

요가는 요가 사상, 요가 동작, 요가 명상 등을 아우르는 개념으로 일반적으로 아사나(동작)만 요가라고 부른다. MBSR에서 도구로 사용되는 요가는 주로 하타요가 즉, 아사나 동작을 말한다. 요가는 삼매가 목적인데 삼매는 정신적 면과 육체적 면의 수행을 통해 이루어진다. 그러나 하타요가는 정신적 면의 수행을 강조하는 동시에 정화법, 호흡 조절, 아사나 등 육체적 면의 수행도 강조한다.

요가 전통에서 요가 수행자는 '유끄따(Yukta: 결합한 사람) 또는 스티따(Sthita-Prajnaâ: 확고한 지혜를 가진 사람)라는 뜻이다. 여기서 요가의 목적은 결합과 지혜의 개발이라고 할 수 있다. 힌두교 경전 중 하나인 『바가바드기타』에서는 요가를 '평정심을 높이는 것', '영혼의 단계를 높이는 것', '확고한 자아 확립', '결합한 사람' 등으로 설명하고 있다. 이를 통해 요가는 자아 확립, 영적 삶의 고양, 균형적인 사람이 되는 것을 지향하고 있음을 알 수 있다. 이 경전에서 요가를 통해 완성에 이른 요가 수행자를 '어떤 괴로움에도 마음이 영향을 받지 않고 쾌락을 향한 욕망에서 벗어나 있으며 집착, 두려움, 분노가 없는 사람, 그를 확고한 통찰력을 가진 성자'[30]라고 불렀다.

원래 요가의 어원에는 'Yuj'(결합)라는 의미가 있다. '우주의 신' 브라만과 내 안에 내재하는 신 아트만의 결합, 마음과 몸의 결합 등 물질과 정신의 통합을 강조했다. 그러나 파탄잘리의 『요가수트라』 이후 요가에서 신과의 합일의 목적보다 신체적 정화와 균형, 강화에 목적을 두게 되었다. 여기서 결합은 신체적 통합과 균형의 의미를 강조한다. 따라서 요가 동작을 통해 내 몸과 마음을 신성화시키고 통합과 균형을 유지한다.

하타요가(Hatha Yoga)에서 하타는 '힘(Force)'을 뜻하는 말로 하타요가는 육체의 정화와 강화를 위한 방법으로 자신을 변화시키고 초월하려는 형태의 요가다. Hatha는 'Ha'와 'Tha' 두 단어의 합성어로 Ha는 태양, Tha는 달을 의미한다. 따라서 하타요가는 양(陽)의 에너지를 상징하는 태양과 음(陰)의 에너지를 상징하는 달의 합일 등 조화와 일치를 의미한다. 하타요가에서는 그리스 사상이나 기독교에서처럼 인간의 육체는 욕망과 죄를 담은 부정한 것으로 보지 않는다. 인간을 소우주로 보며 육체를 신성시

---

[30] 마라리쉬 마헤시, 『바가밧기타』, 한국초월명상센터, 1966.

한다. 육체를 신성이 내재하는 성전(聖殿)과 같은 것으로 보며 육체를 통해 해탈할 수 있다고 본다. 따라서 하타요가는 심신의 건강과 아름다움, 장수를 위한 요가 행법이라고 할 수 있다.

7.3 라자 요가

라자(Râja)는 '왕'을 뜻하는 말로 라자 요가(Râja Yoga)는 '왕의 요가', '요가의 왕'을 뜻한다. 2세기 무렵 『요가수트라』의 저자 빠딴잘리가 창안한 요가 체계를 가리키며 16세기부터 주로 빠딴잘리 요가 체계와 아스탕가 요가(팔지 요가)를 구분하는 데 사용되었다. 이 용어 안에는 라자 요가가 하타요가보다 우월하다는 의미가 내포되어 있고 마음 수련을 하는 참된 수행자들을 위한 수행법이라는 의미가 있다. 이러한 의미가 더 드러난 것은 최근 하타요가가 미용체조나 신체의 균형미를 추구하는 데만 사용되기 때문이라고 할 수 있다.

빠딴잘리의 『요가수트라』는 힌두교의 전통과 불교의 전통을 이어받은 요가를 체계화한 책이다. 『요가수트라』는 그 내용을 볼 때 아스탕가(Ashtâ-anga-yoga: 팔지 요가)와 크리야 요가(Kriyâ-yoga: 행위 요가)의 통합이라고 할 수 있다. 『요가수트라』의 대부분이 크리야 요가를 설명하는 데 할애되었고 아스탕가 요가에 대해서는 많은 자리를 차지하지 않았지만 요가수트라의 최고 핵심 내용은 아스탕가 요가라고 할 수 있다.[31]

아스탕가 요가는 '8가지 요가' 체계를 말한다. 아스탕가 요가는 '깨달음의 8단계'라고 할 수 있으며 자아 초월로 나아가는 과정이라고 할 수 있다. 아스탕가 요가는 불교의 수행으로부터 영향을 받았다고 할 수 있으며 불교의 삼학(三學: 戒·定·慧)을 더 구체화한 내용이다. 다만, 불교의 수행과 다른 점은 팔지 요가에 아사나(동작 요가)가 추가되었다는 것이다. 불교 수행에서는 아사나를 수행하지 않는다. 불교의 수행은 마음이 이완되면 몸도 자동으로 이완되기 때문이라고 보기 때문이다.

---

[31] 이거룡 역주, 『요가수트라 해설』, 선문대학교, 2017.

아스탕가 요가의 8단계는 다음과 같다.

❶ yama(야마): 금계 – 행하지 말아야 할 것
❷ niyama(니야마): 권계 – 행해야 할 것
❸ âsana(아사나): 자세
❹ prânâyâma(프라나마야): 호흡 조절
❺ pratyahara(프라티야하라): 감관 철수
❻ dhâranâ(다라아나): 정신집중
❼ dhyâna(디야나): 명상
❽ samâdhi(사마디): 삼매

위에서 야마, 니야마는 불교의 삼학(三學) 중 계수행(戒修行)에 해당하는 것으로 윤리적, 도덕적 청정을 말하며 불교의 5계에 해당한다. 아사나, 프라나야마, 프라티야하라, 디야나는 정수행(定修行)에 해당하는 것으로 집중을 목적으로 한다. 집중할 때 마음이 고요해지고 청정해지며 삼매에 이른다. 아스탕가 요가에서는 혜수행(慧修行)에 대해서는 언급하지 않고 있다. 그러나 삼매에 이를 때 자기 초월과 해탈을 할 수 있으므로 아스탕가 요가 단계는 삼학의 궁극적인 목적과 같다고 할 수 있다. 즉, 지혜를 통한 해탈이 목적이다.

아스탕가 요가가 마음챙김을 기반으로 할 때 이 요가에서 추구하는 삼매에 이르게 된다. 아스탕가 요가의 도입부인 야마와 니야마를 지키고 개발하는 것은 야마, 니야마를 통해 얻은 마음의 고요와 청정함이 마음챙김의 기반이 되기 때문이다. 습관적 반응과 자동반응을 통해서는 야마와 니야마를 통한 집중을 개발할 수 없다. 따라서 하타요가는 마음챙김의 기반 위에서 이루어져야 한다.

7.4 마음챙김 하타요가

MBSR에서는 요가 또는 기공의 양생 체조 등을 심신 이완과 마음챙김의 도구로 삼고 이를 마음챙김 하타요가 또는 마음챙김 동작이라고 부른다. 마음챙김 요가에서는 일반 요가나 스트레칭과 달리 심신 이완과 신체 강화 기능보다 마음챙김 도구의 기능을 더 강조하고 있다. 일반 요가나 스트레칭에서는 몸의 이완과 균형, 근육 강화 등을 중시하지만 마음챙김 동작에서는 몸의 이완과 균형을 위한 동작과 더불어 일어나는 호흡, 감각, 느낌, 생각 등의 주시와 알아차림을 더 중시한다.[32] 따라서 마음챙김 동작에서는 아름다운 자세나 어려운 동작을 별로 중시하지 않는다. 물론 아름다운 자세나 어려운 동작도 나름대로 의미가 있겠지만 마음챙김 요가에서는 동작에 따라 일어나는 감각을 주시하며 알아차리는 것이 더 중요하다.

MBSR에서는 몸의 감각에 대한 주시와 알아차림을 중시한다. 몸의 감각에 대한 주시와 알아차림을 중시하는 이유는 감각은 몸이 주는 메시지이기 때문이다. 동작 도중 신체의 어떤 부위에서 느끼는 통증, 딱딱함, 절림 등의 감각은 그 부위에서 일어나는 불만족의 표시이고 시원함, 이완감 등은 만족스러운 감각의 표시다. 마음챙김 하타요가에서는 몸에서 일어나는 이러한 감각들에서 몸의 욕구를 읽을 수 있다.

마음챙김 하타요가에서는 자신이 하는 몸동작의 한계를 주시하고 알아차리는 것도 중요하다. 동작을 하다 보면 사람에 따라 할 수 있는 동작에 한계가 있다. 그리고 그 한계를 뛰어넘어 동작하면 불편함과 고통이 일어난다. 불편함과 고통의 한계를 참고 무리한 동작을 하면 오히려 몸이 경직되거나 고장이 날 수 있다. 따라서 마음챙김 동작은 만족에서 불만족으로 넘어가는 한계, 이완과 경직의 한계 등을 알아차림으로써 자신이 할 수 있는 한계를 알고 한계를 서서히 넘어서야 한다. 몸의 균형과 만족감이 점점 확대되도록 일상에서 규칙적이고 적당한 양의 마음챙김 동작을 해야 한다.

MBSR 8주 수업에서 매주 실시하는 마음챙김 하타요가는 보통 당일 수업 초반에 실시한다. 이는 몸의 이완을 통해 마음이 안정된 기반 위에서 마음챙김 정좌 명상을 수행하기 위해서다. 마음챙김 정좌 명상은 마음이 안정되고 고요한 기반 위에서 실시할 때 확고한 주시와 알아차림이 가능하다. 또한, 마음챙김 하타요가는 일회적이거나 간헐적으로 이루어지면 그 효과를 기대할 수 없다. 일상에서 연속적으로 수행할 때 심신의 안정과 균형, 조화를 이룰 수 있다. 따라서 매일 주어진 마음챙김 요가와 스트레칭 홈 과제를 충실히 이행해야 한다.

MBSR에서 창시자 존 카밧진은 서서 하는 요가(Standing Yoga)의 25개 동작과 누워서 하는 요가(Lying Down Yoga)의 22개 표준 동작과 순서를 제시하고 있다. 동작은 따라 하기 쉬운 간단한 것들로 구성되어 있지만 신체 각 부위의 이완과 강화, 신체

---

[32] Jon Kabat Zinn, *Full Catastrophe*, New York: Bantam, 2013. 100.

부위 간의 균형을 이루는 호흡법과 자세로 구성되어 있다. 물론 이 표준 동작들과 동작 순서에 대한 변화와 보충의 여지를 두고 있다. 마음챙김 동작을 이끌어가는 지도자에 따라 동작이 추가되거나 순서를 바꾸거나 건너뛰고 동작할 수 있다.

참고문헌

- Bob Stahl & Elisha Goldstein, *Mindfulness-Based Stress Reduction Workbook*, CA, USA; New Harbinger Publications, Inc, 2010.
- Elizabeth De Michelis, *A History of Modern Yoga*, NY, USA; Continuum, 2005.
- Jon Kabat-Zinn, *Full Catastrophe Living*, New York, USA; Bantam, 2013.
- Swami Niranjanananda Saraswati, *Yoga Darshan*, India; Yoga Publication Trust, 1993.
- Ed. Knut A. Jacobsen, *Theory and Practice of Yoga*, MA, USA; Martinus Nijhoff Publishers and VSP, 2005.
- Ed. Singleton and Jean Byrne. *Yoga in the Modern World*, NY, USA; Routledge, 2009.
- Georg Feuerstein, The Yoga Tradition, 김형준 역, 『요가 전통』, 서울; 무수, 2008.
- 이거룡, 『요가수트라 해설』, 아산; 선문대학교 출판부, 2017.
- 이태영, 『하타요가』, 서울; 도서출판 여래, 2003.
- 김승효, 「셀프터치를 결합한 마음챙김 요가 프로그램이 신체 자비에 미치는 영향」, 『한국명상학회지』 13(2), 2023.
- 안산덕, 「마음챙김 요가의 최근 국내 연구 현황」, 『요가학 연구』, (23), 한국요가학회, 2020.
- 양학연, 「조옥경 마음챙김 요가와 요가 니드라가 마음챙김 스트레스 자각 및 심리치료 안녕감에 미치는 영향」, 『한국심리학회지』, 19(1), 2014.
- 차석, 박수호, 「요가 치료와 마음챙김 요가: 국내 요가 치료 발전 방향 연구」, 『명상심리상담』, 한국명상심리상담학회, 2022.

Mindfulness Based Stress Reduction

CHAPTER 08

마음챙김 바디스캔(Body Scan)

8.1 불교 명상과 바디스캔

붓다는 깨달음을 증득한 후 최초 설법에서 고집멸도(苦集滅道)를 설파했다. 인간의 고통은 집착에서 비롯되고 그 집착의 소멸이 자유와 해탈로 가는 방편이라는 것이다. 붓다가 말하는 인간의 고통은 바로 불만족이라고 정의했다. 불만족은 비단 인간의 마음 작용에서만 일어나는 것은 아니다. 신체에 대한 불만족도 인간의 고통의 원인이다. 불만족은 기대하고 이루려는 것이 일어나지 않을 때 일어난다. 누구나 건강하고 균형 잡힌 몸을 만들고 싶어 하지만 질병, 상처, 피로 등으로 몸에 대한 불만족이 일어난다. 바디스캔은 바로 몸의 고통과 불만족을 완화하는 수행법으로 MBSR의 핵심 수행법이다.

불교에서 말하는 인간에 대한 견해는 오온(五蘊: 色·受·想·行·識)의 결합체다. 인간은 실체가 없고 무상(無常)한 존재다. 물질, 느낌, 지각, 형성, 의식 5가지 요소가 조건에 의해 결합한 것이고 이를 인간이라고 부른다. 특히 몸을 '나'라고 보고 실체로 보는 잘못된 견해를 유신견(有身見)이라고 부른다. 유신견은 인간의 실체가 있거나 인간의 몸을 자신이라고 보는 견해다. 또한, 영원하지 않은 인간의 자아를 영원하다고 믿는 잘못된 견해를 상견(常見)이라고 부른다. 유신견과 상견이 인간의 고통의 원인이 된다. 즉, 몸에 대한 집착과 영존에 대한 집착이 인간의 고통이 되는 것이다.

이러한 고통에서 벗어나기 위해 존재의 무상(無常)과 무아(無我)를 깨달아야 한다. 신체도 마찬가지다. 인간의 신체는 무상의 존재이며 무아의 존재다. 신체를 구성하는 세포도 영원한 존재가 아니다. 계속 사라지고 새로 일어난다. 외형적으로는 같은 몸이지만 오늘의 내 몸은 어제의 내 몸이 아니다. 매 순간 새로운 조건의 결합으로 지금 현재의 '나'가 존재하는 것이다. 이렇듯 신체는 '나'가 아니다. 무상과 무아의 존재다. 자신이 무상과 무아의 존재임을 깨닫지 못하고 존재에 집착을 가질 때 불만족이 일어난다. 집착은 욕망과 기대에서 비롯된다. 더 오래 살고 싶은 욕망, 쾌락에 대한 욕망, 건강에 대한 욕망 등이 불만족의 원인이며 이 불만족의 감정이 바로 고통이다.

서양인들은 바디스캔을 MBSR의 독창적인 수행법으로 알고 있지만 원래 바디스캔은 불교 명상법에서 유래했다. 붓다는 수행승들에게 "몸에 대한 마음챙김을 항상 부지런히 닦아야 한다."라고 말하고 "32가지 신체 부위에 대한 마음을 챙기면 초선(初禪)을 얻는다."라고 말했다. 또한, 32가지 신체 부위에 대한 마음챙김은 싫어함과 좋아함에 대한 집착에서 벗어나고 두려움과 공포를 극복하며 몸의 통증도 극복하게 해준다고 했다. 니까야에서 말하는 32가지 마음챙김 명상의 주제는 다음과 같다.[33]

32가지 신체 부위

"머리털, 몸털, 손발톱, 이빨, 살갗, 살, 힘줄, 뼈, 골수, 콩팥, 염통, 간, 근막, 지라, 허파, 큰창자, 작은창자, 위, 똥, 쓸개즙, 가래, 고름, 피, 땀, 굳기, 눈물, 기름기, 침, 콧물, 관절 혈액, 오줌."

위에서 '초선을 얻는다'라는 말은 사선정(四禪定)의 첫 단계에 들어간다는 말이다. 초선에 들어가면 집중의 힘이 향상되어 몸의 느낌이나 감각의 지배를 더 이상 받지 않고 마음이 방황하지 않으며 일어난 생각과 머문 생각에 대한 알아차림이 있고 희열을 느끼게 된다. 바디스캔을 통해 초선에서 경험하는 이러한 상태를 경험할 수 있다. 불교 명상에 대해 체계적으로 정리한 초기 경전 주석서 『청정도론』에서는 몸에 대한 마음챙김의 유익함을 다음과 같이 말한다. 한마디로 몸에 대한 마음챙김으로 유가안은(瑜伽安隱)에 이른다는 말이다. 즉, 불교에서 깨달음의 궁극적 목적인 해탈에 이른다는 말이다.

"몸에 대한 마음챙김을 닦고 거듭 행할 때 절박감이 일어나고 큰 이익이 있고 큰 유가안은[34]이 있고 큰 마음챙김과 알아차림이 있고 지(地)와 견(見)을 얻고 지금 여기

---

[33] 전재성 역주, 『디가니까야』, 한국빠알리성전협회, 2011, 968-969.

[34] 붓다고사, 대림 스님 역, 『청정도론』, 초기불전연구원, 2009, 40.

서 행복한 삶을 살게 되고 영지와 해탈의 과를 실현한다."

바디스캔은 위빠사나 수련 중 고엔카(Goenka) 위빠사나와 비슷하다. 고엔카 위빠사나는 몸의 감각(Sensation)과 느낌(Feeling)을 주시하는 수련이다. 수련 전반부에서는 호흡 수련(Anapanasati)으로 몸을 정화하고 청정하게 한 후 중반부에서 신체 부위별로 스캔하며 판단 없이 감각을 주시한다. 그리고 후반부에서는 전신을 훑으며 판단 없이 감각을 관찰한다. 고엔카 위빠사나 수련을 통해 몸과 마음이 이완되면서 고요하고 청정한 상태 즉, 삼매를 경험하게 된다.

필자는 고엔카 위빠사나에서 삼매를 처음 경험했다. 삼매는 경험해보지 않은 사람에게 말로 설명하기는 어렵다. 그리고 경험한 내용도 조금씩 다르다. 필자가 경험한 삼매는 몸과 마음이 완전히 이완된 상태였으며 시간과 공간의 관념이 사라지고 우주와 하나가 된 느낌, 충만한 감각, 일어나는 생각과 머무는 생각이 없이 성성적적(惺惺寂寂)한 상태 곧, 고요하고 의식이 뚜렷한 상태에 머무는 것이었다.

8.2 바디스캔의 효과

물론 바디스캔의 목적이 삼매 경험인 것은 아니다. 그러나 바디스캔도 집중해 주시하고 알아차림이 분명해야 한다는 것은 삼매와 맥락이 같다. 바디스캔을 통해 심신의 이완을 경험하고 몸에 대한 주시와 알아차림을 통해 불편함과 고통에서 벗어날 수 있다는 점에서 근접한 삼매의 효과를 경험할 수 있다. 불교 경전에서 설명하는 몸에 대한 마음챙김을 통해 얻는 이익을 정리하면 다음과 같다.[35] 여기서 말하는 몸의 마음챙김에 대한 이익은 MBSR의 바디스캔을 통해 얻는 이익과 일치한다.

▌자신과 다른 사람의 몸에 대한 집착을 내려놓을 수 있다

몸에 대한 집착을 내려놓는 것은 신체 각 부위에 대한 판단과 분별없이 관찰하는 것이다. 몸이 곧 나라고 생각하지 않고 대상화시켜 관찰할 때 몸에 대한 집착에서 벗어날 수 있다.

---

[35] 전재성 역주, 『맛지마니까야』, 119. 한국빠알리성전협회, 1314-1323.

사마타와 위빠사나 수행을 위한 기반이 된다

사마타에서 참구(參究)하는 집중과 위빠사나에서 참구하는 통찰력을 증득하기 위해서는 먼저 자세의 조율과 마음의 안정이 필요하다. 몸에 대한 마음챙김을 통해 자세의 조율과 안정감 위에서 사마타와 위빠사나 명상을 할 때 수행이 증진된다. 정좌 명상에 들어가기 전 바디스캔을 실시하면 집중과 알아차림에 쉽게 들어갈 수 있다.

홀로 수행하며 지루하지 않다

몸에서 일어나는 호기심과 친절함으로 감각을 주시하며 알아차릴 때 지루함과 습관적인 나태함에서 벗어날 수 있다. 바디스캔은 몸에서 일어나는 감각을 호기심으로 주시하며 알아차림의 수행으로 지루함과 나태함에서 벗어나게 해준다.

감각과 쾌락에 빠져들지 않는다

사람들은 몸에서 일어나는 느낌과 감각을 따라가다가 곤란한 경험과 실패를 겪는 경우가 있다. 좋은 감각에 취하거나 머물면 지금 현재의 자신을 인지할 수 없고 감각에 따라 행동하게 된다. 매 순간 변하는 느낌과 감각을 따라가지 않고 감각에 대한 주시와 알아차림으로 감각에 대한 집착과 지배에서 벗어날 수 있다.

육체적 통증과 피곤함에서 벗어날 수 있다

몸의 통증이 일어날 때 지금 내가 아프다고 생각하지 않고 다리라는 신체 부위에서 일어나는 감각을 분리해 주시하고 알아차리면 통증으로부터 자유로워질 수 있다. 바디스캔으로 몸의 감각을 대상화시켜 주시하고 알아차림으로 이완과 마음의 평안을 경험할 수 있다.

바디스캔은 MBSR의 핵심 프로그램이다. 몸을 훑어 내려가며 감각을 관찰하는 단순한 방법이지만 심신의 이완, 만성 통증 완화, 신체 에너지 생성 등의 효과를 부른다. 그러나 이완과 치유를 목적으로 바디스캔을 하지는 않는다. 단지 몸의 감각을 주시하고 알아차리면 이완과 치유효과가 일어나는 것이다. 위에서 밝혔듯이 바디스캔은 불교 명상 위빠사나에서 유래했다. 신체기관에서 일어나는 감각을 위빠사나 명상을 통해 주시하므로 몸과 친해지면서 이완과 치유를 경험하게 된다.

바디스캔의 방식은 동양의 기 수련(氣修鍊)과 매우 비슷하다. 동양의 기 수련에는 의념(意念) 수련이 있다. 의념은 의식을 두는 곳에 기(氣)가 흐르고 기가 흐름으로써 혈(血)이 흐른다는 뜻이다. 신체의 특정 부위에 의식이 가면 그 부위에 기(氣)가 작용해 이완되면서 치유효과를 경험하게 된다. 통증이 있는 신체 부위를 주시하면서 기를 보낸다고 상상하면 그 기가 모여 통증 완화와 치유를 경험하게 된다.

필자의 경험에 의하면 몸을 스캔하며 주시할 때 그곳에서 에너지와 함께 따라가는 경험을 할 수 있었다. 주시하면 기의 흐름을 느낄 수 있다. 몸이 경직된 곳을 주시하면서 그곳에 에너지를 보낸다고 상상하면 그곳에서 일어나는 기의 흐름을 느낄 수 있다. 기 수련자들이 말하는 소주천(小舟天)과 대주천(大周天)은 바디스캔과 같은 방식으로 이루어진다. 몸의 맥을 따라가면서 주시하면 이 주시와 함께 에너지의 흐름도 동반한다.

사람들이 자신의 신체를 대하는 것을 보면 2가지 유형의 사람이 있다. 나르시시즘이라고 할 정도로 신체에 대한 지나친 관심과 집착으로 가꾸는 사람이 있는 반면, 신체에 대한 무관심으로 신체를 방치하는 사람이 있다. 신체에 너무 집착하는 것도, 신체에 너무 무관심한 것도 건강을 해치는 행동이다. 다만, 매 순간 신체의 감각이나 에너지의 흐름을 주시하면서 관찰할 필요가 있다.

몸에서 일어나는 감각이나 에너지의 흐름은 신체가 내게 주는 메시지로 신체가 내게 요구하는 신호라고 할 수 있다. 예를 들어, 배고픔 때문에 일어나는 감각은 신체가 내게 먹을 것을 달라는 신호다. 감각이 강하게 일어나거나 감각이 전혀 일어나지 않는 것은 신체에 뭔가 이상이 있음을 알려주는 신호다. 일상에서 그 신호를 이해할 때 몸을 위한 대처를 할 수 있다.

몸에서 일어나는 감각은 '뭔가를 하라'라는 지시 사인이거나 '무엇을 하지 말라'라는 금지 사인일 수 있다. 내 마음에 불안감이 일어나면 내가 해야 할 뭔가를 하지 못했을 때 '하라'라는 사인이 된다. 또한, 양심이 발동해 가슴이 두근거릴 때는 '하지 말아야 할 것을 하고 있다'라는 신호가 된다. 따라서 일상에서 금지하고 지시하는 사인을 잘 알아차리면 나 자신과 타인도 평화롭고 행복한 생활을 할 수 있다.

바디스캔은 몸의 감각을 주시하고 그 메시지를 이해하는 작업이다. 신체 각 부위를 주시하면서 감각을 주시하고 알아차리는 작업과 함께 호흡을 그 부위에 불어넣고 배출하는 작업을 한다. 몸은 끊임없이 들이마시는 숨에 산소를 마시고 내쉬는 숨에 이산화탄소를 배출하는 작업을 한다. 바디스캔에서는 들이마시는 숨에 생기 있는 에너지를 호흡하고 내쉬는 숨에 몸의 노폐물과 긴장이 물러간다고 상상하며 호흡한다.

필자는 MBSR 지도 과정에서 바디스캔을 인도하고 홈 과제로 부여했다. 바디스캔을 경험한 많은 참여자들이 바디스캔의 긍정적 효과를 보고하고 있다. 바디스캔을 통해 '불면증을 극복했다', '두통이 사라졌다', '무릎 통증이 나았다', '굳은 어깨가 이완되었다', '몸이 가벼워졌다' 등 몸의 이완과 치유 경험을 나누었다. 참여자 중 한의사(韓醫師)가 불면증 환자에게 바디스캔을 적용했더니 불면증 치유효과를 가져왔다는 보고도 있었다. 최근 MBSR 수업을 재수강하는 한 내담자는 바디스캔을 통해 불면증과 우울증이 해소되었고 지금은 호흡과 더불어 신체 에너지의 흐름을 볼 수 있고 그 에너지를 통증 부위에 보내 통증을 해결할 수 있다는 보고도 했다.

8.3 바디스캔 수행 절차

❶ 편안하고 장애가 없는 장소에 송장 자세로 눕는다.
❷ 양팔을 몸통에 나란히 놓고 손바닥은 공중을 향해 놓는다.
❸ 눈은 지그시 감고 발은 꼬이지 않게 하고 발과 발 사이를 어깨너비 정도로 벌린다.
❹ 그 자세에서 잠시 호흡으로 일어나는 배의 움직임을 주시하고 알아차린다. 들숨에 아랫배가 자연스럽게 올라가고 날숨에 아랫배가 내려가는 감각을 느껴본다.
❺ 숨을 의도적으로 강하게 또는 약하게 하지 말고 자연스러운 호흡과 배의 움직임을 주시하고 알아차린다.
❻ 먼저 머리끝에서 발가락까지 훑어 내려가면서 긴장과 무거움을 내려놓고 온몸이 이완되는 것을 느껴본다.
❼ 다음의 각 신체 부위를 주시하며 그 부위에서 일어나는 감각을 알아차리면서 호흡한다. 주시한 신체 부위에서 호흡한다고 상상하면서 들이쉬는 호흡에 생기를 불어넣어 주고 들어온 숨이 밖으로 나가면서 모든 긴장과 무거움이 빠져나가고 온몸이 편안하게 이완되는 것을 느껴본다.

▎스캔해야 할 신체 부위 차순(次順)

다음에 제시한 신체 부위는 MBSR 공식 명상 바디스캔에 실시하는 스캔의 차순이다.

보통 MBSR 수련에서 이 차순대로 실시하면 45분가량 소요된다. 시간과 상황에 따라 양발, 양팔, 양 눈 등 신체 부위를 통합하거나 생략해 스캔하면 지도자에 따라 20분 바디스캔, 30분 바디스캔 등으로 축소해 인도할 수 있다.

하체

- 발(발가락, 발바닥, 발등, 발뒤꿈치) 발목과 무릎 사이 다리(정강이, 종아리) 무릎관절 넓적다리 *먼저 왼쪽 다리에서 시작해 오른쪽 다리로 옮겨간다.

몸통

- 골반(생식기, 엉덩이, 아래 허리) 허리(척추 부위) - 흉추 부위(꼬리뼈, 갈비뼈, 어깨뼈) 배(간, 위, 결장, 대동맥, 대정맥) 가슴(가슴뼈, 폐, 심장)

양팔

- 손(손톱, 손가락 마디, 손바닥, 손등) 손목에서 팔꿈치 – 어깨(입장뼈, 어깨관절, 삼각끈)

얼굴·머리

- 얼굴(입, 입술, 혀, 치아, 입천장, 양 볼) 눈(눈썹, 양 눈, 관자놀이, 이마, 귀) 두피

* 왼쪽, 오른쪽 쌍으로 된 신체 부위는 통합하거나 생략해 실시할 수 있다.

마무리

❶ 송장 자세에서 정수리에 지름 2~3cm 크기의 조그만 구멍이 뚫려 있다고 상상한다.

❷ 이 숨구멍이 열리면서 밝은 빛이 들어와 온몸 구석구석까지 밝히고 온몸이 숨쉬는 것을 느껴본다.

❸ 밝고 생기 있는 에너지가 온몸 구석구석 흐르는 것을 느끼면서 자신을 완전히 열어놓고 우주의 에너지와 연결된 자신을 느껴본다.

❹ 모든 긴장과 무거움을 내려놓고 이 순간의 고요와 평온, 이완감 속에서 이대로 현존하는 것을 경험한다.

❺ 이제 의식을 온전히 방안으로 돌려 손발을 움직이면서 몸이 원하는 대로 맡기고 움직여본다.

참고문헌

- 붓다고사, 대림 스님 역, 『청정도론』, I,II,III 울산; 초기불전연구원, 2009.
- Bob Stahl & Elisha Goldstein, *Mindfulness-Based Stress Reduction Workbook*, CA, USA; New Harbinger Publications, Inc, 2010, 2013.
- Jon Kabat-Zinn, *Full Catastrophe Living*, New York, USA; Bantam.
- Jon Kabat-Zinn, *Wherever you go, there you are-Mindfulness Meditation in every day*, New York, USA; Hachette Books, 2005.
- Michael Chaskalson. *The Mindful Workplace*, UK: Wiley Blackwell, 2011.
- John Tesdale, Mark Williams, and Zindel Segal, 안희영 역, 『8주 마음챙김 워크북』, 서울; 불광출판사, 2011.
- S. N. Goenka, 담마코리아 역, 『고엔카 위빠사나 10일 코스』, 서울: 김영사, 2017.
- Gan, Ruochen; Zhang, Liuyi; Chen, Shulin. "Effectiveness of Anapana, Body scan and Meta meditation techniques on chronic neck and shoulder region pain and disability in adult patients in Sri Lanka", Applied Psychology: Health & Well-Being. Vol. 14 Issue 3, Aug., 2022.
- Karunanayake, Aranjan Lionel; Solomon-Moore, Emma, "The effects of body scan meditation: A systematic review and meta-analysis". Coghill, Nikki. Trials. Vol. 23 Issue 1, 2022.

Mindfulness Based Stress Reduction

CHAPTER 09

마음챙김 걷기 명상(行禪)

9.1 걷기 명상의 유래와 의미

붓다는 깨달음을 얻은 후 수행과 중생 구도를 위한 설법으로 하루를 보냈다. 붓다는 새벽 2시에 기상하면 맨 먼저 행선(行禪) 즉, 걷기 명상으로 하루를 시작했다고 한다. 인도의 불교 성지 보드가야에 가보면 지금도 붓다가 경행(徑行)하던 길이 보존되어 있고 여행자들이 경행을 체험한다. 행선은 불교 수행법 중 하나로 위빠사나 수행법에 속하며 MBSR의 5가지 공식 수행법 중 하나다.

초기 불교 경전에 등장하는 걷기 명상은 사념처 수행 중 몸에 대한 주시와 알아차림에 속한다. 붓다는 "비구들이여, 나는 가고 있을 때 가고 있음을 알아차려라." 라고 말했다.[36] 걷기 명상은 걸으면서 매 순간 일어나는 의도와 움직임을 알아차리는 수행이다. 걸으면서 의도가 연속적으로 이루어지고 이에 따른 연속적인 몸의 움직임이 있다. 걷기 명상 도중 오직 의도와 움직임만 주시하고 알아차리면 집중 상태에 이르고 마음의 고요와 평정심을 얻게 된다.

통상적으로 걷기 명상은 오랫동안 좌선하면 몸이 불편해지고 굳는 것을 예방하고 졸음을 쫓는 수행법이라고 생각한다. 그러나 걷기 명상은 단지 몸을 풀고 졸음을 쫓는 방편으로만 사용되는 수행법은 아니다. 사마타에서 추구하는 집중력 개발과 위빠사나 명상에서 추구하는 통찰력과 지혜를 개발할 수 있다. 붓다는 걸으면서 몸에 대한 주시와 알아차림을 반복적으로 연습해 익히면 다음 10가지 공덕을 기대

---

[36] 전재성 역구, 『맛지마니까야』, 「몸에 대한 새김의 경」, p.1,315.

할 수 있다고 말했다.[37]

❶ 쾌와 불쾌를 극복한다.
❷ 두려움과 공포를 극복한다.
❸ 악조건의 환경을 견뎌낼 수 있다.
❹ 선정을 얻어 지금 여기서 행복한 삶을 영위한다.
❺ 여러 가지 신통을 체험한다.
❻ 청정한 마음으로 인간과 하늘의 소리를 듣는다.
❼ 나와 다른 사람의 고귀한 마음과 탐진치의 마음을 안다.
❽ 전생의 삶을 구체적으로 기억할 수 있다.
❾ 사물과 현상에 대한 바른 견해를 가질 수 있다.
❿ 번뇌를 깨고 해탈과 지혜에 이른다.

위빠사나는 몸의 감각, 느낌, 감각과 느낌으로부터 일어나는 생각을 비판단적으로 주시하고 알아차리는 명상법이다. 이러한 위빠사나의 특성을 경험할 수 있는 것이 걷기 명상이다. 걷기 명상은 위빠사나에서 추구하는 통찰력과 지혜 개발에 효과적인 수행법이다. 몸을 움직이고 눈을 뜬 채 수행하므로 더 많은 감각기관과 감각 대상이 접촉할 수 있다. 걷기 명상은 매 순간 몸에서 일어나는 감각과 마음에서 일어나는 생각들을 주시하고 알아차림을 개발하는 수행법으로 적합하다.

9.2 마음챙김 걷기 명상

마음챙김 걷기 명상에는 다양한 방법이 있다. 분명한 것은 유산소 운동이나 사색(思索)을 위해 걷는 것과 다르다는 것이다. 마음챙김 걷기 명상은 움직이면서 마음이 현재에 머무는 것이며 심신에서 일어나는 느낌, 감각, 생각 등을 주시하면서 알아차리는 것이다. 몸을 움직이면서 깨어있기 위한 훈련이라고 할 수 있다. 필자의 경험에 의하면 위빠사나 명상 수련소마다 다양한 걷기 명상법이 있었다.

---

[37] 위의 책, pp.1,321-1,323.

걷기 명상도 Sati(마음챙김) 개발을 위한 수행법으로 사념처(四念處)[38] 수행에 속한다. 걷기 명상이 사념처 수행에 속하기 때문에 '신념처(身念處) 걷기 명상', '수념처(受念處) 걷기 명상', '심념처(心念處) 걷기 명상', '법념처(法念處) 걷기 명상' 등의 유형으로 나눌 수 있다. 신념처 걷기 명상은 몸의 감각을 주시하고 알아차리는 명상법으로 마하시 계통 수행처의 걷기 명상이 여기에 속한다.

마하시 수행센터의 걷기 명상에서는 발바닥이 마룻바닥과 접촉할 때 일어나는 감각 사대(四大)[39]를 주시하고 알아차리는 명상이다. 발바닥이 마룻바닥에 접촉하면서 일어나는 사대 즉, 지수화풍(地水火風)의 감각을 주시하고 관찰한다. 주로 감각을 관찰하기 때문에 신념처 걷기 명상이라고 할 수 있다.

마하시 위빠사나의 궁극적인 목적은 위빠사나 삼매를 깨달아 얻는 것이다. 위빠사나 삼매는 뚜렷한 의식 가운데 알아차림이 이어지는 것을 말한다. 사마타 명상의 삼매가 고요함과 평정심을 증득하는 것이라면 위빠사나 명상은 고요하고 청정한 상태에서 알아차림이 계속 이어지는 상태를 말한다. 정좌 명상 위빠사나 삼매에서는 아무 감각과 생각도 일어나지 않으면서 맑고 순수한 의식 상태가 계속 이어진다. 마찬가지로 걷기 명상에서도 주시 대상을 바꾸면서 주시와 알아차림이 이어진다.

필자가 경험한 마하시 위빠사나 계통의 빤띠따라마 수행센터에서는 새벽부터 저녁까지 식사 시간과 수면 시간을 제외하고 좌선 60분, 걷기 명상 60분을 교차 시행한다. 좌선에서는 사념처를 동시에 주시하고 알아차리는 명상을 하며 걷기 명상에서는 천천히 걸으면서 발목 아래 발등, 발바닥 등에서 일어나는 감각을 주시하며 알아차린다. 특히 발바닥이 마룻바닥과 접촉하면서 일어나는 감각을 주시하며 알아차리는데 이때 발바닥과 마룻바닥의 접촉에서 느껴지는 사대(四大)를 관찰하며 일어나는 감각을 주시하며 알아차린다.

마하시 계통의 위빠사나 걷기 명상에서는 좌선과 마찬가지로 발동작에 명칭을 붙이는 특징이 있다. 손을 움직이지 않는 자세를 취하며 발을 들면서 '듦', 발이 앞으로

---

[38] 사념처(四念處) 수행이란 몸, 느낌, 생각, 현상 4가지 대상에 대한 마음챙김을 확립하는 수행법으로 위빠사나 수행법과 같은 수행법이다.
[39] 사대(四大)란 인체의 구성요소인 지수화풍 즉, 땅의 요소, 물의 요소, 불의 요소, 제 현상 등으로 몸의 감각과 느낌을 일으키는 요소다.

향하면서 '감', 발을 디디면서 '놓음' 등의 명칭을 붙인다. 이때 명칭은 '들어라', '가라', '내려놓아라' 등의 지시어가 아니고 '들고 있음', '가고 있음', '내려놓고 있음' 등을 알아차렸다는 사인이다. 이때 사인을 하면서 걷다가 의도치 않게 마음이 다른 감각이나 생각으로 가면 잠시 서서 그 감각이나 생각을 주시하며 알아차리다가 다시 걷기 명상으로 들어간다. 그리고 돌려는 마지막 지점에 이르면 '돎', '돎', '돎' 명칭을 붙이면서 천천히 돌아서서 걷는다.

쉐우민 위빠사나 센터의 걷기 명상은 심념처(心念處)에 속한다고 할 수 있다. 걸으면서 생각을 주시하고 알아차리는 데 초점을 맞춘다. 쉐우민 위빠사나에서는 사념처 중 심념처를 강조한다. 즉, 생각을 주시하고 알아차리는 명상이다. 생활 속에서 마음을 주시하며 일어나는 생각, 머무는 생각, 사라지는 생각 등을 주시하며 알아차린다. 이 센터에는 정형화된 수행 형식이 없다. 일상생활 속에서 알아차리는 명상이다. 먹으면서 대화하면서 걸으면서 일어나는 생각을 주시하며 알아차리는 것을 강조한다.

필자의 경험에 의하면 MBSR에서 실시하는 마음챙김 명상법은 쉐우민 위빠사나 센터의 명상법과 거의 비슷하다. MBSR의 정좌 명상, 걷기 명상, 일상의 마음챙김 명상은 쉐우민 위빠사나 명상에 뿌리를 두고 있다. 특히 걷기 명상에서는 쉐우민 위빠사나 센터의 걷기 명상 형식과 거의 같다. 쉐우민 위빠사나 센터에서의 걷기 명상과 MBSR의 걷기 명상에는 정형화된 형식이 없다. 걷는 방식, 주시 대상 등이 정해지지 않고 일상에서 걷는 것처럼 걷는다. 다만, 현재 걷는 나를 주시하며 마음에서 일어나는 생각을 알아차린다.

MBSR의 걷기 명상에서는 쉐우민 위빠사나 센터의 위빠사나처럼 생각만 주시하고 알아차리는 것을 강조하지 않는다. 느낌, 감각, 생각 등을 주시와 알아차림의 대상으로 삼는다. 쉐우민 위빠사나 센터에서도 주로 생각을 주시하고 알아차리지만 느낌과 감각도 주시와 알아차림의 대상에서 배제하지 않는다. 그것은 느낌과 감각이 곧 생각이 일으키는 원인이 되기 때문이다.

9.3 New-MBSR에서의 걷기 명상

MBSR에서 걷기 명상은 졸음을 방지하고 몸을 이완시키는 방편으로 사용하지 않는다. 주로 주시와 알아차림 개발을 위한 수행법으로 활용한다. 몸을 움직이면서 자기 몸에서 일어나는 감각과 느낌을 주시하고 알아차리고 감각기관이 주변에서 펼쳐지는 대상들을 주시하면서 일어나는 감각과 생각들을 알아차리는 수행법이다.

　MBSR에서의 걷기 명상은 쉐우민 위빠사나 센터의 걷기 명상법과 비슷하다. 주시와 알아차림 개발이라는 위빠사나의 목적과 같지만 그 방식은 조금 다르다. 마하시 위빠사나에서는 가능한 한 느린 걸음으로 진행하라고 한다. 느린 걸음으로 움직여야 몸에서 일어나는 감각을 세밀히 관찰할 수 있기 때문이다. 그러나 MBSR에서는 느린 걸음의 걷기 명상도 하지만 빠른 걸음의 걷기 명상도 수행한다. 빠른 걸음으로 걷기 명상을 하면 세밀한 감각뿐만 아니라 거친 감각도 알아차릴 수 있고 수시로 주시 대상을 바꾸면서 전개된 현상과 대상의 변화를 직관하므로 통찰력을 개발할 수 있다. 그런 점에서 빠른 걸음 걷기 명상은 법념처에 속한다고 할 수 있다.

　New-MBSR 걷기 명상은 3가지 유형으로 나누어 실시한다.[40] MBSR 초반 회기의 걷기 명상에서는 마하시 계통에서 실시하는 걷기 명상을 한다. MBSR 수업 초반에는 주시의 힘을 강화하기 위해 마하시 계통의 걷기 명상이 효과적이다. 주로 발목 아래 발바닥이 방바닥을 디디면서 일어나는 느낌과 감각을 주시하며 알아차리고 발동작에 명칭을 붙이면서 걷는다.

　New-MBSR 중반 회기부터는 발목 아래 발에서 일어나는 감각의 주시와 알아차림이 익숙해지면 천천히 걸으면서 몸 전체에서 일어나는 느낌, 감각, 생각 등을 주시하면서 걷는다. 이때 주시 대상은 매 순간의 느낌과 감각이며 어떤 생각이 일어났을 때는 잠시 멈추고 그 생각을 주시하고 알아차린 후 다시 발걸음을 옮긴다.

　New-MBSR 후반 회기 수업에서 시행하는 걷기 명상은 빠르게 걷는 명상이다. 실내나 실외에서 빠르게 걸으면서 자신에 대한 주시와 알아차림은 물론 자신의 시야에 들어오는 모든 사물과 현상을 주시하며 알아차린다. 이때 주시 대상은 매 순간 바뀐다. 주시 대상을 판단과 분별없이 관찰하므로 직관력과 통찰력이 개발된다. 통찰력 개발은 위빠사나의 궁극적 목적인 지혜 개발의 기반이 된다.

---

[40] New-MBSR은 필자가 개발한 MBSR 프로그램을 말한다. New-MBSR은 존 카밧진이 개발한 MBSR 프로그램에 한국적 심신치유 기법을 가미한 프로그램이다.

참고문헌

- 쉐우민 수행센터 『알아차림만으로는 충분하지 않습니다』 쉐우민 수행센터, 2009.
- 쉐우민 수행센터, 『수행과 지혜』, 미간행 법보시용 자료, 2013.
- 아신 떼자니야 사야도, 『법은 어디에나』, 쉐우민 수행센터, 2015.
- Sayadaw U Janaka, 김재성 역, 『위빠사나 수행』, 서울; 불광출판사, 1997.
- Jon Kabat-Zinn, *Wherever you go, there you are-Mindfulness Meditation in every day,* New York, USA; Hachette Books, 2005.
- Michael Chaskalson, *The Mindful Workplace*, UK; Wiley Blackwell, 2011.
- Fidyk, Alexandra, "Walking Meditations: Becoming Place, Place Becoming," Journal of the Canadian Association for Curriculum Studies, Vol. 18 Issue 2, 2021.
- Estes, Sarah, "Walking Meditation". Midwest Quarterly. Vol. 55 Issue 2, Winter 2014.
- 이계영, 「걷기의 명상적 접근-사념처 수행을 중심으로」, 『종교교육학 연구』, 한국종교교육학회, 2010.
- 이용주·신창섭, 「숲 걷기 명상이 중년여성의 감정 상태 및 자기 자각에 미치는 영향」, 『한국산림휴양학회지』, 제19권 3호, 한국산림휴양복지학회, 2015.
- 정현조·연평식, 「숲길 맨발 걷기의 효과 검증」, 『한국산림휴양학회지』, 제27권, 1호, 한국산림휴양복지학회, 2023.
- 한상미, 「중년여성의 맨발 걷기 경험에 관한 현상학적 연구」, 『인문사회 2』 1, 인문사회 21, 2020.

Mindfulness Based Stress Reduction

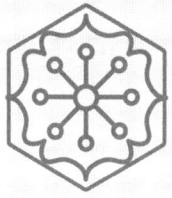

PART
03

MBSR 비공식 명상

Mindfulness Based Stress Reduction

CHAPTER 10
마음챙김 먹기 명상

10.1 건포도 명상과 먹기 명상

먹기 명상은 초기 불교 경전 주석서인 대념처경의 신념처 중 4가지 자세에서 언급하고 있다. 붓다는 비구들에게 "먹을 때도 마실 때도 씹을 때도 맛볼 때도 분명히 알면서 행한다."[41]라고 말했다. MBSR의 건포도 명상은 이러한 부처님의 말씀에 기반해 창안된 수행법으로 건포도를 주시하면서 알아차림을 개발하는 수행법이다.

건포도 명상은 MBSR 프로그램 중 비공식 명상에 속하는 것으로 보통 첫 회기 수업에서 시행하는 명상 중 하나다. 물, 과일, 포도주, 국물 등 먹을 수 있는 거라면 뭐든지 먹기 명상의 주제로 삼을 수 있지만 보통 건포도를 사용한다. 건포도는 모양, 향, 맛, 질감 등이 특이하고 이동, 구매 등을 쉽게 할 수 있기 때문이다.

건포도 명상은 건포도를 관찰하며 일어나는 느낌, 감각, 생각 등을 주시하며 알아차리는 명상이다. 하나의 대상이나 지점을 주시해 집중력을 개발하는 사마타 명상과 달리 주시를 바꿔가며 관찰한다. 인간의 눈, 귀, 코, 혀, 신체 오관(五官)을 통한 시각, 청각, 후각, 미각, 감각의 감관(感官)을 관찰하는 명상이므로 통찰력 개발을 위한 위빠사나 명상에 속한다. 건포도를 처음 보는 물질처럼 호기심과 비판단적으로 관찰하므로 새로운 자각과 통찰력을 함양할 수 있다.

서양인들이 포도주를 마시는 과정과 자세는 먹기 명상과 비슷하다. 그들은 포도주 한 잔을 마실 때 먼저 포도주 잔과 빛깔을 관찰하고 천천히 코 가까이 컵을 대고 향을 즐긴다. 그런 다음 혀끝으로 포도주 맛을 음미하고 한 모금 마시면서 입안에서 느껴지

---

[41] 각묵 편역, 『4가지 마음챙김 공부』, 초기불전연구원, 2008. 135.

는 감각과 맛을 관찰한다. 그리고 목으로 넘어가는 자극을 느끼며 마신다.

필자는 MBSR을 공부하기 전부터 일상생활의 식사에서 먹기 명상을 즐겼다. 물론 그때의 식사가 먹기 명상을 위한 것은 아니다. 지금 돌아보니 '당시 식사가 먹기 명상이었구나!'라고 생각하게 되었다. 가족이 캐나다에 거주해 기러기 아빠 생활을 하면서 혼밥할 때가 많았다. 기러기 아빠 생활 초기 혼밥은 고통이었다. 그때의 식사는 살기 위한 방편이자 끼니를 때우는 행위였다.

어느 날 식사 도중 문득 식사는 내 삶에서 가장 소중한 행사이며 귀한 몸을 위한 축제임을 깨달았다. 종교적으로 말하면 인간의 몸은 하나님의 신성(神性)이 내재하는 성전(聖殿)이자 부처님의 불성(佛性)이 내재하는 불전(佛殿)이다. 이토록 귀한 몸이 단지 음식을 저장하는 곳이고 식사가 단지 살기 위해 때우는 행위가 되어선 안 된다는 것을 자각했다. 하나님과 부처님께 음식을 공양한다는 마음으로 마음을 챙기며 만들고 먹기 시작했다. 그때부터 음식 맛이 새로워졌고 식사 시간을 나만의 축제로 즐기게 되었다.

마음챙김 건포도 먹기 명상은 단순하고 평범한 방법이지만 주시와 알아차림 개발을 위한 훌륭한 명상법이다. 판단 없이 호기심으로 건포도를 관찰하고 먹음으로써 주시, 알아차림, 통찰력을 개발하는 명상이다. 이 먹기 명상은 단순히 일회성으로 끝낼 것이 아니라 일상에서 식사나 음식을 먹을 때의 자세로 삼아야 한다. 가족과 함께 식사하면서 하루 한 끼 또는 간헐적으로 가족이 다함께 참여하는 먹기 명상을 실시한다면 가족간 화목과 건강 증진을 위해 유익하고 의미 있는 명상 시간이 될 것이다.

10.2 마음챙김 먹기 명상의 유익함

지금까지 식사는 단순히 습관적으로 먹기 위한 행위였다. 마음을 챙기면서 먹으면 내가 음식을 먹는 이유와 잘 먹어야 하는 이유를 알게 된다. 마음챙김 먹기 수련을 하면 무엇보다 맛을 음미하며 즐겁게 먹을 수 있다는 이점이 있다. 다음은 마음챙김 먹기의 유익함이다.[42]

첫째, 감사함으로 음식을 대할 수 있다. 땅과 하늘의 도움, 수많은 사람의 수고와 노력으로 내가 이 음식을 먹게 되었고 몸과 마음에 자양분을 받아 내가 성장·발전할

---

[42] Bob Stahl·Elisha Goldstein, 안희영·이재석 역, 『MBSR 워크북』, 학지사, 2014. pp.258-259.

수 있음에 감사를 느낀다.

둘째, 내가 이 음식을 받을 만한 존재인지 한 번 생각하게 되며 이 음식으로 건강한 몸을 만들고 남들에게 이로움을 주는 사람이 되겠다는 마음을 갖게 된다. 즉, 타인을 위해 봉사하는 힘을 키우기 위해 음식을 먹을 수 있다.

셋째, 나의 건강하지 못한 습관적 행동을 알아차리고 일어나는 탐욕을 알아차리면 절제하면서 음식을 먹을 수 있다. 따라서 음식을 조절하므로 다이어트에도 도움이 된다.

넷째, 지구 환경을 생각하며 먹을 수 있다. 음식의 배설과 낭비로 지구를 오염시키며 지구온난화를 조장하는 것을 알고 환경보호 차원의 식사를 할 수 있다. 사뭇 생명체에 대한 자비와 연민을 가질 수 있다.

다섯째, 음식을 즐거움으로 대할 수 있다. 단순히 먹어야 하거나 살기 위해 먹는 것이 아니라 건강하고 행복한 삶을 위해 먹을 때 즐겁게 음식을 먹을 수 있다.

10.3 건포도 명상 지시문

건포도를 손바닥에 놓고 침묵하며 관찰한다. 건포도가 내 손에 오기까지 과정을 생각해본다. 씨가 뿌려져 나무의 싹이 트고 자연 속에서 자양분을 섭취해 가지가 뻗고 잎이 나고 열매를 맺는 성장 과정을 상상해본다. 이 열매는 수많은 사람의 돌봄 과정을 통해 내 손에까지 들어왔다. 이 돌봄 과정에 참여했던 사람들에 대한 감사의 마음을 갖는다. 신앙인은 먼저 신에게 감사한다. 그리고 내가 이 건포도 명상에 참여할 수 있게 된 것을 기쁨으로 축하한다. 다음 지시문에 따라 건포도 명상을 시작한다.[43]

잡아보기(Holding)

손바닥에 건포도 한 알을 올려놓고 2~3분 동안 그 무게를 느껴봅니다. 지금까지 살아오면서 이 작은 물건의 무게를 생각해본 적이 없을 겁니다. 무게가 느껴지나요? 다음은 건포도의 온도를 느껴봅니다. 따뜻한가요? 아니면 차갑나요?

---

[43] 본 지시문은 Mark Williams and Danny Penman, *Mindfulness*, Rodale, 2011. pp.73-75를 참고함.

관찰하기(Observing)

건포도에 집중해 유심히 살펴봅니다. 건포도를 한 편의 추상화를 보듯이 조금 멀리서 그리고 가까이서 관찰합니다. 그리고 색깔과 표면의 특징을 살펴봅니다. 지금까지 보지 못했던 새로운 것들이 보일 겁니다. 이 건포도에서 새로 알게 된 것은 무엇인가요?

만져보기(Touching)

손바닥에 놓인 건포도를 엄지와 검지로 잡아봅니다. 표면에서 느껴지는 감각을 느껴보세요. 두 손가락으로 살짝 눌러보고 굴려보세요. 그 질감을 느껴보세요. 어떤 감각이 느껴지나요?

바라보기(Seeing)

건포도를 다시 책상 위에 놓고 주의 깊게 세심히 관찰합니다. 건포도의 밝은 부분과 어두운 부분을 보면서 그 빛이 어떻게 다른지 살펴봅니다. 건포도의 주름에서 돌출된 부분과 들어간 부분의 빛과 어둠이 보이나요? 햇빛이 비치는 쪽과 반대쪽 빛도 살펴보세요.

냄새 맡기(Smelling)

건포도를 들어 감각을 느끼면서 천천히 입 주위로 옮겨 코 가까이 대고 향기를 느껴봅니다. 코로 숨을 들이마시며 더 강하고 깊은 향을 느껴봅니다. 지금까지 건포도에서 느껴보지 못한 풍미를 경험해보세요.

입에 넣기(Placing)

입술로 살며시 물고 그 느낌과 감각을 관찰합니다. 서서히 입에 넣고 씹지는 말고 잠시 느껴봅니다. 입안에서 감도는 은은한 향을 느껴봅니다. 건포도를 혀에 대보고 입천장에 대고 감각을 느껴봅니다. 씹지 말고 이빨로 살며시 물어봅니다. 씹고 싶은 충동을 느껴봅니다.

맛보기(Tasting)

건포도 한 알을 살짝 씹어봅니다. 그리고 다른 한 알을 씹으면서 처음 씹을 때와 맛이 어떻게 다른지 살펴봅니다. 씹을 때 나온 즙의 맛을 느껴보세요. 그리고 다른 하나를 씹어봅니다. 처음 씹을 때의 맛과 어떻게 다른가요?

씹기(Chewing)

건포도를 아주 천천히 씹어봅니다. 입안에서의 소리, 질감, 향기 등의 변화를 느끼며 알아차려 봅니다. 이때 더 빨리 씹고 목으로 넘기고 싶은 욕구도 주시하며 알아차리길 바랍니다.

삼키기(Swallowing)

남아 있는 모든 건포도를 씹고 삼켰을 때와 처음 건포도를 먹었을 때의 느낌을 비교해 보세요. 씹은 건포도가 목구멍을 통해 배로 들어가는 과정에서 일어나는 감각을 느끼고 관찰합니다.

마침(After Effect)

실습을 모두 마친 후 내 몸의 감각이 어떤지 느껴봅니다. 지금 현재의 기분을 느껴보세요. 이 먹기 명상을 하기 전 음식을 먹을 때와 어떻게 다른지 느껴봅니다.

참고문헌

- 쉐우민 수행센터, 『알아차림만으로는 충분하지 않습니다』 Yangon Myanmar, 쉐우민 수행센터, 2009.
- 쉐우민 수행센터, 『수행과 지혜』, Yangon Myanmar, 쉐우민 수행센터, 2013.
- 아신 떼자니야, 『번뇌』, Yangon Myanmar, 쉐우민 수행센터, 2014.
- 아신 떼자니야 사야도, 『법은 어디에나』, Yangon Myanmar, 쉐우민 수행센터, 2015.
- Jon Kabat-Zinn, Full Catastrophe Living, New York, USA; Bantam, 2013.
- Mark Williams and Danny Penman, *Mindfulness*, NY, USA, Rodale, 2012.
- Michael Chaskalson, *The Mindful Workplace*, UK; Wiley Blackwell, 2011.
- John Tessale, Mark Williams and Zindel Segal, 안희영 역, 『8주 마음챙김 워크북』, 서울; 불광출판사, 2011.
- Eliot, Eve. "Meditation for Eating". Annals of Psychotherapy & Integrative Health. Vol. 14. Summer, 2011.
- Courbasson, Christine M.; Nishikawa, Yasunori; Shapira, Leahb. "Mindfulness-Action Based Cognitive Behavioral Therapy for Concurrent Binge Eating Disorder and Substance Use Disorders". Eating Disorders. Jan/Feb., Vol. 19 Issue 1, 2011.

Mindfulness Based Stress Reduction

CHAPTER 11

마음챙김 자애 명상

11.1 자애 명상이란?

자애 명상(Loving and Kindness Meditation)은 자비와 친절을 개발하는 명상이다. 달라이 라마는 자비를 '자신과 타인의 고통에 대한 감수성'으로 정의했고 '자비와 타인의 고통을 덜어주는 노력에 관여하는 행위'라고 표현했다.[44] 자애 명상은 자비 명상이라고도 부르는데 자애 명상의 개념에는 영어 표현과 마찬가지로 '사랑과 친절(Loving and Kindness)'의 의미가 강조되며 자비 명상은 '자비와 연민심(Loving and Compassion)'의 개념이 강조된다.

자애 명상은 불교 명상에서 중요한 위치에 있다. 참모임에서 팔정도(八正道)를 닦는 수행자들은 자애에 대한 명상과 연민에 대한 명상을 닦아야 한다고 말했다.[45] 『청정도론』에서는 성냄과 허물을 살펴보고 성냄을 여의고 수행에서 오는 이익을 묶어두기 위해서는 자애 수행을 해야 한다고 했다.

자애 명상은 무엇보다 자신을 거듭거듭 닦아야 한다고 했다. 자신에게 자애의 힘이 없으면 타인에게 자애를 빌어줄 수 없기 때문이다. '내가 행복하기를, 고통이 없기를 또는 내가 원한이 없기를, 악의가 없기를, 근심이 없기를, 행복한 삶을 영위하기를' 기원할 때 중생들에게도 자비와 행복을 빌어줄 힘이 생긴다고 했다.[46]

---

[44] Dalai Lama XIV. Lighting the Path: *The Dalai Lama teaches on wisdom and compassion*, South Melbourne Australia: Thomas C. Lothian, 2003, p.67.

[45] 전재성 역주, 『디가니까야』, 제3편, 제2품 118 호흡새김의 경, p.1,304.

[46] 붓다고사, 『청정도론』 II, p.143.

자애 명상에서 먼저 자비를 빌어줄 사람은 자신이고 다음은 '아는 님', '보는 님', '거룩한 님'이라고 했다. 그들을 위한 자애 명상을 수행할 때 비로소 번뇌를 소멸하고 해탈에 이른다고 했다.[47] 그리고 『청정도론』에서는 ❶ 싫어하는 사람 ❷ 매우 좋아하는 사람 ❸ 자신과 무관한 사람 ❹ 원한 맺힌 사람에 대해서는 자애 명상을 닦으면 안 된다고 했다. 특히 이성과 죽은 자에 대한 자애를 닦으면 피곤해지고 번뇌가 소멸되지 않는다고 했다.[48]

자애 명상은 붓다의 가르침에 그 뿌리를 두고 있지만 대승불교의 자리이타(自利利他) 정신에 더 가깝다고 할 수 있다. 대승불교는 수행을 통한 자신의 구원보다 중생의 구원을 강조한다. 중생의 구원에 참여하는 보살행이 수행 그 자체인 것이다. 중생을 구원하는 보살행은 자비와 연민심 없이는 불가능하다. 보살행이란 자신과 타인을 이롭게 하는 행위를 말한다.

11.2 자애 명상

MBSR에서 자애 명상은 공식 명상에 속하지 않지만 MBSR 비공식 명상의 중요한 위치에 있다. MBSR의 창시자 존 카밧진은 자애 명상을 공식 명상으로 분류하지 않는 이유를 자애 명상이 MBSR의 모든 공식 명상의 기반이기 때문이라고 설명한다. 그러나 엄밀히 생각해보면 자애 명상은 마음챙김 명상에 속하지 않는다. 마음챙김은 의도나 생각을 바꾸는 것이 아니라 일어나는 생각과 이미지를 그대로 주시하고 알아차리는 것이기 때문이다.

자비 명상은 자애를 비는 지시문을 통해 내 마음을 바꾸거나 자애를 보내는 대상에 대한 이미지를 바꾸고자 하므로 엄밀히 말해 마음챙김에 속하지 않고 자애의 마음을 개발하는 수행이라고 할 수 있다. 그러나 자애 명상을 통해 마음을 청정하고 고요하게 하므로 원래 주시와 알아차림이 분명해진다는 점에서 자애 명상도 마음챙김을 개발하는 명상에 속한다고 할 수 있다.

통상적으로 MBSR 8주 과정 회기에서는 자애 명상을 실시하지 않고 종일 수련에

---

[47] 전재성 역주, 『맛지마니까야』, 제2편, 제1품, 앗따까나가라의 경, p.613.
[48] 붓다고사, 『청정도론』 II, p.139.

서 자애 명상을 실시하고 있다. 그러나 필자가 진행하는 New-MBSR 수업에서는 자애 명상을 각 회기의 수업을 마치면서 실시한다. 그리고 매일 자애 명상 수행을 홈 과제(Homework)로 부과한다. 자애의 마음으로 가정에서 일상을 보내라는 뜻이다.

마음챙김 명상은 알아차림을 통해 마음을 고요하게 하고 청정한 마음의 바탕을 만든다면 자애 명상은 마음을 변화시키는 힘이 있다. 불교 신앙에서는 신심(信心)과 발심(發心)을 강조한다. 마음챙김 명상이 신심을 닦는 수행이라면 자애 명상은 발심을 닦는 수행이라고 할 수 있다. 따라서 마음챙김과 자애 명상은 새의 양 날개처럼 깨달음을 이끌어간다.

마음챙김에 기반한 자기 연민 프로그램(MSC: Mindfulness Self Compassion)을 개발한 크리스토퍼 거머(Christopher K. Germer)는 마음챙김에 기반한 대부분의 프로그램의 핵심기술이 집중, 마음챙김, 연민심이라고 주장했다.[49] 이 3가지 기술은 개별적이라기보다 상호보완적이고 상호지지(相互支持)하는 기술이라고 할 수 있다. 집중력이 개발되어야 마음챙김의 힘이 개발되며 집중력과 마음챙김은 연민심에 기반해야 한다.

11.3 자애 명상법

자애 명상은 우선 자신에게 자애의 힘을 배양하는 것이 중요하다. 자신에게 자애의 힘 없이 타인의 자애를 기원하는 것은 내용 없는 형식에 불과하기 때문이다. 우주에 존재하는 무한한 사랑과 연민심, 지혜가 자신에게 충만할 때 타인에게도 자애의 마음이 전달될 수 있다. 먼저 자신에게 자애의 기원을 보낸 후 자신과 연결된 사람들을 위한 자애의 기원을 펼쳐 나가야 한다.

자신을 위한 자애 명상으로 자애의 힘을 기른 후 그것을 주변 사람들에게 확장해 나간다. 가족, 스승, 친구, 직장 동료 등 내게 사랑과 친절을 베풀었던 사람들에게 자애의 마음을 보낸다. 그룹으로 한 번에 하지 말고 한 명씩 이름을 불러가며 마음속에 떠오르는 사람 순서대로 자애의 마음을 보낸다.

자신과 가깝고 친밀했던 주변 사람들에게 자애의 마음을 보낸 후 중립적인 사람

---

[49] Christopher K. Germer, Ronald D. Siegel, *Wisdom and Compassion in Psychotherapy*. Gulford, 2012. p.11.

들 즉, 지인이나 이웃 사람들에게 자애의 마음을 보낸다. 아마도 정신적, 신체적, 경제적 고통을 받고 있는 주변 사람들이 떠오를 것이다. 그들을 위해 연민심을 갖고 자애의 마음을 보내도록 한다.

좋지 않았던 기억과 감정으로 사이가 좋지 않았던 사람들이나 연애 감정으로 사귀고 있는 애인 등에 대한 자애 명상은 맨 마지막으로 돌리는 것이 좋다. 그들의 이미지가 떠오르면 분노, 격정, 연정의 감정에 빠지거나 휘둘릴 수 있기 때문이다. 먼저 가깝고 친근한 사람들을 위한 자애의 힘을 충분히 기른 후 온전한 마음챙김의 기반 위에서 자애 명상을 하는 것이 바람직하다.

자애 명상은 상대방에 대한 나의 사랑, 연민, 건강, 안전 등 적절한 단어가 포함된 기원문으로 한다. 일반적인 자애 명상 지시문을 그대로 사용하거나 자신이 만든 지시문을 사용할 수도 있다. 또한, 자애 명상의 대상에 따라 그에 맞는 기원문을 만들 수도 있다. 간단명료한 기원문을 만들어 1명의 대상에게 3번 또는 그 이상 반복할 수 있다.

자애 명상은 정좌하거나 누워서 할 수 있다. 무엇보다 마음을 챙기면서 흐트러지지 않은 자세가 좋다. 자세와 기원문에 온전한 주시와 알아차림이 있는 자애 명상이 되어야 한다. 1명의 대상에 대한 지시문을 암송한 후 잠시 쉬었다가 다음 사람으로 넘어가는 것이 좋다. 시간은 30분가량 할애하는 것이 좋지만 상황에 따라 10~15분 동안 실시할 수도 있다.

11.4 자애 명상의 효과

자애 명상은 내게 자애의 힘을 배양하기 위해 실시한다. 나에 대한 사랑과 연민심, 친절을 배양하기 위한 명상이다. 우리는 나 자신을 홀대하거나 무시하며 살아갈 때가 많다. 나 자신을 위한다지만 본연의 나를 위한 것이 아니라 껍데기에 불과한 몸을 사랑하고 있진 않은지 돌아보아야 한다.

자애 명상은 나 자신을 돌아보고 나에 대한 더 깊은 사랑과 연민심을 경험하게 해준다. 그동안 탐욕과 분노와 증오로 오염된 내 마음을 정화한다. 탐욕과 분노와 어리석음으로 중독된 마음을 중화시키는 수행을 한다. 자애 명상의 시간은 자신을 돌보지 못하고 때로는 자신을 비난했던 지금까지의 삶을 돌아보고 나 자신과 화해하는 시간이다.

필자는 자애 명상을 통해 내 마음이 정화되고 평안함이 회복되는 것을 경험했지만 타인에게 보내는 자애의 기원이 과연 효과가 있을지 의심한 적이 있다. 그러나 자애 명상을 반복하면서 나 자신의 변화는 물론 내 자애의 힘이 타인에게도 전달되어 큰 변화가 생기는 경험을 했다.

필자가 재직하던 직장에서 인사(人事)문제로 동료와 심하게 다툰 적이 있었다. 그 다툼사건 이후 동료는 나를 원수처럼 생각하고 비난했다. 복도에서 마주쳐도 서로 눈길을 돌리고 지나갈 정도로 관계가 틀어졌다. 그와 마주치거나 그의 이미지가 마음속에 떠오르면 분노, 증오 등으로 마음이 무척 불편하고 고통스러웠다. 동료도 나와 같은 마음이었을 것이다.

자애 명상을 공부한 후 그에게 연민심이 들었다. 그가 고통스럽고 힘들 거라는 생각이 들었고 그를 위한 자애 명상을 한 달 동안 계속했다. 그에게 자애를 빌어주니 내 마음속에서 용서와 연민심이 일어났다. 그리고 그가 나를 외면하거나 무시해도 마음이 크게 흔들리지 않고 평정심과 연민심으로 그를 볼 수 있었다. 우선 내 마음이 정화되고 평안해지는 것을 느낄 수 있었다.

하루는 내가 그를 부서의 중요한 책임자로 추천했다. 그에 대한 내 개인적인 판단과 분별심을 내려놓고 그의 능력과 자질을 보고 추천한 것이다. 그가 그 자리로 옮긴 후 그와의 친밀한 관계는 회복되었고 그는 나를 지지하고 내 일을 적극적으로 도와주는 동료이자 동반자가 되었다. 그 사건에서 용서는 상대방보다 나 자신을 위해 하는 것임을 깨달았다.

누군가에게 자애의 기원을 보내면 나의 자애의 힘이 실제로 그에게 전해진다. 이는 자연과학에서 볼 수 있는 에너지 이동법칙과 같다. 공기 중 파장이 우주 공간으로 이동되듯이 내가 누군가에게 자애를 기원하면 자애의 힘이 그에게 전해지는 것이다. 상대방에게 전해진 내 사랑의 힘이 그에게 변화를 가져오는 것은 자연의 이치다. 마음챙김 자애 명상의 효과는 다음과 같다.

탐욕과 집착에서 벗어나게 한다

인간의 고통은 집착과 탐욕에서 비롯된다. 마음챙김은 마음에서 일어나는 집착과 탐욕을 관찰하게 해준다. 마음챙김 자애 명상은 탐욕과 집착으로 끓어오르는 욕망과 분노를 가라앉혀준다.

생각의 흐름에서 벗어날 수 있다

인간의 고통은 생각에 휘말리고 그 생각이 만들어낸 감정과 기분에 빠져드는 데서 비롯된다. 마음챙김은 이러한 생각이 만들어낸 감정과 기분에서 빠져나오게 해준다.

자동적 반응에서 해방시켜 준다

인간은 자신의 마음에 형성된 인지구조에 따라 습관적 반응을 하게 되어 있다. 마음챙김은 타인에 대한 습관적 반응으로부터 선택적 반응을 하게 해준다.

마음에서 만들어지는 고통을 바라보게 해준다

마음챙김 수행은 마음에서 일어나는 고통이 어떻게 만들어지고 어떻게 소멸되는지 알아차리게 해준다. 자애심은 마음이 고요하고 평정한 상태에서 일어난다.

공감 능력을 배양해 준다

마음챙김 수행은 우리가 서로 연결되어 있다는 것을 알게 해준다. 나 자신이 고통의 중심에서 벗어나 안정된 마음에 머물 때 타인도 고통받고 있다는 사실을 볼 수 있다.

지혜가 개발된다

마음챙김 수행은 나와 타인의 고통 감각을 알아차리게 해줄 뿐만 아니라 그 고통에서 벗어나 현실적인 길을 찾게 해준다. 마음챙김 명상은 사물의 현상과 본질을 꿰뚫어보는 능력을 개발해주기 때문이다.

감사한 마음이 개발된다

마음챙김 명상을 통해 자각과 통찰력이 개발되면 내가 우주와 그 우주 안에 존재하는 삼라만상과 연결된 존재라는 것을 자각하게 된다. 이 자각이 타인에 대한 감사의 마음을 일으킨다.

참고문헌

- Ed. Christopher, K. Germer and Ronald D. Siegel, *Wisdom and Compassion in Psychotherapy, NY, USA*; Guilford, 2012.
- Jeffrey Hopkins, 김충현 역 『자비 명상』, 서울; 불교시대사, 2004.
- Jon Kabat-Zinn, *Wherever you go, there you are*, New York, USA; Tachette Books, 2005.

- Jon Kabat-Zinn, Coming to Our Senses, 안희영, 김재성, 이재석 공역,『온정신의 회복』, 서울; 학지사. 2017.
- Christopher, K. Germer, The Mindful Path Compassion, 한창호 역,『셀프 컴패션』, 경기 파주; 아름드리미디어. 2011.
- Paul Gilbert, Cognitive Behavior Therapies, 조현주·박성현 역,『자비중심치료』, 서울; 학지사, 2014.
- Csaszar, Imre Emeric; Curry, Jennifer R.; Lastrapes, Renée E. "Effects of Loving Kindness Meditation on Student Teachers' Reported Levels of Stress and Empathy", Teacher Education Quarterly, v45 n4, Fall, 2018.
- Johnson, David P.; Penn, David L.; Fredrickson, Barbara L.; Meyer, Piper S.; Kring, Ann M.; Brantley, "Mary. Loving-Kindness Meditation to Enhance Recovery From Negative Symptoms of Schizophrenia". Journal of Clinical Psychology, Vol. 65 Issue 5. May, 2009.
- Hao, Junyi; Liu, Chang; Feng, Shaozhen; Luo, Jing. "Imagination-Based Loving-Kindness and Compassion Meditation: A New Meditation Method Developed from Chinese Buddhism". Journal of Religion & Health. 61 Issue 4, Aug. 2022.
- Gu, Xiaodan; Luo, Wenting; Zhao, Xinran; Chen, Yanyan; Zheng, Yuan; Zhou, Jingyi; Zeng, Xianglong; Yan, Luyi; Chen, Yifei; Zhang, Xiuqing; Lv, Jing; Lang, Yongqi; Wang, Zilin; Gao, Chenyu; Jiang, Yuanchen; "The Effects of Loving-Kindness and Compassion Meditation on Life Satisfaction: A Systematic Review and Meta-Analysis". Li, Runze. Applied Psychology: Health & Well-Being. Vol. 14 Issue 3. Aug. 2022.
- Galante, Julieta; Bekkers, Marie-Jet; Mitchell, Clive; Gallacher, John. *Loving-Kindness Meditation Effects on Well-Being and Altruism: A Mixed-Methods Online RCT*. Applied Psychology: Health & Well-Being. Vol. 8 Issue 3, Nov. 2016.
- Aspy, Denholm J.; Proeve, Michael. "Mindfulness and Loving-Kindness Meditation: Effects on Connectedness to Humanity and to the Natural World". Psychological Reports. Vol. 120 Issue 1, Feb. 2017.
- Rana, Neeti. "Mindfulness and Loving-Kindness Meditation: A Potential Tool for Mental Health and Subjective Well-Being". Indian Journal of Positive Psychology. Vol. 6 Issue 2, p.189-196. 8p., 데이터베이스: Academic Search Complete, 2015.

Mindfulness Based Stress Reduction

CHAPTER 12

마음챙김 시각화 명상

12.1 시각화 명상이란?

시각화(Visualization) 명상이란 심상화 또는 이미지화를 통해 이완과 치유를 경험하는 명상법이다. 어떤 대상이나 장면 등의 이미지를 떠올리며 그 이미지와 동일화 또는 나와의 합일을 경험하는 명상법이다. 마음속에 상상으로 만들어진 이미지를 통해 잡념과 망상을 정화하고 잠재의식 속에 있던 부정적인 이미지를 지우고 새 이미지를 의식화시키는 원리다.

일찍이 시각화 명상은 종교교육용 수행법으로 시각화를 통해 종교적 주제를 의식화하는 방법으로 사용되었다. 티베트 불교의 족첸 수행에서는 합일의 방법으로 시각화 명상을 사용한다. 즉, 만물과 나의 합일, 몸과 마음의 합일의 방법으로 사용되었다. 또한, 빛을 상상해 빛과 하나가 된 내가 되거나 빛을 통해 깨달은 자의 이미지를 만들어가는 수행법으로 사용되었다. 금강살타 관상 명상은 티베트 불교의 대표적인 시각화 명상이다. 금강살타가 내 정수리나 바로 내 앞에 계신다고 상상하면서 그분의 가피를 빌며 만트라 명상을 한다.

가톨릭의 관상 기도에서도 시각화를 사용하는데 주로 예수 그리스도나 성모 마리아의 이미지를 시각화해 마음속에 간직하는 수행법으로 사용했다. 예수나 마리아의 성상(聖像) 이미지를 마음속에 각인하므로 탐심(貪心), 분심(分心)으로부터 자신을 보호하고 마음의 평정심을 유지하는 데 이 명상법이 사용되었다. 이러한 이미지를 마음속에 새김으로써 잡념이나 망상이 일어나지 못한다.

20세기 초 프랑스 에밀 쿠에(Emile Coue)는 심리치유기법으로 시각화를 적용했다. 상상으로 마음속에 이미지를 만들어 신체적, 정서적 반응을 유발해 증상을 치료하는 방법을 도입한 것이다. 쿠에는 상상력의 힘이 의지력의 힘을 훨씬 증가시킨다고 믿었다. 자신의 의도만으로 이완 상태에 들어가기는 어렵지만 상상력으로 이완을 경험하거나 정서적 안정을 쉽게 찾는다는 것을 임상으로 밝혀냈다.[50]

칼 융(Carl Jüng)은 적극적인 상상력을 통해 우리의 꿈, 환상, 내면의 이미지를 탐구하면 통찰력과 창의력을 발휘할 수 있고 무의식과 대화할 수 있다고 주장했다.[51] 또한, '적극적 상상력(Active Imagination)' 기법을 스트레스, 불안 등의 정신 치유에 사용했다. 그는 환자들에게 구체적인 목표나 프로그램 없이 명상하는 것을 가르쳤다. 환자가 치유에 대한 기대나 집착이 전혀 없이 스스로 자신을 관찰하고 경험하면 그 상상이 의식화된다. 적극적인 상상력을 통해 내담자의 스트레스 지수를 완화하고 내면세계의 충만감과 기쁨을 경험하게 한 것이다.

게슈탈트 심리치료자들은 직관력과 상상력을 이용해 스트레스, 분노, 불안 등의 정신 치료뿐만 아니라 두통, 근육통, 만성 통증 등의 고통도 감소시키는 기법으로 사용했다. 그들은 심상화가 마음을 정화하고 새로운 의식을 심는 것으로 이해했다. 이러한 정화와 의식화를 위해 주시의 전환, 되어보기, 지금 여기서 느낌 표현하기 등을 치유 프로그램으로 만들었다.

트라타카(Trataka)는 요가 수행의 중요한 명상법 중 하나로 집중과 정화를 목적으로 시행한다. 약 3분 동안 30~40cm 앞의 촛불이나 화살 다트(과녁)를 응시하는데 일반적으로 촛불을 많이 사용한다. 약 3분 동안 시선을 고정하고 촛불을 응시한 후 눈을 감으면 신비스럽게도 아즈나 차크라(이마)에 사진과 같이 잔상이 떠오른다. 이때 잡념이나 망상이 떠오르면 그 잔상도 사라진다.[52]

정신 치료나 정신력 강화를 위한 최면 치료에도 심상화 기법을 활용한다. 심상화 기법을 통해 잠재의식의 정화, 재프로그래밍, 습관적 행위의 해체 등의 효과를 이끌어내는 기법이다. 최면 치료는 심상화를 통해 잠재의식을 바꾸는 것으로 공포, 두려움, 분노, 증오 등의 정신장애를 치료한다. 심상화는 정화와 의식화를 통해 긍정적인 에너

---

[50] 장현갑, 『명상에 답이 있다.』 담앤북스, 2013. p.199.

[51] 칼 융, 『인간과 상징』, 열린 책들, 2009.

[52] 박지명 주해, 『하타요가 프라다피카』, 제2장 트라타카 응시법, 동문선, 2019.

지나 긍정적인 호르몬을 활성화하는 기능을 한다.

최근 서양에서 한 이미지 기법으로 정신장애뿐만 아니라 몸의 질병도 치유했다는 보고가 있다. 긍정적인 이미지를 상상해 정신장애를 치유한 예는 물론 MK 세포가 암세포를 공격해 암세포를 죽이는 상상을 암환자에게 시켰더니 암세포가 현저히 죽었다는 보고도 있다. 이처럼 이미지 기법을 정신과 육체의 힐링 도구로 사용할 수 있다.

오늘날 시각화 명상은 상담, 교육, 정화, 이완, 치유 프로그램으로 다양하게 활용된다. 용서, 사랑, 관용 등의 마음 자세를 확립하는 심성 교육에서도 이 시각화 명상이 사용된다. 긍정적인 이미지를 마음속에 심으면 외부로부터 들어오는 부정적인 감각과 생각들로부터 나를 보호할 수 있고 마음속의 잡념과 망상을 지우고 마음의 정화와 평화를 경험할 수 있다.

사와미 사라스와티(Swami Saraswati)는 시각화 명상의 효과와 유익함을 다음과 같이 설명했다.[53]

❶ 우리의 인식 작용을 분명하고 세련되게 한다.
❷ 이미지와 나를 자동으로 동일시한다.
❸ 큰 노력 없이 주시하고 개념을 인지화할 수 있다.
❹ 이미지를 떠올리면 잡념이나 망상이 사라진다.
❺ 이미지 수행을 계속하면 저절로 이미지가 떠오른다.
❻ 마음이 안정되고 고요해진다.

12.2 New-MBSR에서의 시각화 명상

MBSR에서 비공식 명상으로 시행하는 산 명상이나 호수 명상이 바로 시각화 명상에 속한다. 산, 호수와 내가 동일화되는 것을 경험하는 명상이다. 내가 산에 직접 가지 않더라도 시각화를 통해 산과 나 자신을 동일화하며 산이 주는 지혜를 경험하게 된다. 이 명상을 통해 산, 호수와 같이 고귀한 기품과 위엄 있는 자신이 되는 것을 경험한다.

우리가 등산해 산 정상에 서서 느끼는 감정과 생각은 순수하고 아름답다. 드넓은

---

[53] Swami Niranjanananda, *Saraswati, Dharana Darshan*, India: Yoga Publication Trust, 1999. pp.36-37.

세상을 내려다보면 자연의 위대함에 경외감을 갖게 된다. 산 정상에 서있는 자신에 대한 신뢰와 승리의 기쁨을 맛보게 된다. 산 명상을 통해 산이 가진 특징을 나와 동일시하는 경험을 하는 것이다.

New-MBSR 수업 과정에서는 시각화 명상으로 꽃 명상과 느티나무 명상을 한다. 꽃 명상은 MBSR 수업 1회기를 시작하면서 실시하는 것으로 지금 현재의 내 모습을 꽃으로 표현하게 한다. 지금 무슨 꽃이 어디에 어떤 모습으로 꽂혀 있는지 이미지로 그려본다. 이 꽃을 마음속에 담고 있으면서 마음챙김을 통해 이 꽃이 성장하는 과정을 이미지화한다. MBSR 수업 중간과정 4회기를 마친 후 처음의 꽃과 현재의 꽃이 어떻게 다른지 중간점검하고 MBSR 마지막 수업에서 그 꽃이 어떻게 성장했는지 점검한다.

느티나무 명상은 내가 느티나무가 되어보는 경험이다. 이 명상은 MBSR 종일 수업에서 시행하는 명상으로 내가 느티나무가 되어 느티나무의 성장 과정을 나 자신의 삶으로 의인화(擬人化)하는 명상이다. 그리고 느티나무가 가진 특성을 나 자신과 동일화하는 명상이다. 이 명상을 통해 느티나무처럼 견고하고 고고한 삶의 자세를 숙고하고 의식화하는 효과를 경험한다.

그밖에도 마음챙김 시각화 명상의 도구로 삼을 수 있는 수행법은 많다. 티베트 불교에서 사용하는 자애 명상법 중 주변 인물을 떠올리며 그들에게 자비와 연민심을 기원하는 명상, 자신에 대한 죽음의 과정을 상상하며 죽음을 체험하는 죽음 명상, 고요하고 평안한 장소를 상상하고 상상 속에서 산책하거나 휴식함으로써 쉼과 안식을 경험하는 등의 시각화 명상이나 이미지 명상법들이 많다. 이러한 시각화 명상은 시간과 공간을 초월할 수 있고 별다른 도구도 필요 없이 언제 어디서든 수행할 수 있다는 장점이 있다.

참고문헌

- Jon Kabat-Zinn. *Wherever you go, there you are*, New York, USA; Tachette Books, 2005.
- Swami Niranjanananda Saraswati, *Dharana Darshan*, New Delhi India; Yoga Publications Trust. 2006.
- 장현갑 외, 『이완·명상법』, 서울; 학지사. 2016.
- 곽미자, 「심리치유를 위한 요가 명상 시각화 활용」, 『요가학 연구』, 제8호. 2019.
- Colleso, Tayzia; Forrester, Maria; Bariss, Imants. *The Effects of Meditation and Visualiza-*

tion on the Direct Mental Influence of Random Event Generators. Journal of Scientific Exploration. Vol. 35 Issue 2, 2021.

- Stafford, Lisa. *Challenging the Image of Meditation.* Vital, Vol. 1 Issue 1, 2003.

Mindfulness Based Stress Reduction

CHAPTER 13
마음챙김 대화 명상

13.1 인간관계와 대화

인간의 행복과 불행은 인간관계에서 비롯된다. 인간관계는 스트레스 유발의 주요 인자(因子)가 되기도 하고 스트레스를 푸는 요인이 되기도 한다. 홈즈(Holmes) 박사의 스트레스 수치 리스트에 나타난 상위 10개 중 6개가 인간관계에서 비롯되는데 그중 5개는 부부 관계다. 가장 가까이 접촉하며 사는 배우자가 행복의 원동력이 되거나 스트레스 유발자가 되기도 한다.

종교교육학자 루엘 하우(Reuel L. Howe)는 자신의 저서 『대화의 기적』에서 "혈액 순환이 멈추면 우리 몸은 죽게 마련이다. 마찬가지로 대화가 끊기면 사랑은 죽고 반감과 증오가 생긴다."라고 주장했다.[54] 죽은 사람을 되살릴 수는 없지만 대화는 끊긴 인간관계를 회복시켜줄 수 있다.

우리나라 속담에 말의 중요성을 은유한 것들이 많은데 '말 한마디로 천 냥 빚을 갚는다,' '낮말은 새가 듣고 밤말은 쥐가 듣는다,' '엎지른 물을 주워 담을 수 없듯이 한 번 내뱉은 말은 주워 담을 수 없다,' '세 치 혀가 사람을 죽이고 살린다' 등이 있다. 이처럼 말은 행복의 원인이 되거나 고통의 원인이 되기도 한다.

대화에는 플러스 대화와 마이너스 대화가 있다. 플러스 대화란 대화를 통해 서로 성장과 행복을 지지해주는 대화다. 상대방에 대한 사랑과 존경의 마음이 있을 때 플러스 대화가 가능하다. 반면, 마이너스 대화는 인간관계의 질을 떨어뜨리고 서로 마음이 멀어지게 하는 대화로 상대방의 증오와 반목을 낳는다.

---

[54] 루엘 하우, 김관성 역, 『대화의 기적』, 대한기독교교육협회.

인간관계에는 '참만남(Encounter)의 관계'와 '스침(Meeting)의 관계'가 있다. 참만남의 관계는 사랑과 존경으로 만나는 관계이며 스침의 관계는 같은 시간과 공간 속에서 만나더라도 서로 업무상, 형식상 만나는 관계다. 부부 관계도 그렇다. 진실한 대화가 없으면 같은 공간에서 함께 살더라도 동상이몽(同床異夢)의 관계가 된다. 진실한 대화는 서로 더 사랑하고 친밀한 부부 관계를 만드는 원동력이 된다.

심리학자 에릭 번(Eric Bern)이 개발한 대화 분석에서는 대화의 유형을 '상보적 대화', '교차적 대화', '이면적 대화'로 분류한다.[55] 여기서 상보적 대화란 서로 기대한 것이 이루어지고 만족하는 대화를 말한다. 교차적 대화는 상대방의 말을 서로 부정하고 반발하는 대화다. 그리고 이면적 대화는 '게임의 대화'라고도 부르는데 '말 속에 뼈가 있다.'라는 말처럼 실제로 전달하고 싶은 말과 다른 내용의 대화다. 인간관계를 진정으로 지지·발전시키는 대화는 상보적 대화다. 반면, 교차 대화와 이면적 대화는 인간관계를 단절·파괴시키는 대화다.

1960년대 미국에서 인간관계 훈련그룹으로 T-Group 또는 Encounter Group이 만들어져 기업, 학교, 기관 등에서 실시되었다. 이 그룹들의 주요 훈련 목적은 대화와 경청 능력 향상이었다. 제품을 생산하는 회사에서 같은 부서 구성원들에게 위의 인간관계 훈련을 시행한 결과, 구성원 간에 단합이 이루어지고 생산성도 향상되었다는 보고가 있다.

13.2 마음챙김 대화

대화란? 의미의 전달과 실천이다. 내가 전하려는 의미가 제대로 전달되지 못해 오해와 반목이 생기고 인간관계가 단절되고 만다. 제대로 대화가 안 되는 여러 가지 이유가 있겠지만 무엇보다 습관적인 언어 표현과 반응이 대화의 장애물이다. 상대방의 말에 대해 자기 나름대로 판단하고 자신의 주장을 내세우면 진정한 대화가 되지 않는다. 마음챙김 대화는 상대방의 말에 내 판단 없이 객관적으로 반응해주는 것이다.

서로 만족하고 의미를 제대로 전달하는 대화가 상보적 대화다. 이 상보적 대화를 위해서는 마음챙김 대화를 해야 한다. 대화에는 질적 차원이 있다. 차원 높은 대화는

---

[55] 우재현,『교류분석(TA) 프로그램』, 정암서원, 1992, p.137.

고상하고 현학적인 말을 쓰는 것을 뜻하지 않는다. 마음챙김 대화는 서로의 느낌과 감정을 완전히 개방·수용하는 대화를 말한다. 서로의 느낌과 감정을 알아차리며 서로가 만족할 수 있는 대화를 말한다. 의례적이고 형식적이고 정보전달 수준에 불과한 대화에서는 인간관계의 성장과 발전이 일어나지 않는다.

마음챙김 대화는 상대방의 말을 들으며 내 마음속에서 일어나는 느낌과 감정을 알아차리고 반응하는 대화다. 마음을 챙기지 못하고 관념적인 판단으로 반응할 때 대부분 '나 중심의 Your Message'가 된다. 나를 중심으로 상대방에 대한 평가, 충고, 비난 등의 말을 하게 된다. 그러나 마음챙김 대화는 자신의 느낌과 감정을 진솔하게 반영하는 대화로 나의 진심과 의미를 잘 전달할 수 있다.

마음챙김 대화는 말하고 들으면서 자신의 마음만 챙기는 것은 아니다. 듣는 사람이 말하는 사람의 느낌과 감정을 읽으면서 반응하는 것도 소통에서 중요하다. 상대방의 느낌과 감정은 말의 억양, 빠르기, 말하면서 보이는 제스처, 표정 등에서 읽을 수 있다. 따라서 말하는 자신과 듣는 상대방의 느낌과 감정을 읽어가면서 듣고 거기에 맞는 반응을 보일 때 상대방이 듣고 싶고 만족할 수 있는 대화를 할 수 있다. 마음챙김 대화의 특성과 자세를 정리하면 다음과 같다.

전 존재로서 반응한다

진정한 대화는 지금 말하는 사람이나 듣는 사람이 지금 이 순간 깨어있을 때 가능하다. 집중해 말하고 집중해 들을 때 올바른 의미를 전달할 수 있다.

자신을 개방해야 한다

깊고 의미 있는 대화를 위해서는 자신을 개방해야 한다. 자신의 존재를 개방하지 않으면 상대방도 개방하지 않는다. 자신을 개방해 상대방이 나를 알게 될 때 상대방도 자신을 개방한다.

지금 여기서 감각과 느낌으로 대화한다

의미를 전달할 때는 정확한 내용 전달도 중요하지만 지금 여기서 감정을 표현하는 것도 중요하다. 지금 여기서 감정을 '있는 그대로' 표현할 때 나의 진심과 말의 의미를 정확히 전달할 수 있다.

비판단적으로 대화한다

대화하면서 미리 판단하고 반응하면 상대방이 말하는 의미를 정확히 이해할 수 없다. 대화 중에는 판단을 유보하고 진지하게 말하고 듣고 상대방의 말이 끝난 후 지금 이 순간의 내 느낌과 생각을 전달하면 대화가 활성화될 수 있다.

공감적 이해와 자애의 마음으로 대화한다

공감은 말하는 사람과 듣는 사람이 같은 수준으로 감정과 의미를 이해하는 것이다. 공감이 있어야 상대방의 말을 수용하고 이해할 수 있다. 그리고 공감이 있을 때 상대방에 대한 사랑과 친절이 생긴다.

13.3 마음챙김 경청

좋은 대화를 하려면 말하는 것보다 듣는 것이 더 중요하다. 상대방의 말에 집중하고 주의 깊게 경청하지 않으면 왜곡된 경청, 말의 내용 누락, 선택된 경청을 하게 된다. 따라서 올바른 경청을 하지 않으면 올바른 대화가 이루어질 수 없다. 상대방이 만족할 수 있고 들으려는 말을 하려면 정확하고 신중히 경청해야 한다. 대화를 잘하려면 마음챙김 경청을 해야 한다. 즉, 경청하면서 내 느낌과 생각을 주시하고 알아차릴 때 상대방의 말에 자동적인 반응을 하지 않고 선택적인 반응을 할 수 있다. 필자의 명상 경험에 의하면 명상의 5가지 장애가 바로 경청을 가로막는 장애다.[56]

경청의 장애

탐욕적 욕망

원만한 인간관계는 내가 더 베풀고 수고하겠다는 마음을 가질 때 일어난다. 하지만 내가 상대방으로부터 뭔가 이익을 얻고 그를 이용하려고 한다면 좋은 관계가 이루어질 수 없다. 좋은 인간관계를 만드는 대화에서도 마찬가지다. 상대방으로부터 뭔가 이익을 취하거나 상대방을 이용하려고 한다면 좋은 대화가 이루어지지 않는다. 따라서 탐

---

[56] 전재성 역주, 불교 초기 경전 『맛지마니까야』 「새김 토대의 경, Satipaṭṭanasutta」에 명상의 5가지 장애에 대한 붓다의 설명이 나온다.

욕적 욕망을 버리고 순수한 마음을 가져야 올바로 경청할 수 있다.

악의(惡意)

상대방에 대한 분노, 미움, 싫어함 등의 악의가 있으면 올바른 대화가 이루어질 수 없다. 대화에서 이러한 감정들을 마음속에 품은 채 들으면 상대방의 말을 왜곡해 들을 수밖에 없다. 상대방의 말을 올바로 이해·수용하지 않으면 비판적이고 부정적인 판단으로 반응하게 된다.

혼침과 졸음

혼침과 졸음은 명상 초보자가 가장 많이 경험하는 장애다. 대화할 때도 의식이 흐리고 몸이 나른하면 상대방의 말에 집중할 수 없다. 혼침과 졸음이 있으면 상대방에 시선을 두고 듣거나 말할 수 없다. 대화에서 먼저 이러한 마음과 감각을 알아차리면서 상대방의 말에 집중하고 알아차리려는 노력이 있어야 한다.

들뜸과 회한

듣는다는 것은 단순히 귀라는 감각기관이 듣는 것이 아니다. 귀가 있어서 자동으로 들리는 것이 아니다. 마음챙김 없이 듣는다면 단순히 소리는 들을 수 있지만 말의 내용은 알 수 없다. 마음에 산만함, 근심, 걱정, 후회 등의 감정과 생각이 머물고 있으면 상대방의 말에 대한 알아차림이 없다.

회의적 의심

말하는 상대방과 그의 말을 의심하면 말하는 내용을 제대로 이해·수용하지 못한다. 듣는 사람에게 잘못된 신념이 있을 때 상대방이 말한 내용을 그 신념에 따라 판단해버릴 수 있다.

효과적 경청의 요소

그럼 올바른 청취를 하려면 어떤 자세가 필요할까? 이것은 위의 5가지 장애의 반대 개념인 명상의 5가지 근기(根氣)를 이해하면 된다. 붓다는 수행에서 5가지 근기(힘)를 가지면 올바른 알아차림을 통해 해탈에 이른다고 주장했다.[57]

---

[57] 전재성 역주, 위의 책, 「Mahāsakuludāyisutta」 p.858.

믿음

천상병 시인의 표현처럼 '인생은 여행'이다. 지구로 소풍을 나온 것이다. 이 여행길에서 가장 소중한 동반자는 믿음이다. 믿을 수 없는 사람과 여행한다면 그 여행이 즐거울 수 있겠는가! 대화에서 상대방에 대한 믿음과 존경이 있을 때 상보적 대화를 할 수 있다.

노력

대화에는 인내심이 필요하다. 상대방의 말을 끝까지 집중해 들어주려는 노력이 필요하다. 대화하면서 이러한 노력이 없으면 상대방의 말을 끊고 내 말을 하거나 다른 생각을 하면 진정한 대화를 할 수 없다.

알아차림

대화는 의미의 전달이다. 상대방이 전달하려는 의미를 제대로 이해할 수 없으면 적절히 응답할 수도 없다. 상대방의 말에 적절히 반응하려면 대화하면서 나와 상대방에 대한 알아차림이 필요하다.

집중

집중해 진지하게 말하고 경청해야 의미를 제대로 파악할 수 있다. 그리고 상대방에게 집중해 말하고 경청해야 상대방이 나를 신뢰하게 된다. 서로 신뢰할 때 활발한 의사소통이 될 수 있다.

지혜

불교 수행의 궁극적 목적은 지혜를 개발해 해탈하는 것이다. 올바른 대화를 위해서도 가장 필요한 조건이다. 지혜를 개발하면 고요함과 깨달음에 이른다. 대화에서도 지혜로움이 있을 때 서로 만족하고 행복한 대화를 이끌어 갈 수 있다.

다음은 마음챙김 대화법이다.

효과적인 대화법

첫째, 느낌을 읽으면서 대화한다

좋은 대화를 하려면 대화하는 순간의 내 느낌을 알아차리고 반응해야 한다. "지금 당신의 말을 들으니 기분이 좋습니다.", "당신의 말을 들으니 화가 납니다." 등 내 느낌을 그대로 전달할 때 상대방에게 나의 분명한 메시지를 전달할 수 있다.

둘째, I-message를 쓴다

대화에서 'You-message'를 쓰면 상대방에 대한 판단, 비판, 충고, 비난 등의 말이 나오기 쉽다. "당신은 하는 일이 서툴다.", "당신은 이성적이지 못하다." 등 '당신'이 주어인 말에서는 상대방의 감정을 상하게 하는 말을 하게 된다. 하지만 "내 생각에 그것은 옳지 않다.", "내가 그 일을 한다면 지금 당장 할 것이다." 등 'I-message'를 쓰면 상대방은 감정이 상하지 않고 내 말을 수용할 수 있을 것이다.

셋째, 관계 중심의 대화를 한다

대화에는 일 중심의 대화와 관계 중심의 대화가 있다. "시간이 없습니다. 오늘 안에 그 일을 처리하세요."라는 말은 일 중심의 대화다. 하지만 "힘들고 어렵겠지만 오늘 안에 그 일을 처리할 수 있는지요?"라는 말은 관계 중심의 대화다. 관계 중심의 대화는 대화를 통해 더 깊은 인간관계로 성장하게 해준다.

넷째, 자애의 마음으로 대화한다

대화는 사랑과 친절의 바탕에서 이루어져야 한다. 사랑과 친절로 대화할 때 공감하고 수용할 수 있다. 자애의 마음을 가지면 상대방의 성장과 행복을 지원할 수 있는 대화를 하게 된다.

다섯째, 상대방의 성장과 지원을 위한 대화를 한다

서로의 감정을 완전히 개방하고 수용하는 대화는 상대방의 성장과 지원을 위한 대화가 된다. 상대방에게 나를 알리고 상대방이 나를 이해할 수 있을 때 더 깊이 있는 대화로 발전할 수 있다.

참고문헌

- 전재성 역주, 『맛지마니까야』, 한국빠알리성전협회, 2009.
- Ryuho Okawa, *The Miracle of Meditation*, NY, USA; IRH Press. 2016.
- Osho Rajneesh, *Compiled by Swami Deva Wadud, Meditation-The First and Last Freedom*, Poona India; Osho International Foundation. 2013.
- Arnold Mindell, *Working Yourself Alone*, 정인석 역, 『명상과 심리치료의 만남』, 서울; 학지사, 2011.
- Reuel L. Howe, *The Miracle of Dialogue*, 김관석 역, 『대화의 기적』, 서울; 대한기독교교육협회.
- 크리스천 아카데미 편, 『대화의 철학』, 서울; 서광사, 1992.
- Leong-Min Loo; Prince, Jon B.; Correia, Helen M. "Exploring Mindfulness Attentional Skills Acquisition, Psychological and Physiological Functioning and Well-Being: Using Mindful Breathing or Mindful Listening in a Nonclinical Sample". Psychomusicology: Music, Mind and Brain. Vol. 30 Issue 3, Sep. 2020.
- Todd, Anderson, William, "Mindful Listening Instruction": Does It Make a Difference? Contributions to Music Education, Vol. 39. 2012/2013.

Mindfulness Based Stress Reduction

CHAPTER 14

일상생활의 마음챙김

14.1 수행이란?

지운 스님은 시구(詩句)에서 수행이란 '자신이 자신을 구하는 것'이라고 말했다.

자신의 내면을 들여다보는 것
자신이 자신을 알아가는 것
자신이 자신을 사랑하는 것
자신이 자신의 고통을 없애는 것
자신이 자신의 잘못을 용서하는 것
자신이 자신을 깨우는 것
자신이 자신을 구원하는 것
이것은 안에서 일어나는 혁명
바깥 경계에 전혀 동요되지 않으니
세간의 고통을 구제하는 지혜와 평안의 길

기독교에서의 구원은 하나님의 은혜와 자신의 책임으로 이루어지지만 불교에서의 구원은 자신의 수행으로 이루어질 수 있다. 수행은 말이나 글로 배우고 기억하는 것이 아니다. 또한, 어떤 경전을 읽고 이해하는 것이 수행의 본질이 아니다. 아무리 좋은 수행법을 공부해 이론과 그 방법을 알더라도 그 자체가 수행은 아니다. 수행법은 깨달음으로 가는 수단이다. 수행은 마음으로 느끼고 몸으로 실천하는 것이다.

진리나 도(道)를 공부하고 그것이 몸에 배는 것을 훈습(熏習)이라고 한다. 수행은 훈습을 위해 하는 것이다. 꽃집에 들어가 오래 있으면 꽃향기가 몸에 스며들고 생선가게에 오래 있으면 생선 비린내가 몸에 스며든다. 이처럼 수행도 진리나 도가 몸에 배고 내가 진리의 실체가 되는 것이다. 기독교 성경에서는 '예수는 말씀이 육신이 되신 분'[58]이라고 했다. 이를 화육(化肉)이라고 한다. 붓다는 "나를 아는 자는 진리를 알고 진리를 아는 자는 나를 안다."[59]라고 말했다. 붓다가 바로 법의 실체 즉, 법신(法身)이라는 말이다. 수행은 진리의 화육을 위해 하는 것이다. 수행은 자아실현을 위해 자신의 심신을 갈고 닦는 것이다. 자아실현을 성취한 사람의 특징은 자신의 번뇌와 고통에서 벗어나 세상을 위한 정의와 사랑을 실천한다는 것이다. 자신을 스스로 구원하고 중생의 구원을 위해 일하는 사람이다. 예수나 붓다와 같은 성인들은 청년기까지 자신을 갈고닦아 세상으로 나아가 세상의 구원을 위해 살았다.

습관이 말과 생각, 행동을 만든다. 말과 생각은 마음의 바탕인 정서에서 일어난다. 그리고 이 생각에 따라 행동한다. 정서는 그 사람의 마음의 환경으로 이 환경에 의해 말과 생각이 일어나고 행동이 습관적으로 일어난다. 마음의 바탕인 정서에서 여과되지 않고 느낌과 감정이 일어난다. 이러한 느낌과 감정이 바로 습관적 행동으로 나타난다.

척박하고 오염된 밭에서 좋은 결실이 나오지 않듯이 마음의 바탕이 오염되고 선한 성품이 아니면 부정적인 느낌과 감정이 일어난다. 따라서 밭을 옥토로 일구어야 좋은 열매를 맺듯이 정서의 바탕을 맑고 고요한 것으로 갈고 닦아야 좋은 생각, 좋은 행동이 나온다. 정서의 바탕을 맑고 고요한 것으로 갈고 닦는 것이 마음챙김 명상이다.

수행을 통해 깨달음을 경험하고 증득하면 목표를 이루었다고 생각하고 수행을 멈추고 습관적인 생활 속에 다시 묻혀 사는 사람이 가끔 있다. 수행을 계속하지 않으면 요요현상처럼 옛 습관으로 다시 돌아가게 된다. 깨달은 사람은 그 깨달음을 유지하기 위해 일상에서 마음챙김 명상을 실천해야 한다. 그래서 예수는 "쉬지 말고 기도하라."라고 말했고 붓다는 "정진하라."라고 말했다. 몸의 자양분을 섭취하기 위해 규칙적으로 음식을 섭취하듯이 마음의 자양분을 섭취하려면 마음챙김 명상을 멈추지 말아야 한다.

6세기 무렵 보리 달마가 인도에서 중국으로 넘어와 9년 동안 소림사에서 면벽(面

---

[58] 신약성경, 요한복음 1장 14절.

[59] 『쌍윳따니까야』 박깔리경(Vakkalisutta), 22:87(12)

壁) 수행을 한 것은 자신의 깨달음을 유지하고 깨달은 자의 모습을 보여주기 위해서였다. 그는 이미 깨달은 자였지만 그 깨달음을 유지하기 위해 면벽 수행을 했다. 포교를 위한 아무 가르침도 없었지만 기품 있는 고요한 그의 좌선 자세에 감동한 많은 사람이 그의 제자가 되었다.

14.2 마음챙김과 현존의 힘

인간의 정신적 고통은 현재에 깨어있지 못하고 과거의 경험이나 미래의 환상에 사로잡히기 때문이다. 우울증은 과거의 사건에서 비롯된 슬픈 감정에 빠지는 것이고 과대망상은 미래에 일어날 사건에 대한 기대나 두려움 때문에 일어난다. 이러한 정신적 고통으로부터 자유로우려면 현재 일어나는 자신의 경험에 집중하고 알아차려야 한다.

현존은 지금 내게 일어나는 현재의 경험을 주시하고 알아차리는 것이다. 지금-현재의 사물과 현상을 대하면서 판단하거나 추측하지 않고 주시하면서 관찰하는 것이다. 현재의 경험을 수용하고 비판단적으로 관찰할 때 부정적인 기억을 자신의 무의식 가운데 쌓지 않게 된다. 인간의 번뇌와 고통은 무의식 세계에 기억된 부정적인 감정이나 생각들이 자동반응으로 노출되기 때문이다.

지금-현재에 깨어있다는 것은 매 순간 나 자신과 나 자신의 밖에서 일어나는 일들을 주시하고 알아차리는 것이다. 지금-현재 내 몸에서 일어나는 감각, 내 마음에서 일어나는 느낌, 생각 등에 깨어있는 것이다. 또한, 내 감각기관들과 접촉하는 바깥 세계의 사물과 현상에 대해서도 깨어있어야 한다. 마음에서 일어나는 느낌과 생각은 몸의 반응으로 나타난다. 따라서 내 몸에서 일어나는 감각은 내 몸이 내게 주는 메시지다. 몸의 통증은 통증이 일어나는 부위의 불안전과 불만족의 반응이다. 시원하고 부드러운 몸의 감각은 몸이 만족스러운 상태이고 싶은 반응으로 일어난다. 현존은 이러한 반응을 주시하고 알아차리는 것이다.

물론 인간은 지금 일어나는 경험을 판단하고 분별할 수 있다. 그러나 판단과 분별심이 신념이 되거나 가치체계가 될 때 인지 왜곡이 일어난다. 지금 여기서 일어나는 경험을 확고히 주시하고 판단 없이 알아차릴 때 직관과 통찰력이 개발된다. 직관과 통찰력이 개발되면 깨달음의 궁극적 목표인 지혜를 증득할 수 있다.

지혜는 평화롭고 행복한 인생길의 안내자다. 지혜는 사물의 본질과 현상을 꿰뚫어 볼 수 있는 능력이다. 지혜가 있어야 무지와 무명에서 깨어날 수 있다. 무지와 무명에서는 평화와 행복한 삶을 누릴 수 없다. 평화롭고 행복한 삶을 위해 현존에 머무는 훈련이 바로 마음챙김 명상이다. 마음챙김 명상으로 통찰력을 개발하고 이 통찰력으로 사물과 현상의 본질을 꿰뚫어 볼 수 있다.

14.3 일상생활의 마음챙김 명상

명상은 고요하고 기품 있게 앉아 사색에 잠기거나 무념무상(無念無想) 상태에 들어가는 것으로 흔히 알고 있지만 꼭 앉아서만 명상하는 것은 아니다. 명상에 대한 잘못된 견해는 명상이 세상을 등지고 자신의 신비와 환상의 세계에 빠지는 것으로 이해하는 것이다. 그래서 명상을 잘하려면 입산수도(入山修道)하거나 골방에 가부좌로 앉아 몰입과 고고한 자세를 취하는 것으로 생각한다. 하지만 가부좌를 취하고 앉아있는 것만 명상은 아니다. 명상은 행주좌와(行住坐臥) 가운데 이루어진다.[60] 즉, 걸어가면서 하는 명상(行禪), 서서 하는 명상(住禪), 앉아서 하는 명상(坐禪), 누워서 하는 명상(臥禪) 등이 있다. 마음챙김 명상은 생활 속에서 이루어지는 명상이다. 일, 식사, 운동, 취미활동, 청소, 대화 등 일상생활에서 지금-이 순간 내가 하는 일에 대한 주시와 알아차림 상태에 머무는 것이 마음챙김 명상이다. 마음챙김 명상은 지금 내가 하는 일을 주시하고 알아차림으로써 이 순간에 깨어있게 한다.

물론 일상의 삶에서 떠나 문화생활을 등진 조용한 수행처에서 마음챙김 수련을 할 수 있다. 그러한 수행은 그 수행 자체가 목적이 아니라 그 수행을 통해 자신을 갈고 닦아 삶을 변화시키기 위한 것이다. 여기서 깨달음을 통해 일상에서 평화롭고 행복한 삶을 살기 위해 수행한다. 탐진치(貪瞋痴)의 마음과 습관적인 행위를 버리고 깨어있는 삶을 살기 위해 수행한다.

인간이 스트레스와 고통을 받는 것은 지금-이 순간에 깨어있지 못하기 때문이다. 과거의 생각에 붙잡히거나 미래의 환상에 빠지는 것이 나의 기분과 정서를 만든다. 이러한 기분과 정서가 내 마음에 머물러 나를 지배할 때 우울감, 분노, 불안, 걱정 등이 일어나게 된다. 현재에 깨어있지 못해 이러한 정신적 고통을 겪게 되는 것이다.

---

[60] 디가니까야, 제2품 22:5

필자는 50대 때 8년 동안 가족과 떨어져 기러기 아빠 생활을 한 경험이 있다. 2년 동안 캐나다에서 가족과 함께 살다가 나 홀로 귀국해 혼자 생활하는 것은 고통의 삶이었다. 퇴근해 집에 들어오면 적막감, 외로움, 우울감이 나를 지배했다. 무엇보다 혼자 식사하는 시간이 가장 힘들었다. 식사는 즐겁게 자양분을 섭취하는 것이 아니라 단지 살기 위해 한 끼를 때우는 행위일 뿐이었다.

그러한 생활 가운데 필자는 위빠사나 명상을 수행하며 깨달음을 얻었다. "평화롭고 행복한 삶은 지금-현재에 깨어있는 것이다."라는 것이다. 지금-이 순간 내 마음에서 일어나는 느낌, 감각, 생각 등을 주시하며 집중력과 통찰력을 기르니 내 마음속에 머물렀던 우울감, 외로움, 무력감 등이 사라지고 나 홀로 생활을 즐기게 되었다. 나름대로 혼자서도 즐겁게 의미 있게 사는 법을 터득했다. 혼자서도 즐겁게 의미 있게 살아가는 첫 번째 조건은 이 순간에 깨어있는 것이다. 이 순간에 깨어있을 때 자신을 통제하고 활기찬 삶을 살 수 있다.

마음챙김 명상은 번뇌와 고통의 원인인 탐욕적 욕망을 멈추게 하고 통제하는 기술이다. 현재 이 순간에 깨어있는 상태로 내가 가는 길을 바라보는 기술이다. 사람들은 잘못을 저지르고 "나도 모르게 그랬다."라고 말한다. 최근 심각한 사회문제로 대두되는 성폭력, 성추행 사건은 자신도 모르게 어떤 감각과 감정을 따르다가 저지르는 범죄다. 또한, 자신과 타인의 삶을 파괴하는 사건을 반복적으로 저지르는 것은 자신도 모르게 형성된 습관화된 반응 때문이다.

우울증, 분노, 불안 등은 내가 불러오고 내가 붙들고 있는 감정들이다. 내 마음의 바탕에 그러한 부정적인 정서를 심고 마음에 자리 잡게 만든다. 내 마음속에 있는 감정들을 방치하거나 지나가게 하지 않고 그것을 갈망하고 붙들기 때문에 그 감정들에 휘둘리는 것이다. 집안에 불을 환하게 켜두면 도둑이 쉽게 들어오지 못하듯이 마음챙김을 통해 마음을 밝히고 의식이 깨어있으면 내 마음을 훔치고 더럽히는 감각이라는 도둑이 침범하지 못한다.

사람의 인격과 됨됨이의 기준은 하루 생활에서 그가 깨어있는 시간의 양으로 가늠할 수 있다. 깨어있지 못하고 멍한 상태는 죽은 것과 같다. 하루 24시간 중 우리의 의식이 깨어있는 시간은 얼마나 될까? 의식이 깨어있더라도 과거의 생각이나 미래의 환상에 빠져있다면 그 시간은 의식이 깨어있는 상태가 아니다. 의식이 깨어있다는 것은 지금-이 순간 나와 주변을 주시하고 알아차리면서 현존에 충실하고 충만하고 충족하면서 사는 것이다. 즉, 이 순간 나 그리고 나와 연결된 것들에 대한 마음을 챙기는 것이다.

14.4 마음챙김 명상의 유익함

'Mindfulness(마음챙김)'의 반대 개념은 'Mindlessness(부주의)'라고 할 수 있다. 일상생활에서 우리는 마음챙김을 하지 못하고 부주의로 인한 오해와 실수를 저지르게 된다. 인간의 고통과 스트레스는 이러한 부주의한 행동에서 비롯된다. 마음을 챙기지 못한 채 일하거나 대화하거나 과거나 미래의 일에 생각이 빠져있을 때 원치 않는 결과가 발생하게 된다. 그리고 이러한 결과가 스트레스의 원인이 된다. 마음을 챙기지 못할 때 다음과 같은 현상이 발생한다.[61]

- 조심하지 않고 성급히 행동한다.
- 조심성이 없고 부주의하며 생각 없이 사고를 낸다.
- 심리적 긴장과 불안감에 대한 느낌과 감각을 알아차리지 못한다.
- 대화 도중 상대방의 이야기 내용을 놓친다.
- 과거나 미래의 일에 빠져 현재를 놓친다.
- 알아차림 없이 먹다 보면 과식하게 된다.

마음을 챙기면 지금-현재 하는 일을 주시하며 집중할 수 있고 생각이 과거나 현재에 빠지지 않으며 비판단적이고 거부감 없이 현재 일어나는 일들에 집중할 수 있다. 사람들의 고통은 현재의 주시에서 벗어나기 때문에 발생한다. 과거의 경험을 생각하기 때문에 후회, 슬픔, 죄책감 등에 빠지고 불안, 걱정, 우울감 등이 늘어난다. 또한, 아직 일어나지도 않은 미래의 일들을 생각하면 번뇌와 망상에 빠지고 하루하루 삶은 악몽이 된다. 그러나 마음챙김 명상을 하면 현재 일어나는 일을 평정심으로 대할 수 있다. 마음챙김 명상을 하면 다음과 같은 효과를 볼 수 있다.[62]

---

[61] Ed. Christopher K. Germer and Ronald D. Siegel. *Mindfulness and Psychotherapy*, New York: The Guilford Press, 2005, p.5.

[62] Michael Chaskalson, *The Mindful Workplace*, USA: Wiley-Blackwell, 2011.

❶ 우울감, 분노 등 심리적 억압을 줄일 수 있다. 신경질을 덜 내고 활동적인 삶을 통해 만족을 느낀다.
❷ 감정에 대한 이해·수용·자각을 할 수 있다. 슬픈 감정에서 빨리 벗어날 수 있다.
❸ 부정적인 생각을 줄이거나 지울 수 있다.
❹ 외부적 대상에서 일어나는 일들을 안정과 평정심으로 수용한다.
❺ 인간관계에서 일어나는 갈등을 수용하고 상대방과 편안하게 소통할 수 있다.
❻ 대인관계에서 정서적 안정감으로 협조할 수 있다.
❼ 더 높은 학문적 성취와 개인적 목표를 달성하려는 의지를 가진다.
❽ 대인관계에서 위협을 느낄 때 방어적이고 공격적인 태도를 줄일 수 있다.
❾ 주의력 향상으로 직장 업무 수행에서 생산성을 높이고 만족할 수 있다. 동료들과의 관계를 개선하고 작업 과정에서 일어나는 스트레스를 줄일 수 있다.
❿ 충동적 반응에서 일어나는 느낌, 감정, 생각 등을 조절할 수 있다.
⓫ 혈액순환을 돕고 고혈압, 긴장감 등을 감소시키며 심혈관질환을 예방·치유할 수 있다.
⓬ 심장병, 암, 감염병 등으로 병원을 방문하는 횟수가 줄어든다.
⓭ 알코올, 마약, 습관성 약물, 카페인 등의 섭취를 줄여 중독현상을 줄일 수 있다.

14.5 마음챙김의 자세

존 카밧진은 마음챙김을 위한 9가지 태도를 다음과 같이 제시했다. 1990년 그가 출간한 『Full Catastrophe Living』에서 Non-Judging(비판단), Patience(인내심), Beginner's Mind(초발심), Trust(믿음), Non-Striving(비과욕), Acceptance(수용), Letting-Go(내려놓음) 7가지 태도를 제시했고[63] 최근 자신의 유튜브 동영상 강의에서 Gratitude(감사), Generosity(관용) 2가지가 추가된 것을 볼 수 있다.[64]

필자는 위의 9가지에 'Loving and Kindness(자애)'를 포함시키려고 한다. 자애심은 마음챙김 명상의 기반이자 목적이다. 사물과 현상에 대한 자비와 연민심 없이는 마

---

[63] Jon Kabat-Zinn, *Full Catastrophe Living*. p.21

[64] YouTube, *9 Attitudes of Mindfulness*, Jon Kabat-Zinn.

음챙김 명상이 이루어질 수 없다. 사물과 현상을 자애의 마음으로 주시하고 알아차리는 것은 판단과 분별심이 아니다. 오히려 오염되지 않은 마음의 순수한 본성 자비와 연민심으로 사물과 현상을 대한다는 의미가 있다.

위의 10가지 마음챙김 명상 태도는 명상하는 사람의 기본적인 태도다. 이것을 충분히 이해하고 경험할 때 비로소 명상 수련으로 얻으려는 주시와 알아차림의 힘이 강해진다. 위의 10가지 명상 태도는 각각 독립적인 태도는 아니지만 1가지 태도가 확립되면 이를 기반으로 다른 태도들도 강해진다.

초보자의 마음(Beginner's Mind)

우리가 어떤 사물과 현상을 대할 때 이미 '알고 있다'라는 생각이나 믿음에 빠지면 사물과 현상의 본질을 못 본 채 그러한 생각이나 믿음을 당연시하고 지나치게 된다. 사물과 현상에 대한 깊은 이해나 친숙함을 갖기 위해서는 초보자의 마음을 가져야 한다. 초보자의 열린 마음으로 사물과 현상을 바라볼 때 자신의 관념 세계에서 벗어나고 지혜 개발의 가능성이 열린다.

모든 존재는 고정불변으로 존재하지 않고 항상 변한다. 따라서 그 존재를 관념적, 습관적으로 대하면 그 사물의 본질과 특성을 제대로 볼 수 없다. 그러나 기존에 익숙히 보아왔던 것들도 처음 보는 것처럼 대하면 그 사물이나 현상에서 새로운 본질과 특성을 발견하게 된다. 또한, 그 사물과 현상을 관념으로 대하지 않고 신선하고 사랑스러운 마음으로 대할 수 있다. 초보자의 마음으로 인식의 확장과 창의성을 가져올 수 있다.

비판단적(Non Judging)

인간은 사물과 현상을 대할 때 식별(識別)하게 되어 있다. 우리는 안팎에서 일어나는 경험들을 끊임없이 판단해 반응하고 있다. 이것은 '옳다', '나쁘다', '좋다', '싫다' 등으로 식별하고 반응한다. 좋은 것은 따라가고 취하려고 하며 싫은 것은 혐오하고 물리치려고 한다. 좋은 것에 집착하고 싫은 것은 끊고 멀리하려는 데서 인간의 고통이 생긴다. 물론 인간은 사물과 현상을 보면 순간적으로 판단한다. 그러나 그 판단은 관념을 통과해 습관적으로 나오기 때문에 올바른 판단이 될 수 없다. 또한, 순간적으로 판단한 것이 신념으로 변하면 그 신념 때문에 올바른 알아차림이 될 수 없다.

인간의 식별 과정에서 알아차림이 없으면 올바른 식별이 될 수 없다. 알아차림 없이 사물과 현상을 대하면 습관적 반응을 할 수밖에 없다. 자신의 관념 세계나 의식 패턴에 의해 투사된 사물과 현상을 식별하고 그 식별로 가치관과 삶의 태도가 형성된다. 이러한 현상은 색안경을 쓰고 사물을 보면 그 본질과 특성을 제대로 볼 수 없는 것과 같다. 색안경을 쓰고 사물을 보는 것처럼 관념으로 투사된 식별로는 사물과 현상을 제대로 꿰뚫어 볼 수 없다. 따라서 사물과 현상을 대할 때 비판단적으로 순수한 주시가 이루어져야 한다. 순수한 주시에 의해 그 판단이 신념이 되지 않도록 해야 한다.

수용(Acceptance)

수용은 사물과 현상을 '있는 그대로' 본다는 뜻이다. 인간은 어떤 고통에 직면할 때 그 고통을 '있는 그대로' 받아들이고 자신에게 주는 메시지로 이해하고 그 고통을 자신을 성장시키는 과정으로 받아들여야 한다. 일상생활에서 심리적, 생리적 고통을 경험할 때 그것을 혐오하고 물리치려고 하면 더 큰 고통이 온다. 이러한 고통이 일어날 때 그것을 자신과 다르게 그 고통이 일어나는 부위와 현상을 대상화해 볼 수 있어야 한다. 그 고통을 대상화해 나를 돕기 위해 찾아온 손님으로 받아들이면 고통이 완화된다.

수용은 뭐든지 좋아하거나 그것에 만족해야 한다는 의미가 아니다. 나쁜 습관을 그대로 놔두거나 건강하고 완전해지고 싶은 욕구를 피하거나 포기해야 한다는 의미도 아니다. 또한, 고통에 맞서 싸워 극복하거나 이기라는 의미도 아니다. 단지 사물과 현상이 진행된 그대로 받아들이고 지켜보라는 의미다. 내게 일어나는 일들에 수용적인 태도를 가지면 그 일들을 더 잘 알게 되고 더 명확한 판단과 대응을 할 수 있게 된다.

내려놓음(Letting Go)

인도네시아 자바섬에서는 원숭이 사냥을 할 때 속이 텅 빈 야자수 열매에 원숭이 손이 들어갈 만한 구멍을 내고 그 안에 바나나를 넣어둔다고 한다. 원숭이가 그 구멍에 손을 넣어 바나나를 움켜쥐면 손을 뺄 수 없다. 바나나를 놓아야 손을 뺄 수 있다. 바나나를 놓지 않고 움켜쥐면 원숭이는 잡히고 만다. 이처럼 인간도 자신이 좋아하는 것을 움켜쥐고 싫어하는 것을 물리치고 싸우면 고통이 일어난다.

인간이 고통에서 벗어나려면 집착을 버려야 한다. 소유하려는 욕망을 버려야 한다. 어떤 대상을 비판단적으로 바라보며 그냥 내버려두고(Let it be!) 내려놓아야(Let it go!) 한다. 마음챙김은 내려놓고 내버려두는 훈련이다. 무집착 태도를 기르는 것이다. 마음챙김 훈련을 하면 내 마음속에서 일어나는 생각, 머무는 생각, 떠나는 생각을 볼 수 있다. 이러한 생각들에 마음을 챙기면 그 생각을 따라가거나 붙잡지 않는다. 일어나고 머물고 떠나는 생각을 내버려두고 지켜보게 된다.

신뢰(Trust)

명상 수련에서 자신에 대한 믿음과 배움에 대한 믿음 등은 필수적이다. 자신과 자신의 일에 대한 믿음이 있을 때 알아차림이 선명해진다. 알아차림은 마음이 고요하고 평정한 상태에 있을 때 선명해진다. 믿음을 통해 마음을 고요하고 평정한 상태로 유지할 수 있으므로 마음챙김의 태도로서 믿음이 있어야 한다.

수행을 통해 자신이 변화할 수 있다는 믿음과 자신이 배우는 내용을 믿게 되었을 때 기대했던 효과를 경험하게 된다. 특히 자신의 느낌과 감각에 대한 믿음을 가져야 한다. 느낌과 감각은 자신에게 주는 메시지다. 심한 통증은 너무 무리했다는 메시지이고 경직된 몸은 너무 긴장했다는 메시지일 수 있다. 자신에 대한 믿음은 자신의 한계를 알고 자신에게 적합한 정도의 수행을 해야 한다는 의미다. 누군가를 모방하거나 자신의 한계를 무시하고 수행하면 자칫 잘못된 길을 갈 수 있다.

인내심(Patience)

'알묘조장(揠苗助長)'이라는 말이 있다. 열매를 빨리 수확하기 위해 싹을 뽑아 성장을 돕는다는 말이다. 조급한 마음에 무리하게 일을 진행하다가 오히려 일을 망치는 것에 비유한 말이다. 수행도 마찬가지다. 수행 효과를 빨리 경험하려고 무리하게 수행하면 오히려 안 좋은 결과를 가져온다. 삼매를 빨리 깨달아 얻기 위해 식음을 거르고 밤잠도 안 자고 수행하는 사람들이 있다. 이렇게 성급히 수행한다고 쉽게 깨달음에 이르는 것은 아니다. 인내심을 갖고 지금-이 순간에 머물며 수행에 충실해야 마음이 청정해지고 평정심을 유지할 수 있다. 이 순간에 머물면서 이 순간에 충만하려면 인내심이 필요하다.

비과욕(Non-Striving)

붓다가 정진(精進)을 강조하면서 중도(中道)를 말한 것은 수행할 때 지나치게 열심을 내지도 너무 방일(放逸)하지도 말라는 뜻이다. 중도는 양극단을 지양하고 정도(正道)를 가라는 뜻이다. 수행에서 고행주의와 쾌락주의는 양극단이다. 이러한 양극단을 지양하고 자신에게 적합한 수행을 하라는 뜻이다. 중도의 길을 가려면 인내심이 필요하다.

행동 양식(Doing Mode)의 사람과 존재 양식(Being Mode)의 사람으로 사람 유형을 나눌 수 있다. 행동 양식을 하는 사람은 어떤 목표를 성취하기 위해 숙고하지 않고 습관적으로 조급하게 행동한다. 반면, 존재 양식의 사람은 지금-현재에 깨어있으며 수용적 자세로 행동한다. 수행하는 사람은 존재 양식으로 행동해야 한다. 수행자는 지나치게 애쓰지 않고 '있는 그대로' 자신을 보고 지금-현재의 경험을 수용한다. 수행자는 목표에 도달하려고 애쓰지 않고 매 순간 '있는 그대로' 알아차리고 인내심을 갖고 규칙적으로 수행하며 목표에 저절로 도달할 때가 온다.

감사(Gratitude)

수행하는 사람들을 과거 조상의 선한 공적 덕분에 선택받은 사람들이라고 흔히 말한다. 오늘의 내가 수행하는 것은 과거나 현재의 모든 인연의 결실이다. 또한, 주변의 여러 가지 조건이 결합해 내가 수행하는 것이다. 성숙한 수행자의 표상은 감사다. 수행자는 연결되어 있음을 깨달은 자다. 내가 우주와 연결되어 있고 자연과 연결되어 있고 이 세상 사람들과 인연이 이어져 있음을 깨달은 자다.

감사하는 마음은 마음챙김 명상의 주요 태도다. 감사란 탐진치(貪瞋痴)의 마음이 정화되었다는 뜻이다. 수행에서 최대 걸림돌은 탐진치의 마음이다. 마음속에 탐욕, 분노, 어리석음이 차 있으면 수행할 수 없다. 이 탐진치의 마음을 정화하고 청정한 마음을 갖게 하는 태도가 감사의 마음이다.

관용(Generosity)

관용이 있다는 것은 이해와 수용이 있다는 뜻이다. 상대방의 언행이 잘못이라고 하기보다 서로 다름을 인정하는 것이다. 수행자는 관용이 있어야 한다. 수행처에서 마음을 갈고 닦다 보면 마음이 예민해져 환경과 사람들의 행위를 판단하고 비판하는 경우를 흔히 볼 수 있다. 그것은 자신에게 충실하지 않고 깨어있지 않기 때문이다.

마음챙김 명상의 핵심 개념은 비판단이다. 자신의 관념이나 지식에 의해 판단하지 않고 '있는 그대로' 보는 것이다. 이러한 비판단적 알아차림이 관용의 태도를 만든다. 관용은 사랑, 용서, 믿음을 위한 기본 태도다. 관용 없이는 타인에 대한 사랑, 용서, 믿음이 있을 수 없다.

자애심(Loving and Kindness)

자애심은 명상 수행자가 가져야 할 가장 기본적인 태도다. 실제로 탐욕, 잡념, 망상에 빠지면 명상 수행은 불가능하다. 윤리적으로 청정한 삶의 바탕 위에서 사물과 현상에 대한 자애의 마음을 가질 때 주시와 알아차림의 힘이 증진된다. 자애심은 명상 수행을 통해 증진되며 명상 수행이 깊어지는 만큼 자애의 마음도 강해진다.

참고문헌

- Jon Kabat-Zinn, *Full Catastrophe Living*, New York, USA; Bantam, 2013.
- Michael Chaskalson, *The Mindful Workplace*, UK; Wiley Blackwell, 2011.
- Jon Kabat-Zinn, *Wherever you go, there you are-Mindfulness Meditation in Everyday Life*, New York; Hachette Books, 2005.
- Mark Williams and Danny Penman, *Mindfulness*, New York; Rodale, 2012.
- Bob Stahl and Wendy Millstine, *Calming the Rush of Panic*, CA, USA; New Harbinger Publications Inc., 2013.
- Bhante Henepola Gunaratana(2015), *Mindfulness in Plain English*, MA, USA; Wisdom Publication.
- Jon Kabat-Zinn, *Coming to Our Senses-Healing Ourselves and the World Through Mindfulness*. 안희영, 김재성, 이재석 공역, 『온정신의 회복』, 학지사, 2017.
- Bigelow, Deborah. *Head to Heart: Mindfulness Moments for Everyday*, Library Journal. V.4.ol. 139 Issue 13, 2011.

Mindfulness Based Stress Reduction

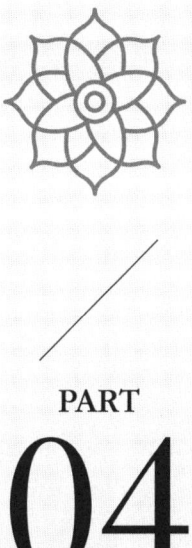

PART
04

서양 심리학과 마음챙김

Mindfulness Based Stress Reduction

CHAPTER 15
정신분석 심리학과 마음챙김

15.1 정신분석학과 마음챙김 명상

정신분석 심리학 창안자 프로이트(Sigmund Freud)는 명상에 대해 부정적인 견해를 갖고 있었다. 그는 명상을 '유아적 퇴행성'으로 이해했다. 명상에 대해 부정적인 견해를 가진 사람들은 '명상은 현실도피적이다', '명상은 신비주의를 추구한다', '명상하면 수동적인 인간이 된다' 등 잘못된 명상 신화(神話)를 믿었기 때문이다. 그들이 현재에 머물면서 마음을 챙기는 위빠사나 명상을 경험했다면 명상에 대해 그토록 부정적인 견해를 갖진 않았을 것이다.

같은 정신분석학자 계통의 칼 융(Carl Jung)은 명상을 '더 높은 의식단계로 나아가는 행위'로 이해했다.[65] 그렇다! 명상은 본능과 관념에 기반한 낮은 차원의 의식 세계에서 더 고차원의 초월의식이나 우주 의식으로 나아가기 위한 정신적 행위다. 관념과 패턴화된 인지(認知) 작용에서 벗어나 직관력과 통찰력을 개발해 더 높은 정신세계와 차원 높은 삶을 지향하게 하는 것이 마음챙김 명상이다.

프로이트는 명상을 부정적으로 인식했지만 그의 정신분석 심리학에 기초한 치유 프로그램에 마음챙김 명상을 적용할 여지는 많다. 그가 사용한 인격을 형성하는 데 주요 개념인 '원초적 본능', '의식과 무의식', '자아 방어기제' 등은 마음챙김의 대상이자 마음챙김 명상을 통해 정화하고 개발해야 할 요소들이다. 프로이트는 인간의 의식을 지배하는 인격의 구조를 생리적 구성요소인 본능(id), 잠재의식, 무의식, 순수의식으로

---

[65] John Welwood, 김명권·주혜명 역, 『깨달음의 심리학』, 학지사, 2008, p.38.

구분했다.[66] 사람에 따라 그의 의식 세계의 형성과 그 의식을 지배하는 요인은 다르다. 그 의식 형성이 생각을 패턴화하고 습관적 반응이나 맥락적 반응을 일으킨다. 이러한 습관적 반응이나 맥락적 반응이 긍정적인 행동이나 부정적인 행동을 유발하는 원인이 된다. 마음챙김은 이러한 습관적 반응과 맥락적 반응에 대한 주시와 알아차림으로 선택적이고 이로운 방향으로 반응하게 해준다.

15.2 인격의 구조와 마음챙김

프로이트의 인간 이해는 결정론적이다.[67] 인간의 무의식적 동기, 생리적 본성과 욕구 등이 생후 5년간 삶의 경험에서 형성된다고 본다. 또한, 프로이트의 인간 이해는 비관주의적이고 기계론적이다. 5세 이전 아동기에 형성된 인격은 성인이 된 이후에도 변하지 않고 성인 성격의 70~80% 이상이 그의 삶에 반영된다고 한다. 결정론은 교육이나 훈련을 통해서도 사람의 성격이 변하기 어렵다는 관점이다.

프로이트는 인간을 에너지 체계로 이해하는 데 정신적 에너지나 의식이 원 본능(id), 자아(ego), 초자아(super ego)에 분배되는 정도에 따라 인격의 역동성이 결정된다고 보았다. 제한된 에너지가 하나의 체계에 더 많은 양이 분배되면 다른 두 체계를 지배하게 된다. 프로이트는 본능의 역할을 강조했는데 그 본능은 생득적, 생물학적 특성이 있다. 프로이트는 성적 본능과 공격적 본능을 강조했다. 그는 이러한 본능이 인간의 행동을 이끌어가고 인간의 행동은 고통에서 벗어나 쾌락을 얻으려는 욕망 때문에 결정된다고 보았다.

위와 같은 프로이트의 인간 이해에서 마음챙김 명상을 적용해보자. 프로이트는 정신적 고통을 가진 내담자를 치유하기 위해 '억눌림의 노출', '감정과 느낌의 노출', '자유연상' 등의 치유 기제를 사용했다. 프로이트가 사용하는 심리치료에서는 이러한 억눌린 감정이나 느낌을 노출하는 것이 치유의 기본적인 원리다. 이러한 감정을 의식 세계로 노출해 무의식을 정화하며 그러한 감정이나 느낌을 둔감하게 만드는 것이 정신분석 심리치료의 원리다.

---

[66] 제럴드 코리, 오성춘 역, 『상담학 개론』, 장로회신학대학교 출판부, 1993, pp.32-33.

[67] 위의 책, p.34.

한편, 이러한 감정을 노출하게 되므로 과거의 억눌린 감정이 폭발하거나 더 정신적인 억압을 강화할 수 있다는 점을 간과할 수 없다. 이러한 감정이나 느낌을 노출할 때 마음챙김 명상을 적용할 수 있다. 마음챙김을 통해 노출된 느낌이나 감정을 판단이나 분별없이 객관적으로 주시하고 알아차릴 때 그 감정에 의해 형성된 스트레스나 고통에서 벗어날 수 있다.

프로이트가 주장한 원 본능, 자아, 초자아는 마음챙김의 대상이다. 마음챙김 명상을 통해 몸의 감각, 느낌, 정서 등을 주시하며 알아차릴 때 본능에 의해 형성된 의식이 자아나 초자아의 의식으로 변할 수 있다. 즉, 원 본능에 집중된 에너지 체계가 자아나 초자아 에너지 체계로 변할 수 있을 것이다.

15.3 무의식(Unconsciousness)과 마음챙김

심리학에서 프로이트의 최대 공헌은 무의식 개념을 도입한 것이다. 프로이트는 인간의 심층을 구성하는 무의식 세계가 있으며 그 세계에는 인간의 경험, 기억, 억압된 감정과 욕망 등이 내재해 있다고 보았다. 무의식 세계는 인간의 의식으로 통제할 수 없는 세계로 인간의 성격 형성과 행동에 강력한 영향력을 미치게 된다. 무의식 세계는 인간이 직접 접근할 수 없으며 꿈, 말 실수, 의식하지 못한 가운데 일어나는 생각과 행위, 자유 연상에 의해 스치는 이미지, 행위, 투사에 의해 나타나는 언행 등으로 무의식 세계의 존재를 이해할 수 있다.

프로이트는 무의식 세계는 인간의 정신세계에서 빙산의 일각일 뿐이라고 주장했다. 그러나 이 빙산의 일각에 해당하는 무의식 세계는 우리의 행동에 절대적 영향을 미친다. 심리학자들은 프로이트 심리학을 결정론으로 이해한다. 프로이트의 주장에 의하면 아동기 때 무의식 세계에 억눌렸던 감정들이 성인의 정신과 행동의 70% 이상을 지배한다. 이러한 무의식의 역동성이 인간의 모든 정신병 증세와 행동의 뿌리가 되기 때문에 인간의 정신적 질병 치료에 무의식에 저장된 억압된 욕망과 감정을 표출시켜 완화하고 정화하는 방법으로 사용한다.

석가모니 붓다는 기원전 6세기에 이미 무의식 세계를 이해했다. 붓다는 인간의 의식은 8가지 의식의 세계로 형성되어 있는데 제8식으로 아뢰야식을 말했다. 이 아뢰야식은 우리말로 하면 종자식(種子識)이다.[68] 이 종자식 안에는 식물의 씨앗에 그 식물의 모든 특성과 특질이 담겼듯이 아뢰야식 안에 인간의 성품, 기질, 선악 요소 등이 모두 내재해 있다. 불교에서는 이것을 업(業)이라고 부른다. 이 업이 인간의 운명, 길흉화복(吉凶禍福)의 뿌리가 된다고 본다. 불교적 치유와 구원의 원리는 바로 이 업이 형성되어 있는 업장(業障)을 정화하는 것이다. 이 아뢰야식 안에 내재된 업의 씨앗을 정화하고 소멸시키는 길이 위빠사나 수행법이다.

무의식 정화·치료에 마음챙김 명상을 적용하면 효과적인 치료가 가능할 것이다. 마음챙김은 업을 정화하고 더 이상 업이 형성되지 않게 해주는 역할을 할 것이다. 노출된 욕망과 감정을 주시하며 분별없이 객관적으로 알아차리면 이러한 욕망과 감정에 지배당하지 않고 그 감정과 욕망이 저절로 사라지고 무의식은 정화된다. 욕망과 감정이 자신이 의식과 행동을 지배하는 것을 주시하며 알아차릴 때 그러한 감정으로부터 자유로워질 수 있다.

불교의 사정근에 마음챙김 명상을 적용하면 무의식을 정화하는 기제가 될 수 있다. 사정근(四正勤)은 악(惡)을 소멸시키고 선(善)을 더욱더 자라게 하는 정진(精進)을 말한다. 즉, ❶ 이미 생긴 악을 없애려고 정진함, ❷ 아직 생기지 않은 악을 예방하려고 정진함, ❸ 이미 생긴 선을 더 자라게 하려고 정진함, ❹ 아직 생기지 않은 선이 생기도록 정진함이다. 이 4가지 노력은 마음에서 일어나는 선과 악의 분심(分心)들이 일어나는 것을 알아차릴 때 가능하다. 그러한 의식이 일어날 때 주시하고 알아차림으로써 가능하다.

15.4 방어기제(Ego-Defence Mechanism)와 마음챙김

방어기제는 프로이트가 사용한 개념으로 서로 반대되면서 충돌하는 2가지 심리가 인간에게 있다는 뜻이다. 인간의 무의식 속에는 자신을 보호하고 방어하려는 심리가 있는데 불안에 대처해 상처받지 않기 위해 보이는 행동이다. 그러나 방어기제는 사실을 거부하거나 왜곡시키게 된다. 따라서 상담자가 내담자의 방어기제를 제대로 읽고 이해할 수 있어야만 제대로 상담할 수 있다.

---

[68] 한자경, 『유식무경』 예문서원, pp.114-115.

방어기제에는 거부, 투사, 집착, 퇴행, 합리화, 승화, 치환, 억압, 반동 형성이 있다.[69] 내담자는 스트레스나 불안에 대한 대처로 이러한 방어기제들을 사용하면서 자신을 보호·방어한다. 상담자는 내담자의 방어기제를 읽기 위해 마음챙김 명상을 적용할 수 있다. 마음챙김은 상대방의 방어 행동으로 나타나는 반응에 대한 객관적 주시와 알아차림을 가능케 한다. 상담자는 내담자와 의사소통하면서 상대방의 느낌, 감각 등을 주시하고 알아차리는 것도 중요하지만 자신 안에서 일어나는 감각, 느낌, 생각 등을 읽는 것도 중요하다.

방어기제가 작동하면서 내담자에서 일어나는 감정과 감각을 읽는 것은 문제의 진단과 내담자의 의도를 이해하는 데 중요한 자원이 된다. 방어기제는 일종의 습관적 반응양식이다. 인간에게는 누구나 습관적인 반응양식이 있는데 내담자는 자신의 반응양식에 대한 이해와 반응양식의 개선을 위해 마음챙김 명상이 필요하다. 따라서 상담자는 내담자에게 마음챙김 명상을 지도해 내담자 스스로 자신의 방어기제를 이해하도록 도와주어야 한다. 특정 방어기제가 사용될 때 내담자 자신이 몸의 감각, 느낌, 생각 등을 주시·관찰함으로써 심리적 불안과 스트레스로부터 자신을 보호할 수 있다.

MBSR 과정에는 의사소통 훈련이 있다. 이를 대화 명상(Talking Meditation)이라고 부른다. 대화 명상은 대화 도중 말하는 사람과 듣는 사람의 방어기제를 알아차림의 방법으로 마음챙김 명상을 적용할 수 있다. 말하는 사람은 듣는 사람의 표정과 몸짓에서 그가 표현하려는 의미를 정확히 알아차리고 듣는 사람은 말하는 사람의 감정과 느낌을 읽으면서 듣기 때문에 적절한 반응을 보이게 된다. 대화 명상에서도 마음챙김이 기반이 된다. 대화 도중 마음을 챙길 때 습관적 반응이나 감정적 반응을 하지 않게 된다.

참고문헌

- 제럴드 코리, 오성춘 역, 『상담학 개론』, 장로회신학대학교 출판부, 1993.
- John Welwood, 김명권·주혜명 역, 『깨달음의 심리학』, 학지사, 2008.
- 대한상담학회, 『상담의 이론과 실제』, 중앙적성출판사, 1994.
- 박경순, 「정신분석과 불교의 통섭적 접근」, 『한국심리치료학회지』, 13(1), 한국심리치료학회, 2021.

---

[69] 제럴드 코리, 앞의 책, pp.36-38.

- 김형운·하지연, 「불교에서 고의 정신분석적 이해-사성제를 중심으로」, 『정신분석』, 34(1), 정신분석학회, 2023.
- 최영효, 「불교의 심리치료적 활용에 관한 이론적 연구-초기 불교를 중심으로」, 『정신분석』, 27, 한국정신분석학회, 2010.
- 장은화, 「정신분석적 자기 심리학과 미국 조동선의 비교-불이(不二)의 개념을 중심으로」, 『한국 불교학』, 69. 한국불교학회, 2014.
- Sigmund Freud, Trans. Joan Rivers, Ernest Jones and G. Stanley Hall, *A General Introduction to Psycho-Analysis, New York*: Liverlight, 1963.
- Whachul Oh, "Understanding of Self: Buddhism and Psycho-Analysis", Journal of Religion and Health, 61, 2022.
- Lawrence Birnbach, "Psycho-Analysis And Buddhism", Issues in Psychoanalytic Psychology Vol. 32, No. Ié2, 2010.
- Gavin Ivey, "The Mindfulness Status of Psychoanalytic Psychotherapy", Psychoanalytic Psychotherapy, Vol. 29, No. 2015.

Mindfulness Based Stress Reduction

CHAPTER 16

실존주의-인본주의 심리학과 마음챙김

16.1 실존주의-인본주의 심리 치유

실존주의-인본주의 심리 치유에서는 특정한 치유 기술을 제시하기보다 인간성의 기본 개념과 가정하에 그에 따른 인간 이해와 인간의 변화를 목표로 한다. 이 심리학의 기본적인 목표는 개개인이 자유로운 분위기에서 선택과 결단을 내리게 하고 자신의 결단과 선택에 대해 스스로 책임을 다하게 하는 것이다.[70] 인본주의 심리학에서 인간 이해는 인간은 자유와 책임이 있는 존재이며 자유에는 책임이 따른다는 전제가 있다.

동물과 달리 인간은 자신을 대상화해 바라보고 선택과 결정을 내리는 능력이 있다. 자신을 대상화해 바라볼 수 있어 깨달음이 가능하고 이 깨달음으로 선택과 자유도 가능해진다. 인간은 선택의 자유와 행동으로 책임적 존재가 된다. 따라서 실존주의-인본주의에 바탕한 상담에서 상담자는 내담자에게 현재의 순간을 깨닫게 하고 매 순간 가치적 선택을 하고 자신이 선택한 것에 책임을 다하도록 도와주는 역할을 한다.

실존주의-인본주의 심리학의 기능과 마음챙김 명상의 기능은 매우 비슷하다. 마음챙김 명상의 기능 중 습관적 반응을 하지 않고 선택적 반응을 한다는 점이다. 일반적으로 인간은 사물과 현상을 대할 때 일어나는 느낌, 감각, 생각 등에 습관적으로 반응하므로 자기 통제를 잃는 경우가 많다. 그러나 마음챙김 훈련을 하면 현재 자신의 감정을 주시하고 알아차림으로써 선택적 반응을 할 수 있게 된다.

---

[70] 제럴드 코리, 오성춘 역, 장로회신학대학교 출판부, 1993, p.68.

16.2 실존주의-인본주의 심리 치유 기제로서의 마음챙김

실존주의-인본주의 심리학에 기반한 상담·치유 프로그램은 체계화된 이론이나 특수한 기술을 제시하기보다 인간성의 기본 개념과 가정들을 먼저 정하고 그에 따른 인간성의 변화와 성장을 목표로 제시하고 있다. 실존주의-인본주의 상담·치유 프로그램의 목표는 "현재의 순간을 충분히 깨닫고 알게 한다. 매 순간 어떻게 살아나갈 것인지 선택하게 한다. 내 선택에 책임지게 한다."다.[71] 마음챙김은 상담자와 내담자 간에 이러한 목표를 실현하는 기반을 제공한다. 마음챙김에 기반한 실존주의-인본주의 인간의 이해를 재구성하면 다음과 같다.

자기 인식(Self Awareness)

인간은 자신을 대상화해 바라볼 수 있는 존재다. 따라서 '나는 누구인가?', '나는 무엇을 해야 하는가?'라고 물을 수 있는 존재다. 생각하며 행동을 자유롭게 선택하고 결단을 내릴 수 있는 능력이 인간 존재의 가장 본질적인 요소다. 올바른 선택과 결정을 위해 마음챙김은 중요한 역할을 한다.

마음챙김을 통해 현재 자신의 느낌, 감각, 생각 등을 주시하므로 습관적인 언행을 하지 않는다. 마음챙김 명상을 통해 마음이 고요해지고 맑아지면 내면의 소리나 양심의 소리를 들을 수 있다. 그리고 이 내면의 소리에 따라 반응할 수 있게 된다. 마음챙김은 습관적 선택과 결정을 내리지 않고 나 자신이 선택과 결정을 주도해 나가도록 해 준다.

실존적 불안(Existential Anxiety)

인간은 자유를 소유한 책임적 존재임을 깨달을 때 실존적 불안을 경험하는데 이것은 인간의 기본적인 경향성이다. 인간은 그 결과에 대한 불확실성에도 선택하고 그 선택에 책임져야 하므로 불안하다. 특히 인간은 피할 수 없는 자신의 한계 즉, 죽음에 직면할 때 불안을 경험한다. 그러나 실존주의 철학자들은 피할 수 없는 인간의 심리적 현상이지만 인간에게 성장과 변화를 요구하는 메시지로 불안을 이해한다. 실존주의 철학자 키르케고르는 "인간에게는 불안이 있기 때문에 구원받을 가능성이 있다."라고 주

---

[71] 위의 책, p.71.

장했다. 그는 인간은 불안에 빠지면 망하지만 불안을 인지하면 최고의 배움을 얻는다고 말했다.[72] 최고의 불안은 인간에게 자신에 대한 책임적 존재로 이끌기 때문이다.

마음챙김은 마음속에서 일어나는 불안을 느끼고 직시하므로 불안에 끌려가지 않고 그 불안한 현상이 주는 메시지를 듣게 한다. 불안은 인간 존재의 완성을 위해 뭔가를 선택하고 결정하라는 신호이기 때문에 마음챙김은 이 신호를 해석하고 이해하는 것을 도와준다. 올바른 해석과 이해가 있어야만 올바른 선택과 결정을 내릴 수 있다.

의미의 추구

인간은 본질적으로 의미를 추구한다. 이 의미에는 삶의 목표와 창조적 가치를 발견하기 위해 투쟁하는 특성이 있다. 빅터 프랭클은 "인간은 자유 의지, 의미를 찾으려는 의지, 삶의 의미 3가지 기둥에 기반하고 있다."라고 말했다.[73] 삶의 의미를 찾기 위해 노력할 때 생의 의지와 목표가 분명해진다.

인간은 단독자로 세상에 태어나 홀로 이 세상을 떠나는 고독한 존재다. 고독은 인간 실존의 가장 명백한 특성이고 이 고독에서 벗어나는 길은 의미를 추구하는 것이며 인간관계를 형성하려는 의지다. 이러한 삶의 의미와 의지를 잃는 것이 인간의 고통이다. 고통과 질병은 바로 삶의 의미를 잃게 하고 관계로부터 소외를 느끼게 한다.

마음챙김 명상은 지금 현존에 대한 직시와 통찰력을 통해 삶의 의미를 발견하게 해준다. 고통의 원인인 불안, 분노, 번뇌, 망상 등은 대부분 과거에 대한 회한과 미래에 대한 환상에서 비롯된다. 과거에 실패했던 경험과 미래의 기대에 대한 좌절 등이 상실감과 죄책감을 유발하며 인간에게 고통을 주게 된다. 이러한 상실감은 마음의 고통뿐만 아니라 몸의 질병까지 유발한다. 따라서 마음챙김은 이러한 상실감, 질병에 의해 일어나는 느낌, 감각, 생각 등을 일시적으로 일어났다가 사라지는 무상(無常)으로 이해하게 한다. 무상에 대한 이해는 그러한 현상에 끌려가지 않고 지금 이 순간에 머물며 현존을 직시하게 한다.

---

[72] 키르케고르, 임춘갑 역, 『불안의 개념』, 종로서적, 1975. p.275.
[73] 빅터 프랭클, 이시형 역, 『빅터 프랭클의 삶의 의미를 찾아서』, 청아출판사, 2005. p.34.

참고문헌

- 제럴드 코리, 오성춘 역, 장로회신학대학교 출판부, 1993.
- 키르케고르, 임춘갑 역, 『불안의 개념』, 종로서적, 1975.
- 빅터 프랭클, 이시형 역, 『빅터 프랭클의 삶의 의미를 찾아서』, 청아출판사, 2005.
- 대한상담학회, 『상담의 이론과 실제』, 중앙적성출판사, 1994.
- 김도현·김상현, 「자신으로 존재하기 위한 교육 -키르케고르의 '불안' 개념을 중심으로」, 『교육철학』, 제84집, 2022.
- 이창규, 「칼 로저스의 재발견-인간중심 상담에 대한 목회 신학적 비평과 목회 상담적 활용」, 『신학과 실천』, 2018.
- Marina Claessens, "Mindfulness and Existential Therapy", Existential Analysis 20.1: January, 2009.

Mindfulness Based Stress Reduction

CHAPTER 17
인지행동 심리학과 마음챙김

17.1 인지행동 심리학과 인지 치료

인지(認知)란 인간이 어떤 대상을 접촉할 때 그 대상을 자각하고 그 의미를 부여하는 과정을 말한다. 따라서 이러한 인지 과정이 인간의 행동에 영향을 미친다는 것을 전제로 하고 있다. 인지 과정에서 인간의 신념 체계, 이미지, 생각 등을 만들어내고 이것들이 인간의 행동에 영향을 미치게 된다.

인지심리학에 기반한 인지 치료에서는 인지의 오류를 인간의 부정적 행동과 병리적 현상의 원인으로 본다. 인지의 오류가 잘못된 신념 체계, 잘못된 이미지, 부정적 생각 등을 만들어내기 때문에 인지를 바르게 하는 것이 인지 치료의 목적이고 인지 과정을 바로 잡는 것이 인지 치료의 기법이다.

인지 치료의 기법은 부정적이고 내담자의 역기능적 신념과 가정들을 찾아내 그것을 현실적으로 검증하고 수정하도록 설정한다. 이 과정의 설정하에 인지 치료의 목표는 내담자들에게 그들의 역기능적 사고와 비합리적 신념을 벗겨내고 현재의 사고와 행동을 검증해 그에 대한 자신과 타인에 대한 반응방식을 선택하게 한다.[74]

인지행동치료에서는 분노, 불안, 죄의식, 강박관념, 자신감 상실 등의 정신적 장애가 인지의 오류에서 오는 것으로 본다. 정신분석이나 행동주의 심리학에서는 이러한 정신장애, 고통, 억눌린 감정을 과거로부터 비롯된 것으로 보고 치료 과정으로 접근한다. 하지만 인지행동치료에서는 지금-여기서 인지구조나 과정에 초점을 두고 그것의 교정과 재구조화 등을 치료 과정으로 삼고 있다. 이러한 인지행동과 인지 치료에

---

[74] 대한상담학회 편, 『상담의 이론과 실제』, 중앙적성출판사, 1994, p.205.

대한 이해의 기반 위에서 인지행동치료 상담자는 내담자의 역기능적이고 비합리적인 신념 체계에서 벗어나도록 도와줌으로써 현재 이 순간에 일어나는 자각과 사고를 올바로 판단하고 이해하도록 도와주는 역할을 한다. 인지행동치료에서는 인간은 자신의 사고, 창의력, 의지의 힘으로 자신의 삶을 가꾸어 나가는 능력이 있다고 본다. 스스로 올바로 판단하고 행동하는 능력을 갖춘 것으로 보기 때문에 상담자는 내담자를 '치유한다'라고 보기보다 내담자 스스로 자신을 치유하도록 도움을 주는 협조자다.[75]

최근 인지행동치료 모델은 제3세대로 이어지고 있다. 제1세대는 '인지행동 수정 모델', 제2세대는 '인지의 재구성 치료법', 제3세대는 '경험의 수용 전념 치유법'이다. 수용중심 치료 접근에서는 경험의 수용, 탈중심화, 메타인지적 자각과 인지의 탈융합 등의 다양한 원리를 적용하고 있다.[76] 수용중심 접근에서는 인지 내용의 변화를 시도하기보다 자동화된 반응을 수용하고 비판단적으로 알아차린다. 수용과 비판단적 알아차림으로써 탈중심화, 메타인지적 자각 등에 기반한 반응을 할 수 있다.

17.2 인지행동 심리치료와 마음챙김 명상

인지행동치료 상담자는 내담자에게 지금-여기서 일어나는 자각과 사고를 올바로 판단하고 이해하도록 도와주는 역할을 한다. 마음챙김 명상도 이러한 원리를 사용한다. 인지행동치료에서는 지금-여기서 일어나는 경험을 수용하는 기제를 사용한다. 마음챙김 명상은 경험을 '있는 그대로' 수용하지만 그 경험에 대한 자각과 개념을 바꾸려고 하지 않고 그대로 주시하고 알아차리는 것이다. MBSR 창시자 존 카밧진은 마음챙김을 "어떤 의도를 가지고 지금 이 순간 비판단적으로 일어나는 느낌, 생각, 감각 등을 주시하는 것이다."라고 주장했다.[77]

불교 심리학에서는 인간의 고통이 이러한 느낌, 생각, 감각 등에 집착하기 때문이라고 본다. 즉, 지금 이 순간 일어나는 현상에 대해 '좋다', '싫다' 등을 판단해 좋은 것은 갖고 싶고 싫은 것은 혐오하게 된다. 이러한 집착이 곧 습관이 되어 의식 속에 자리

---

[75] 같은 책
[76] 문현미, 「인지행동치료의 제3 동향」, 『한국심리학회지』, Vol.17, 2005, pp.15-33.
[77] Michael Chaskalson, *The Mindful Workplace*, Singapore: Wiley-Backwell, 2011, p.13.

잡아 자동적 사고와 자동적 행동으로 나타나게 된다.

습관적 사고와 습관적 행동은 인지 과정의 고착과 인지 과정의 왜곡을 만든다. 즉, 인지에 대한 패턴이나 경계선을 만들어 사고와 행동을 편향되게 한다. 이러한 인지에 대한 패턴이나 경계선을 뛰어넘기 위해 지금 이 순간 비판단적 마음챙김이 필요하다. 마음을 챙김으로써 인지의 패턴이나 경계선을 타파하거나 수정해 올바른 견해를 갖게 하고 지혜를 개발하는 것이 마음챙김의 원리다.

마음챙김은 인간의 마음을 청정하게 하고 통찰력을 개발시켜 인지 과정을 바로잡고 인지 영역을 확대시킨다. 마음챙김 명상을 통해 잡념, 번뇌, 망상으로부터 어지럽고 산만한 마음이 정화되면 인간의 본성인 양심, 내 안의 신성(神性), 불성(佛性)이 개발되어 평정심을 유지하고 사물의 현상과 본질에 대해 올바른 견해를 갖게 된다.

인지행동 심리학에서 마음챙김을 적용할 수 있는 영역은 매우 광범위하다. 인간의 감정과 사고는 행동과 인지적 측면에서 일어난다. 마음챙김은 조건화된 행동적 측면에서 나오는 반응에 대한 멈춤, 역조건화, 둔감화 등으로 수정·치료에 도움이 된다. 또한, 인지적 측면에서 발생하는 인지의 오류, 습관적 반응, 부정적 기분 등에 대한 주시와 알아차림으로 인지적 재구성, 합리적 정서 형성, 선택적 반응, 대안적 사고 등을 고양할 수 있다.

17.3 마음챙김 인지 치료의 기제

MBCT(Mindfulness-Based Cognitive Therapy)

MBCT는 MBSR(Mindfulness-Based Stress Reduction)을 통합한 프로그램으로 우울증 완화 및 재발 방지 프로그램이다. MBCT는 영속적인 반추 패턴과 부정적 사고에 의해 특성화된 마음의 상태를 인지하거나 그것으로부터 벗어나는 핵심기술을 가르치는 것이다. 그리고 열린 마음, 호기심, 수용적 태도로 지금 일어나는 경험을 받아들이는 것이다.[78]

MBCT에서는 고통스러운 감각이나 생각을 사실로 보지 않고 하나의 정신적 사건

---

[78] Segal, Z. V. Williams, J. M. G., Tesdale, J. D.(2002). *Mindfulness-Based Cognitive Therapy for Depression*: A New Approach to Preventing Relapse, New York, Guilford. p.75.

으로 간주한다. 즉, 생각이나 사실을 '나'가 아닌 하나의 정신적 사건으로 보는 것이다. 이것을 '탈중심화' 또는 '거리두기'라고 부른다. 현재의 고통스러운 경험에서 한 발 물러나 자신의 감정과 생각을 비판단적으로 주시하고 알아차린다. 현재의 고통스러운 경험을 호기심과 수용적 자세로 대상화해 지켜볼 수 있게 되면 고통에서 벗어날 수 있다.

인지의 왜곡과 마음챙김

인지의 왜곡은 대부분 비합리적인 관념과 신념에서 비롯된다. 비현실적인 현실관과 비논리적인 추론 때문에 발생한다. 인지의 왜곡은 의도하거나 노력하지 않더라도 자동적으로 떠오른다. 무의식에 내재해 있던 감정과 의식이 자동적으로 의식의 세계로 노출되는 것이다. 인지의 왜곡에는 흑백논리, 과일반화, 독단적 추리, 정서적 추론, 선택적 축약, 긍정 격하, 과장과 축소, 기우(杞憂) 등이 있다. 퍼슨(Person)은 이러한 인지적 왜곡을 비합리적 신념의 파생물, 부적응적 생각, 왜곡된 생각 등으로 분류했다.[79] 이러한 생각들이 무의식의 세계에 자리잡았다가 자동적으로 표출되는 것이다.

인지적 왜곡은 '자동적 사고(Automatic Thought)'로 나타나며 매 순간 떠오르는 생각이나 이미지를 말한다. 왜곡된 이 사고들은 한 가지씩 고립되어 나타나기보다 여러 가지가 조합되어 나타난다. 이러한 자동적 사고로 복잡하게 얽혀 인지의 왜곡이 일어날 때 마음챙김은 이러한 왜곡을 멈추거나 수정할 수 있게 한다. 인지의 왜곡은 성찰이나 판단 없이 자동적으로 일어난다. 이러한 생각에 대한 주시와 알아차림을 통해 생각을 멈출 수 있다. 판단하지 않고 생각을 바라봄으로써 생각을 무상(無常)으로 이해할 수 있다. 순간적으로 일어났다가 사라지는 현상으로 생각들을 이해하는 것이다. 이렇게 될 때 부정적인 생각이 나의 언행을 이끌고 가지 않게 된다.

반추(Rumination)와 마음챙김

반추란 지나간 일을 되풀이해 기억하고 생각하는 것을 말한다. 반추는 인간의 정신 작용에 긍정적인 역할을 하지만 부정적인 역할도 많이 한다. 반추는 원인 파악과 성찰의 긍정적인 기능도 한다. 그러나 이미 지나간 사건들을 반추하므로 부정적인 감정이 유

---

[79] Person, J. B., *Cognitive Therapy in Practice: A Case Formulation Approach. New York*: W.W. Norton & Company, 1989.

지되거나 증폭된다. 부정적인 사건을 반추할 때, 멈추거나 억제하지 못할 때 부적절한 방법으로 감정을 표출하므로 자신뿐만 아니라 타인에게도 피해를 주게 된다. 이러한 감정 유발과 증폭을 막는 기제가 바로 마음챙김이다.

마음챙김으로 반추의 악순환을 차단할 수 있다. 마음챙김을 통해 부정적인 정서 지속, 악화 재발을 예방할 수 있다.[80] 반추하는 자신에게서 거리를 두고 비판단적으로 주시함으로써 마음속에서 일어나는 감정을 객관적으로 바라볼 수 있게 된다. 마음속에서 일어나는 감정과 생각을 주시하고 알아차림으로써 감정을 진정시키거나 멈출 수 있다. 마음챙김을 통해 부정적 사고를 멈추고 제어하면 반추에서 비롯된 우울증을 완화하거나 재발을 예방할 수 있다.

스키마(Schema)와 마음챙김

스키마는 도식으로 심리학에서는 인지구조를 말한다. 피아제(Piaget)가 주창한 이론으로 각 개인에게 형성된 인지구조를 말한다. 각 개인은 같은 사물과 현상을 보더라도 이해와 해석이 다르다. 이것은 개인에게 형성된 인지구조 때문이다. 즉, 과거의 관념과 신념이 인지구조를 형성한다. 사물과 현상을 대할 때 프리즘과 같은 인지구조에 걸러 사물과 현상을 판단해 개념화하는 것이다. 이 인지구조에 의해 사람들은 일상적으로 만나는 현상에 습관적으로 반응하게 된다.

스키마가 제공하는 정보는 부정적일 수도 긍정적일 수도 있다. 스키마에 의해 습관적으로 행위하므로 깊은 고민과 노력 없이도 일을 처리할 수 있다. 예를 들어, 자동차 핸들을 오른쪽으로 돌리면 우회전한다는 것은 새로 배우거나 생각해 하는 행동이 아니다. 이미 스키마를 통과한 정보에 의해 자동적으로 반응한다. 그러나 부정적 사고로 인해 편견, 오해 등의 언행을 할 수 있다.

마음챙김으로 스키마에 의한 부정적 개념과 판단을 수정할 수 있다. 스키마는 부정적이고 아집과 독선적 반응을 할 수 있게 한다. 스키마는 긍정적이지도 부정적이지도 않다. 선도 악도 아닌 중립적이다.[81] 이러한 반응에 대한 이해력과 해석 능력이 필요하다. 이해력과 해석 능력을 향상시키는 것이 마음챙김이다. 부정적 관념이나 신념

---

[80] 정효경·윤호균,「집단상담에서 상위 인지적 자각과 상담의 관계」,『한국심리학회지』, 17(4), pp.769-787.
[81] 대한상담학회, 앞의 책, p.230.

으로부터 나오는 생각을 주시하고 알아차림으로써 긍정적인 반응을 하게 해준다.

참고문헌

- 대한상담학회 편, 『상담의 이론과 실제』, 중앙적성출판사, 1994.
- 제럴드 코리, 오성춘 역, 『상담학 개론』, 장로회신학대학교 출판부, 1993.
- 문현미, 「인지행동치료의 제3 동향」, 『한국심리학회지』, Vol. 17, 2005.
- 정효경·윤호균, 「집단상담에서 상위 인지적 자각과 상담의 관계」, 『한국심리학회지』, 17(4), 2005.
- 최영희, 「정신행동과 인지행동치료」, 『신경정신의학』, 대한신경정신의학회, 2010.
- Michael Chaskalson, *The Mindful Workplace*, Singapore: Wiley-Backwell, 2011.
- Segal, Z. V. Williams, J. M. G., Tesdale, J. D.(2002). *Mindfulness-Based Cognitive Therapy for Depression*: A New Approach to Preventing Relapse,. New York, Guilford.
- Person, J. B., *Cognitive Therapy in Practice: A Case Formulation Approach*. New York: W.W. Norton & Company, 1989.
- Jiang, Si-si; Liu, Xue-hua; Han, Nan; Zhang, Hai-jing; Xie, Wu-xiang; Xie, Zhi-juan; Lu, Xin-yuan; Zhou, Xuan-zi; Zhao, Yu-qi; Duan, Ai-deng; Zhao, Shu-qin; Zhang, Zhi-cheng; Huang, Xue-bing. "Effects of Group Mindfulness-Based Cognitive Therapy and Group Cognitive Behavioral Therapy on Symptomatic Generalized Anxiety Disorder: A Randomized Controlled Non-Inferiority Trial." BMC Psychiatry. 7/19/2022, Vol. 22 Issue 1.
- Whitfield Henry J. "Towards Case-Specific Applications of Mindfulness-Based Cognitive-Behavioral Therapies: A Mindfulness-Based Rational Emotive Behavior Therapy." Counselling Psychology Quarterly, Jun. 2006, Vol. 19 Issue 2.

Mindfulness Based Stress Reduction

CHAPTER 18

형태주의(Gestalt) 심리학과 마음챙김

18.1 형태주의 심리학과 마음챙김

게슈탈트는 프레더릭 펄스(Frederick Perls)에 의해 정신분석 심리학의 결정주의적이고 비관주의적인 인간 이해의 대안으로 개발되었다. 게슈탈트는 '전체' 또는 '형태'라는 뜻의 독일어다. 게슈탈트 이론의 전제는 "부분은 전체를 지향한다."다.[82] 부분이 전체로 통합되는 것이 인간의 기본적인 기능이라고 보았다. 전체는 부분들의 단순한 통합이 아니므로 전체를 볼 때 비로소 존재를 올바로 지각할 수 있다는 것이다.

펄스는 "인간은 누구나 자신의 인생 문제를 효과적으로 선택해 나갈 수 있다."라고 주장했다.[83] 따라서 상담자는 내담자를 도와 바로-지금-여기서 그의 완전한 존재를 경험하도록 도와주는 역할을 한다. 상담자는 내담자가 자신의 현재 이 순간의 감정과 경험을 체험하지 못하게 방해하는 요소들을 깨닫도록 내담자를 도와주는 것이다.

게슈탈트 심리학에 바탕한 상담에서는 가능한 한 내담자 스스로 상담해 나가도록 자신의 문제를 스스로 해석하고 직접 진술하게 하며 자신의 의미를 스스로 찾아 나가도록 도와준다. 따라서 이 상담의 목표는 내담자의 '인식 영역 확대', '자신의 선택과 책임', '인격의 통일', '인식을 봉쇄하는 막다른 세계 경험' 등이다.[84] 이 상담은 분석을 목표로 하지 않고 통합과 성장을 목표로 하는 것이 기본 전제다.

게슈탈트 심리학은 마음챙김 명상과 많은 상보성(相補性)이 있다. 게슈탈트 치

---

[82] 우재현, 『게슈탈트 치료 프로그램』, 정암서원, 1994. p.3.

[83] 위의 책, p.117.

[84] 제럴드 코리, 앞의 책, p.128.

료에서는 인간 유기체의 부적응이나 미성숙이 올바른 지각과 인지작용의 장애를 가져온다고 본다. 이러한 장애를 극복하고 인식 영역을 확대하는 것이 게슈탈트의 목적이다. 게슈탈트 심리학의 목적과 방법은 마음챙김 명상이 추구하는 목적, 방법과 매우 비슷하다. 마음챙김은 지금 이 순간에 머물며 내 마음에서 일어나는 느낌, 감각, 생각을 주시하며 알아차림으로써 통찰력을 개발하는 것이다. 통찰력 개발을 통해 지혜를 깨달아 얻으면 지금 내 마음에서 일어나는 느낌, 감각, 생각이 주는 메시지와 의미를 제대로 관찰하게 된다.

18.2 게슈탈트의 주요 개념과 마음챙김

바로 지금-여기서(Here and Now)

정신분석이 과거의 경험을 드러내고 분석해 심리치료에 접근한다면 게슈탈트 심리학은 '바로 지금-여기서'를 강조하고 현재 이 순간을 이해하고 경험하는 방법을 치료 방법으로 사용한다. 과거에 초점을 맞추면 현재 이 순간을 완전히 경험하지 못하기 때문이다.

게슈탈트 심리학자 폴스터와 폴스터(Polster & Polster, 1973)는 "힘은 현재에 존재한다."라는 명제를 확립해 가르치므로 가장 어려운 진리는 지금 이 순간 오직 현재만 존재하며 이것에서 벗어나면 현실적인 삶에 혼란이 생긴다."라고 주장했다.[85] 사람들은 현재에 머무는 이 능력을 상실했기 때문에 과거나 미래에 붙잡혀 고통을 받는 것이다.

인간의 고통은 지금 현재에 존재하지 않는 과거나 미래에 붙잡혀 살기 때문이다. 사람들은 과거의 힘에 자부심을 느끼며 때로는 과거의 실수를 후회하며 반추하는 데 투자하는 경향이 있다. 또는 미래에 대한 계획과 환상으로 시간을 낭비하고 있다. 펄스에 의하면 개인이 현재의 순간에서 벗어나 미래에 사로잡히면 불안을 경험하고 미래에 대한 계획과 환상들로 삶을 채우게 된다고 말했다.

게슈탈트 심리학에서 말하는 '바로 지금-여기서(Here and Now)'의 개념은 마음챙김에서도 같이 사용되는 개념이다. 마음챙김 명상은 지금 이 순간에 대한 알아차림의

---
[85] 위의 책, p.137.

힘을 강화하는 수행이다. 마음챙김 명상은 지금-이 순간에 깨어있기 위한 수행이다. 지금 이 순간에 깨어서 현존에 머물 때 존재하지 않는 과거와 미래의 환상으로부터 만들어진 잡념과 망상으로부터 자유로워질 수 있다.

마음챙김의 목적은 무상(無常)과 무아(無我)를 깨닫는 것이다. 무상은 '존재하는 것은 항상(恒常)하는 것이 없으며 일어나고 소멸한다.'라는 뜻이다. 또한, 존재가 무상하므로 실체가 없다는 것이 무아의 의미다. 존재의 무상함과 무아를 깨닫지 못하면 무상과 무아의 존재에 집착하거나 혐오하게 되고 이 집착과 혐오가 고통의 원인이 된다. 모든 것은 일어났다가 사라지고 현재 이 순간 어떤 조건의 결합으로 실재(實在)할 뿐 실체(實體)는 없는 것이다.

마음챙김 명상은 지금 이 순간에 깨어있기 위한 수행이다. 호흡, 감각, 느낌, 생각 등은 무상한 것이자 무아다. 매 순간 일어났다가 사라지는 것들이다. 그러나 사람들은 감각, 느낌, 생각과 같은 무상한 것들에 빠지고 습관적으로 반응하며 끌려다닌다. 마음챙김 명상은 지금 이 순간에 깨어있으며 무상과 무아의 존재에 빠지거나 끌려가지 않기 위한 수련이다.

마음챙김 명상을 통해 주시와 알아차림의 힘을 기르면 과거의 경험으로부터 형성된 관념으로 사물과 현상을 보지 않는다. 사물과 현상을 꿰뚫어 볼 수 있는 통찰력이 생긴다. 이 통찰력에 의해 사물과 현상을 관념으로 판단하지 않고 올바로 바라보는 능력이 생기면 정견(正見)과 정사유(正思惟)가 가능해지며 올바로 보고 올바로 사유함으로써 인간은 평정심과 행복을 유지하게 된다.

미결사항(Unfinished Business)

미결사항은 형태주의 심리상담에서 중요한 개념이다. 분노, 증오, 불안, 슬픔, 죄책감, 버려짐 등 표현되지 못하고 무의식이나 잠재의식 가운데 남은 감정들이다. 이러한 감정들이 무의식이나 잠재의식 속에 남아 있다가 어떤 대상이나 상황과 접촉하면 의식의 수면 위로 떠올라 현재의 삶 속에 나타난다. 현재의 삶 속에 나타나 자신의 안정과 평정심을 깰 뿐만 아니라 타인과의 원만한 관계까지 깨버리고 만다.

미결사항은 항상 완결되려고 한다.[86] 따라서 미결사항은 불만족, 분노, 불안, 우울

---

[86] 우재현, 앞의 책, p.47.

감, 죄책감 등으로 표출되며 충동적인 행동을 하게 한다. 이러한 충동적인 행동으로 사람들의 자율성과 책임성이 약화된다. 특히 분노는 가장 일반적이고 강한 힘을 가진 감정으로 사람들을 충동적, 파괴적으로 만드는 경향이 있다.

미결사항은 습관적이고 자동적인 반응을 일으킨다. 이처럼 습관적이고 자동적인 반응을 하면 인간은 자율성을 가지고 선택하거나 책임 있는 행동을 하지 못한다. 이 감정들과 반응들에 맞서기 위해서는 마음챙김 명상이 필요하다. 지금 이 순간 감정들이 일어날 때 호흡, 감각, 생각 등을 주시하면 미결사항들을 해결할 실마리가 떠오른다.

미결사항으로 남은 감정들이 일어날 때의 문제는 그러한 감정들을 알아차리지 못하고 그 감정들에 빠지거나 끌려간다는 것이다. 이러한 감정들에 끌려감으로써 그 감정들이 오히려 강화되면서 충동적이고 자기파괴적인 행동을 하게 된다. 따라서 마음챙김 명상을 통해 알아차림과 통찰력을 개발해 미해결 감정들을 주시하며 알아차릴 때 미해결 감정들이 내 마음을 지배하지 못한다. 마음챙김 명상은 이러한 감정들의 중심에서 빠져나오게 하며 그러한 감정들로부터 상처받는 자신을 보호해준다.

마음챙김 명상을 통해 그러한 감정들을 무상과 무아로 이해하게 된다. 즉, 순간적으로 일어났다가 사라지는 하나의 현상으로 이해한다. 그러한 감정들이 실체가 아니라 그냥 조건에 의해 일어났다가 사라지는 현상으로 이해할 때 고통에서 벗어날 수 있다. 그러나 이러한 이해를 못 하면 감정들에 붙들려 고통을 받게 된다.

회피(Avoidance)

회피는 미결사항과 관련된 개념으로 사람들이 궁지에 몰리면 난국을 헤쳐나가기보다 회피하려는 경향이 있다는 것이다. 즉, 불안, 슬픔, 죄의식 등 불안정한 감정에 직면하면 충분히 체험하려고 하지 않고 회피하려는 경향이 있다는 것이다. 이러한 회피는 고통에 맞서 인간이 성숙해지는 가능성을 포기하게 한다.[87]

사람들은 고통에 직면하면 방어 기제 뒤에 숨거나 투사하게 된다. 또한, 불안, 슬픔, 죄의식 등을 타인에게 노출하고 반응하므로 타인과의 관계가 깨지거나 사람들로부터 회피 대상이 될 수 있다. 게슈탈트 치료자는 이러한 부정적 감정을 치료하기 위

---

[87] 우재현, 앞의 책, p.47.

해 지금 이 순간의 감정을 표현하도록 한다. 여기에 마음챙김 기법을 사용하면 부정적 감정을 주시하고 판단 없는 알아차림으로 마음의 안정과 평정을 찾을 수 있다. 그리고 상대방에게 선택적 반응을 할 수 있게 된다.

참고문헌

- 우재현, 『게슈탈트 치료 프로그램』, 정암서원, 1994.
- 제럴드 코리, 오성춘 역, 상담학 개론, 장로회신학대학교 출판부, 1993.
- 대한상담학회, 『상담의 이론과 실제』, 중앙적성출판사, 1994.
- 고진호, 「게슈탈트 심리치료와 위빠사나 선의 상보성」, 종교교육학연구, 2002.
- 김정규, 「게슈탈트 심리치료와 종교성」, Korean Journal of Clinical Psychology, 27(2), 2008.
- 김정규, 「비파사나 명상과 인지행동치료를 통합한 불안장애의 게슈탈트 심리치료」, 22(3), 2003.
- 박기영, 「게슈탈트 치료의 기독교적 상담 적용-알아차림을 중심으로」, 신학과 실천, 2020.
- ALI, Nizar; CERKEZ, Yagmur. "The Effects of Group Counseling with Gestalt Therapy in Reducing Depression, Anxiety and Stress among Traumatized People" Revista de Cercetare si Interventie Sociala. Dec. 2020, Vol. 71.
- Desmond, Billy. "(re)Claiming Embodied 'Knowing' in Gestalt Group Therapy". Gestalt Review. 2023, Vol. 27 Issue 1.
- Mullen, Peter F. "Buddhism: Who Needs It?", Gestalt Review. 2020, Vol. 24 Issue 1.
- Tucker, Patricia. Gestalt Review. "Enhancing Dialogue about Cultural Difference through Gestalt Group Work Theory and Practice". Gestalt Review. 2023, Vol. 27 Issue 1.

Mindfulness Based Stress Reduction

CHAPTER 19

교류분석과 마음챙김

19.1 교류분석이란?

교류분석 심리학은 에릭 번(Eric Berne, 1910~1970)이 창안한 이론이다. 결정론적이고 비관적인 정신분석의 인간 이해에 대한 대안으로 창시된 이론으로 자아 상태, 인간 교류, 심리연극, 인생 각본 분석에 기초한 정신치료 체계다. 자아 상태와 인격 구조에 대한 분석을 '구조분석(Structural Analysis)'이라고 하며 자아 상태를 활용해 인간들끼리 대화를 주고받는 현상을 분석하는 것을 '교류분석(Transactional Analysis)'이라고 한다.

에릭 번은 "자아 상태(Ego State)는 일관된 감정과 경험의 일정한 패턴이 그에 대응하는 일관된 행동 패턴과 직접적으로 관련되어 있다."라고 정의했다.[88] 현상적으로는 일관된 감정 체계이고 동작 측면에서 보면 일련의 일관된 행동 패턴이 그에 대한 대응이다. 이러한 일관된 행동 패턴은 내재된 감정 체계의 표출이다. 교류분석은 개인의 자아 상태를 분석해 그 사람의 심리상태를 분석하는 것이다. 이러한 자아 상태에서 언어와 행동으로 나타나는 미끼(Con), 유혹, 전환 등을 통해 심리적 청산을 하는 과정을 분석하는 것을 '게임분석(Game Analysis)'이라고 하며 미리 결정된 삶의 계획, 성격, 방법, 태도 등이 예상된 목표를 향해 어떻게 진행되는지 분석하는 것을 인생 '각본분석(Script Analysis)'이라고 한다.[89]

---

[88] Eric Berne, *Principle of Group Treatment*, New York: Oxford University Press, 1964, p.364.

[89] Eric Berne, *Transactional Analysis in Psychotherapy*, New York: Grove Press INC, 1961, pp.83-135.

구조분석은 자아 상태 즉, 인격의 구조 분석으로 인간의 자아 상태는 현상학적으로 '감정의 일관된 체계'이고 기능적으로 '일관된 행동 형태의 연속'이라고 한다.[90] 구조분석의 기반인 인간 이해는 정신분석과 마찬가지로 인간에게 일어나는 모든 경험은 뇌(腦)의 신경조직에 녹화 테이프처럼 기록된다고 본다. 이러한 기억과 경험을 담고 있는 저장소를 자아 상태라고 한다. Berne에 의하면 모든 인간은 '어버이 자아 상태(Parent Ego State)', '어른 자아 상태(Adult Ego State)', '아이 자아 상태(Child Ego State)' 3가지 유형의 자아 상태로 인격을 이루고 있다.[91] 교류분석 치유는 나의 자아 상태와 타인의 자아 상태가 교류하는 방식을 분석해 내담자의 억압, 편견, 혼란, 퇴행 등의 자아 상태를 스스로 이해하게 하고 정화하고 교정하는 것이다.

교류분석은 어버이 자아(P), 어른 자아(A), 아이 자아(C) 상호 간에 이루어지는 대인적 교류 교환 분석을 말한다. 이 교류 교환 방식에는 상보 교류(Complementary Transaction), 교차 교류(Crossed Transaction), 저의 교류(Ulterior Transaction) 3가지가 있다.[92] 상보 교류는 대화에서 예상하고 기대했던 반응을 듣는 교류방식이다. 교차 교류는 대화에서 예상했던 응답을 듣는 것이 아니라 의외의 엉뚱한 반응을 듣는 교류방식이다. 그리고 저의 교류는 대화 가운데 다른 저의나 위장이 담긴 반응방식이다.

시간 구성 분석은 인간의 출생부터 죽음에 이르기까지 매 순간 주어진 시간을 어떤 방법과 내용으로 채우는지 분석하는 것이다. 인간이 살아있다는 것은 시간 속에서 뭔가를 하고 있다는 의미다. Berne은 시간 구성의 동기를 자극 열망(Stimulus Hunger), 인식 열망(Recognition Hunger), 구조 열망(Structure Hunger)으로 설명했다.[93] 자극 열망은 인간은 생명을 지닌 유기체로 적당한 감각과 자극을 열망한다는 것이다. 인식 열망은 다른 존재에게 내가 의식되기를 열망하는 것이다. 즉, 인정받고 사랑받고 싶어 하는 열망이다. 구조 열망은 사람들이 혼돈이나 공허에 빠진 비구조적인 생활을 두려워한다는 것이다. 시간과 삶이 잘 구조화될 때 의미 있는 삶이 된다. 교류분석에서 대표적인 시간 구성으로는 ❶ 움츠리기(Withdrawal), ❷ 겉치레(Ritual), ❸ 시간

---

[90] 대한상담학회, 『상담의 이론과 실제』, 앞의 책, p.122.

[91] Erick Berne(1961), 위의 책, pp.91-96.

[92] 대한상담학회, 앞의 책, pp.131-135.

[93] Erick Berne, *What do you say after you say hello?*, op. cit. pp.21-22.

보내기(Pastime), ❹ 게임(Game), ❺ 작업(Activity), ❻ 일치(Intimacy)가 있다.[94]

연극분석은 이면 교류를 나누는 시간 구성의 한 방법으로 게임분석이라고도 부른다. 인간이 개인적, 사회적 행동을 통해 수(手: 장기·바둑의 전략)나 책략을 교환하는 방식을 분석하는 것이다. 예를 들어, 사람들이 상대방으로부터 모욕, 무시, 창피를 받아 부정적인 감정을 마음속에 담으면 이러한 감정을 청산하고 보상받고 싶은 욕구에서 적절한 기회에 보복이나 분풀이로 게임을 하게 되는데 미끼를 던지고 조종·전환·청산 과정 등의 게임을 분석하는 것이 연극분석이다. 이 분석 과정은 단계적이고 연속적이다. 처음에 미끼를 던지고 미끼를 물려고 들면 자신이 원하는 역할로 바꾸어 극적인 내용을 갖추어 이면적 감정을 표현해 상대방으로부터 심리적 보상을 받는 과정을 말한다.[95]

19.2 교류분석 치료와 마음챙김 명상

구조분석과 마음챙김

구조분석은 자아 상태에 대한 분석이다. 한 사람의 자아 상태는 그 사람의 감정과 행동 패턴에 영향을 미친다. 자아 상태에 따라 감정의 일관된 체계를 만들고 습관적인 행동 패턴을 만들게 된다. 따라서 감정 체계와 습관적 행동 패턴을 깨려면 현재 일어나는 감정, 느낌, 생각 등에 대한 마음챙김을 해야 한다. 마음챙김이란 현재의 경험에 대해 비판단적으로 주시하고 알아차리는 것이다. 현재 일어나는 감각, 느낌, 생각, 이미지 등을 비판단적으로 주시하고 알아차리면 이것들은 멈추거나 소멸한다.

마음챙김을 통해 구조화된 반응에서 벗어나 선택적 반응을 할 수 있게 된다. 습관화된 감정 표출을 스스로 제어하고 선택적으로 반응할 수 있게 된다. 과거 사건의 경험과 인식은 녹화 테이프처럼 무의식 속에 저장된다. 이렇게 무의식 세계에 부정적인 정서가 자리잡아 자아 상태를 형성하게 된다.

인간의 자아 상태는 번(Berne)이 주장한 3가지 자아 상태 즉, '부모 자아(Parent

---

[94] 대한상담학회, 앞의 책, pp.137-138.

[95] 위의 책, pp.139-140.

Ego State)', '성인 자아(Adult Ego State)', '아이 자아(Child Ego State)'로 구성되어 있다. 이 자아 상태도 아이에서 성인이 될 때까지의 경험으로 형성된 자아 상태다. 물론 상황과 그에 따른 자극에 대해 강하게 나타나는 자아 상태도 있고 약하게 나타나는 자아 상태도 있지만 자아 상태는 사람마다 다른 경향이 있다.

마음챙김은 자아 상태를 분석하게 해준다. 즉, 내담자 자신이 마음챙김을 통해 자아 상태를 분석함으로써 더 원숙하고 바람직한 자아 기능을 할 수 있게 된다. 위에서 말한 자아 상태는 긍정적 기능과 부정적 기능이 있다. 따라서 상담자는 내담자 자신에게 알아차림의 힘을 개발하도록 도와주어 자아 상태의 부정적 기능을 알아차리고 더 긍정적인 자아 기능을 하도록 도와주는 역할을 하는 것이다.

교류분석과 마음챙김

교류분석은 인간 상호 간에 이루어지는 대화 분석이다. '부모 자아', '성인 자아', '아이 자아' 3가지 자아의 상호 관계 속에서 이루어지는 대인적 교류 교환의 분석을 뜻한다. 사람들은 상황과 자아 상태에 따라 '상보적 대화', '교차적 대화', '저의 대화'로 교류한다. 이러한 대화 패턴은 그 사람의 자아 상태에 따른 경향을 띤다.[96]

인간 상호 간에 대화하면서 상대방의 대화 방식과 대화 내용에 따라 몸의 감각, 느낌, 감정, 생각 등이 일어난다. 이러한 감각, 느낌, 감정, 생각 등은 말하는 사람과 듣는 사람 사이의 반응을 만들어 간다. 이 반응에는 자동 반응과 선택적 반응이 있다. 대화하면서 자신의 마음을 챙기지 못하면 자동 반응하게 되며 마음을 챙기면 선택적 반응을 할 수 있다.

마음챙김 의사소통은 교차적 대화나 저의 대화를 지양하고 상보적 대화를 가능케 해준다. 마음챙김을 통한 주시와 알아차림 능력을 기르면 상보적 대화가 가능하다. 즉, 서로 만족할 수 있는 대화가 가능한 것이다. 서로 기대하는 반응을 할 수 있게 된다. 대화 도중 일어나는 자신의 감정과 느낌을 주시하고 알아차리면 자신이 원하는 반응뿐만 아니라 상대방이 기대하는 반응도 할 수 있다.[97]

상담자는 내담자에게 마음챙김의 힘을 길러 상보적 대화를 할 수 있는 능력을 길

---

[96] M. James·D. Jongward, 우재현 역, 『자아실현의 열쇠』, 정암서원, 1993. p.37.
[97] 마음챙김 의사소통은 본서 제13장 「마음챙김 대화 명상」을 참조하기 바람.

러주는 역할을 해야 한다. 내담자가 상대방의 대화에 대해 자신의 마음을 챙기면서 반응할 때 자아 상태로부터 습관적으로 반응하지 않고 상보적 대화를 이끌어가는 반응을 할 수 있게 된다. 대화 분석을 통해 인간관계를 저해하는 교차적 대화나 저의 대화를 지양하고 상보적 대화를 증진할 수 있다.

게임분석과 마음챙김

게임분석이란 '잘 규명되고 예측할 만한 결과를 향해 진행되는 충족과 저의적 교류의 연속성 분석'을 말한다.[98] 표면상으로는 상보적 교류의 연속인 것 같지만 저의적 대화가 연속된다. 대화에서는 결국 부정적이고 심리적인 청산이 목표가 된다. 게임이 진행되는 과정은 다음과 같다.

❶ 합리적 대화의 교류처럼 보이는 미끼(Hook) 단계
❷ 상대방이 미끼를 물려고 하면 조종(Handle)하는 단계
❸ 자신이 원했던 역할(Role)로 바꾸어 게임으로 전환(Switch)하는 단계
❹ 자신의 불만과 의도를 저의가 담긴 말로 표현해 감정을 교환(Pay Off)하는 단계

사람들은 대화 교환을 통해 긍정적인 좋은 기분이나 부정적인 기분을 수집하게 된다. 이 기분 수집을 스탬프 수집(Stamp Collecting)이라고 한다. 긍정적인 기분 수집은 쉽게 사라지지만 부정적인 수집은 쌓아놓았다가 스탬프가 어느 정도 차면 적당한 기회에 보복이나 분풀이를 하게 된다.[99] 이렇게 수집된 기분을 분출하는 것을 라켓(Racket)이라고 부른다.[100] 라켓은 일종의 죄책감, 상처, 공포, 회한 등으로 표현되는 자기방어(Self-Indulgence)다.

대화 게임은 상대방에 대한 무시, 불신, 적개심 등을 낳아 인간관계에 부정적 영향을 미친다. 따라서 대화 도중에는 감정의 흐름대로 반응을 말하고 반응하지 말고 감정의 흐름에 대한 주시와 알아차림으로 대화해야 한다. 대화 게임이 계속될수록 인간관계는 더 악화하거나 단절된다. 대화 도중 자신의 느낌과 감정에 대한 주시와 알아차림도 중요하지만 상대방의 감정에 대한 주시와 알아차림도 중요하다. 상대방의 감정을

---

[98] Eric Berne(1967), op. cit. p.48.

[99] Eric Berne, *Principles of Group Treatment*, New York: Grove Press, Inc. p.308.

[100] Eric Berne, *Transactional Analysis in Psychotherapy*, op. cit. p.116.

읽을 수 있어야 적당한 반응을 할 수 있기 때문이다.

각본분석과 마음챙김

인생은 한 편의 연극과 같다. 드라마 각본대로 연극하는 배우처럼 각자의 역할을 한다. 각자 가진 심리적 각본대로 행동한다는 것이다. 정신분석학의 결정론과 같은 입장이다. 각본은 전이(轉移) 현상에 속하며 유아적 반응과 경험에서 비롯된다. 그러나 각본분석이 정신분석과 다른 것은 인간은 '가소적(可塑的) 동물'이라는 것이 강조된다는 것이다. 처음에 만들어진 각본은 재결단으로 부단히 새로운 각본을 만들게 된다는 것이다.[101]

사람들이 누군가와 대면할 때 그 사람의 말과 행동이 앞에서도 똑같이 있었던 것과 같은 기시감(旣視感)이 드는 것은 그 사람에 대한 각본이 있기 때문이다. 사람이 계속된 자각과 결단 없이 매너리즘(Manerism)에 빠지면 처음에 입력된 각본대로 움직이게 된다. 그러나 각본이 꼭 부정적인 것만은 아니다. 비극과 희극이 있듯이 각본은 행복한 삶의 원동력이 될 수도 있다. 건설적이고 실제적인 각본은 사람을 행복하게 만든다. 자신이 선택하고 만족할 수 있는 역할을 한다면 행복한 삶을 영위할 수 있을 것이다.

마음챙김은 각본을 해체하거나 재설정하는 데 역할을 할 수 있다. 자신의 마음속에서 일어나는 느낌, 감각, 생각, 이미지를 주시하고 알아차리면 그것들을 멈추거나 주시를 전환할 수도 있다. 마음챙김을 하면 각본에 의해 반복되는 것을 막을 수 있다. 불쾌한 느낌, 감각, 생각, 이미지가 떠오를 때 주시하고 알아차리면서 자신에게 긍정적인 스트로크(Stroke)를 주면 긍정적인 기분으로 전환할 수 있다.[102]

참고문헌

- 제럴드 코리, 오성춘 역,『상담학 개론』, 장로회신학대학교 출판부, 1993.
- 대한상담학회,『상담의 이론과 실제』, 중앙적성출판사, 1994.

---

[101] 뇌의 가소성이란? 학습이나 경험에 의해 뇌의 신경조직과 네트워크가 재조직이 가능하여 뇌의 역할과 기능이 활성화될 수 있다는 이론이다. 미국에서 명상은 뇌의 가소성을 높이는 역할을 한다는 것이 과학적으로 검증되었다.

[102] 스트로크는 신체적 접촉, 언어, 눈빛 등을 통해 상대방을 인정해주고 긍정해주는 것을 말한다. 반대로 상대방을 무시하거나 상처를 주는 부정적 스트로크도 있다.

- M. James. D. Jongward, 우재현 역, 『자아실현의 열쇠』, 정암서원, 1993.
- 이영호, 「교류상담에서의 마음챙김 명상 활용을 위한 고찰」, 『교류상담 연구』 8(2), 한국교류상담학회, 2018.
- 이상심, 마음챙김 교류분석 단일 상담 사례 연구-중학생 자기조절 향상을 중심으로, 교류분석 상담 연구 11(2), 한국교류분석상담학회, 2011.
- 이윤지, 청소년의 자기조절 능력을 위한 마음챙김에 기반한 교류분석 프로그램 효과성 연구, 교류분석 상담 연구 11(2), 한국교류분석상담학회, 2021.
- Ed. Bruce W. Scotton, Allan B. Chinen, and John R. Battista, *Textbook of Transpersonal Psychiatry Psychology*, A Member of the Persus Books Group, 1996.
- Eric Berne, *Principle of Group Treatment, New York*: Oxford University Press, 1964.
- Eric Berne, *Transactional Analysis in Psychotherapy, New York*: Grove Press INC, 1961.
- Žvelc, Gregor; Černetič, Miha; Košak, Melita. "Mindfulness-Based Transactional Analysis." Transactional Analysis Journal. Jul. 2011, Vol. 41 Issue 3.

Mindfulness Based Stress Reduction

Mindfulness Based Stress Reduction

PART
05

마음챙김 심신치유

Mindfulness Based Stress Reduction

CHAPTER 20
마음챙김과 스트레스 대처

20.1 현대인과 스트레스

필자가 이 글을 쓰는 시점은 코로나19 바이러스가 전 세계적으로 창궐해 수많은 사람이 고통을 당하고 사망하고 있는 때다. 코로나19 바이러스로 유발되는 증후군도 사람마다 다르다. 코로나 사태는 정신적, 생물학적, 사회학적 영향을 미치며 반응하게 한다. 바이러스 감염에 대한 두려움, 바이러스 확진에 대한 두려움, 사회적 거리두기에 의한 소외감, 경제적 활동 위축에 의한 궁핍 등으로 스트레스가 유발된다.

필자도 코로나19 바이러스 때문에 스트레스를 받고 있다고 느낀다. 대학교수로서 학생들을 대면하지 못하고 실시간 화상 강의를 준비하는 일도 스트레스다. 화상 강의 준비, 화상 강의에서 학생들과 충분한 소통을 못 하는 것이 스트레스가 된다. 일상생활의 변화도 스트레스의 요인이 된다. 마음껏 산책이나 외식도 못 하고 집안에 거주하는 것, 어린이집에 못가는 손자손녀들을 돌보는 것도 스트레스 요인이다.

사람에게 감각이나 느낌이 없다면 죽은 것과 같다. 마찬가지로 스트레스 유발인자에 대한 반응이 없다면 정신적, 육체적 건강에 문제가 있는 것이다. 스트레스를 느끼고 그것에 적절히 대처하는 사람이 건강한 사람이다. 건강에 위협적인 스트레스 관리를 위해 가장 중요한 것은 스트레스 유발을 예방하고 유발된 스트레스를 자각하고 적절히 대처하는 것이다.

현대인의 3대 질병은 심장병, 암, 뇌혈관 질환이다. 사망 원인 1위는 암이다. 암에 의한 사망률이 27%이고 그 다음으로 심혈관 질환 사망은 23%다. 학계에서는 이 질병들의 대부분의 원인이 스트레스에서 비롯된다고 본다. 내과 입원환자 중 70%가 정신·

신체장애에서 비롯된 환자이고 질병의 50%가 스트레스에 의한 생활습관에서 유발되었다고 한다.[103] 스트레스가 사망의 직접적인 원인은 아니지만 스트레스로 질병이 발생하고 그 질병에 의해 사망에 이르는 것이다.

행복지수의 높고 낮음이 국민 GDP와 관련 있는 것으로 흔히 생각하지만 그렇지 않다. 행복지수는 경제적 수준과 비례하지 않고 스트레스와 상관관계가 있다. 오히려 스트레스가 행복지수와 비례한다고 볼 수 있다. 스트레스 지수가 높은 사람은 행복지수가 떨어지고 스트레스 지수가 낮은 사람이 행복지수가 높은 것이 보편적 현상이다. 스트레스는 불만족의 표출이므로 스트레스가 많은 사람이 행복지수가 낮은 것이다.

한국은 세계에서 유례가 없을 정도로 급속한 경제성장을 이룬 국가다. 이제 선진국 수준인 국민소득 3만 달러를 넘었다. 하지만 저개발국이었던 과거에 비해 경제적으로 선진국 수준에 이른 이 시대 한국인들의 행복지수가 높아졌다고 할 수는 없다. 오히려 더 떨어졌다. 경제성장 이후 스트레스 지수는 오히려 더 높아졌다.

한국보건사회연구원 통계에 의하면 한국인의 행복지수는 OECD 34개 회원국 중 32위로 거의 꼴찌 수준이다. 한국인의 행복지수는 왜 이렇게 낮을까? 스트레스가 많기 때문이다. 경제성장 덕분에 삶의 질은 향상되었지만 거기에 따른 욕구와 기대가 높아졌다. 이 욕구와 기대는 불만족의 요인이고 불만족은 스트레스의 요인이 된다.

한국인의 스트레스 지수가 높은 원인을 살펴보자. 급속한 경제발전과 함께 지나친 경쟁, 물질적 부에 대한 지나친 집착, 외모나 사회적 지위에 대한 민감함 등이 스트레스의 원인이다. 부동산 투기, 입시 경쟁, 사치 등의 욕구는 지나친 경쟁 심리를 유발하고 이러한 경쟁 심리로 사회적으로 상대적 빈곤감과 박탈감을 갖게 되고 스트레스의 원인이 된다. 티베트, 부탄, 스리랑카, 태국, 미얀마 등 불교국가 국민의 행복지수가 높다고 한다. 이 국가들의 국민은 상대적 비교나 경쟁심이 심하지 않기 때문이다.

불교국가 국민이 스트레스를 받지 않는 것은 삼법인(三法印)을 그들의 존재론과 인식론으로 삼기 때문이다. 삼법인은 불교의 핵심 표제로 무상(無常), 고(苦), 무아(無我)다. 모든 것은 변하고 불만족은 고통이 되고 존재는 실체가 없다는 이해가 삶에 대해 긍정적이고 낙관적인 태도를 갖게 한다.[104] 어떤 고통이 닥쳐도 그것은 업(業)에

---

[103] 장현갑, 『스트레스는 나의 힘』, 불광출판사, 2012, p.6.
[104] 전재성 역주, 『쌍윳따니까야』, 3권, 한국빠알리성전협회, pp.103-105.

의해 일어난 것이며 그것은 '항상(恒常)하지 않고 지나간다.'라는 사고방식과 삶의 방식이 스트레스를 받지 않는 요인이다.

20.2 스트레스의 정의

여러 전문가가 스트레스의 정의를 내렸지만 일치된 정의를 찾기는 어렵다. 개인과 주변 상황에 따라 스트레스 요인과 그 반응도 다르기 때문이다. 다만, 전문가가 내린 정의에 공통적으로 함의된 내용은 '사람들이 어떤 대상이나 현상을 접할 때 스트레스를 느끼며 이 스트레스에 의해 심신의 건강이 영향을 받는다.'라는 것이다.

스트레스의 사전적 의미를 찾아보면 '몸에 적응하기 어려운 육체적·정신적 자극이 가해질 때 생체가 나타내는 반응'으로 나와 있다(민중 에세이 국어사전). 이 정의에서는 주로 생체적 반응에 대한 외연이 강조되고 있다. 그러나 스트레스는 생체 반응, 심리 반응, 물리적 반응 등 다양한 분야에서 적용되고 있다.

원래 스트레스는 외부로부터 어떤 물질에 가해지는 힘 때문에 나타난 물질의 긴장(Tension)이었다. 이러한 개념을 생리학에 접목한 인물은 한스 셀리에(Hans Selye)로 알려져 있다. 셀리에는 스트레스를 '생물학적 체계 내부에서 비정상적으로 유발되는 모든 변화 즉, 특별한 증후군으로 나타나는 상태'라고 정의했다. 그는 스트레스를 주는 요인에 각 개체가 적응하려는 반응으로 설명하고 있다. 셀리에의 이러한 '일반적 적응증후군' 이론에서 지속적으로 스트레스에 노출되었을 때 적응 과정으로 (1) 경고 반응, (2) 저항 단계, (3) 탈진 단계로 나눈다.[105](Selye H. 1956)

지르다노(Girdano)는 스트레스를 '신체적 반응으로 신체 기능 이상이나 질병에 이르게 하는 정신생리학적 자극'이라고 정의했다.[106] 이 정의에서는 스트레스 반응으로 신체 기능 이상, 질병 등으로 진술했지만 스트레스 반응은 이 스트레스를 회피하거나 적응하려는 반응으로 적당한 스트레스는 인간의 생활을 긍정적인 방향으로 촉진할 수 있음이 간과되었다. 스트레스 반응에 어떻게 대처하느냐에 따라 그 스트레스는 약이 되거나 독이 될 수도 있다. 이처럼 스트레스는 심리적, 신체적, 생리적 반응을 일으

---

[105] H. Selye, *The Stress Life*, New York: McGraw Hill.

[106] 대한스트레스학회 편,『스트레스 과학』, 대한스트레스학회, 2013. p.8.

키고 이 반응이 우리 건강에 영향을 미칠 뿐만 아니라 우리 삶 전체의 의식과 리듬에도 영향을 미친다.

20.3 스트레스의 생리적 반응

외부로부터 내게 스트레스 자극이 오면 심혈관계, 근육계, 신경계, 내분비계에서 반응이 나타난다. 그리고 이 반응에 대해 지각 작용이 일어나면 투쟁(Fight), 회피(Flight), 동결(Freezing)과 같은 대처 반응이 나타난다. 신체에서 일어나는 생리적 반응을 살펴보면 시상하부-뇌하수체-부신 피질 경로에서 스트레스 반응이 연결된다.

시상하부의 기능은 스트레스를 받으면 신경흥분이 시상하부에서 신경섬유를 통해 척수로 전달되고 척수에서는 부신 안쪽의 수질에서 시냅스를 하게 된다. 시냅스 반응에서 부신수질에서 아드레날린과 노르아드레날린이 분비되어 모세혈관을 따라 온몸에 퍼지게 된다. 또한, 부신 피질에서는 주로 코르티솔을 분비하고 이 코르티솔이 시상하부-뇌하수체-부신 피질의 경로에서 스트레스 반응을 일으킨다. 이 과정에서 코르티솔에 의한 단기 스트레스 반응으로 아드레날린과 노르아드레날린이 분비되어 작용하면 혈압이 상승하고 호흡이 증가한다. 이러한 스트레스 반응 쪽으로 에너지가 모여 소화 기능이 떨어지고 신장의 이뇨 작용이 중단된다.

장시간 지속적으로 스트레스를 받으면 시상하부 실방핵에서 뇌하수체 전두엽으로 부신 피질 자극 호르몬 방출인자(CRP: Corticotropin Releasing Factor)를 분비하고 뇌하수체 전두엽에서 부신 피질 자극 호르몬(ACTH: Adrenal Corticotropic Hormone)을 생성해 부신 피질로 내려보내면 부신 피질에서는 스트레스에 대응하는 스테로이드 호르몬인 코르티솔을 분비하게 된다.

코르티솔은 무기질 코르티솔과 당질 코르티솔로 구분되는데 무기질 코르티솔은 나트륨 이온과 수분을 보존하고 칼륨 이온을 방출한다. 당질 코르티코이드는 단백질과 지방을 분해해 글루코스(포도당)로 바꾼다. 그 결과, 혈압이 상승하고 호흡이 빨라지고 면역력이 떨어지고 염증 반응이 억제된다. 단백질과 지방을 분해해 포도당이 많아지면 혈당이 높아진다. 혈당이 높아지면 해마에 있는 시원세포가 파괴되어 기억력이 감퇴한다. 해마의 시원세포가 파괴된다는 것은 해마의 크기가 작아진다는 뜻으로 해마의 축소는 기억 장애를 초래한다.

사람들은 단기 스트레스를 받았을 때 커피, 과자와 같이 탄수화물 함량이 높은 음식을 먹는다. 이러한 탄수화물은 포도당으로 빨리 분해되어 뇌에 에너지를 공급해 기분전환, 안정감 등 즉각적 효과를 보인다. 그러나 탄수화물 섭취가 지나치면 혈당이 높아지고 혈당이 떨어지면 탄수화물을 섭취해야 하는 악순환이 반복된다. 이때 포도당을 먹지 않으면 몸의 근육에 저장된 글리코겐을 분해해 포도당을 만들어낸다. 단기 스트레스나 장기 스트레스 반응으로 포도당을 에너지로 사용해 대응하게 된다. 단기 스트레스 반응에 사용되는 포도당은 탄수화물에서 나오고 장기 스트레스 반응에 사용되는 포도당은 단백질과 지방에서 나온다. 그러나 탄수화물과 단백질 모두에서 혈당을 높이는 작용을 하는 것은 마찬가지다. 이에 대한 대처로 달리기, 근육운동을 해야 한다. 달리기를 하면 혈중 포도당 농도가 낮아지고 근육운동을 하면 근육에서 사용되는 포도당을 보충하게 된다.

사람에 따라 스트레스 유발인자(Stressor)와 그 반응 특성이 다르다. 같은 사건을 놓고도 스트레스를 받는 사람이 있고 그렇지 않은 사람도 있다. 스트레스 반응양식도 사람마다 다르다. 스트레스를 받으면 도피하는 사람도 있고 맞서 싸우는 사람도 있다. 불만족과 분노를 내적으로 삭이는 사람이 있고 외적으로 폭발시키는 사람도 있다. 하지만 스트레스에도 다음과 같은 공통적인 특징이 있다.

유발인자가 있다

스트레스는 정신적, 육체적으로 적응하기 어려운 자극이 신체에 가해졌을 때 일어난다. 또한, 스트레스 유발에는 습관이나 왜곡된 인지와 같은 내적 원인과 물리적, 사회적, 가정적 환경과 같은 외적 원인이 있다. 외적 원인으로는 인간관계에서의 상처, 건강 이상, 물질적 손실, 환경적 변화, 과중한 업무, 사건·사고 등에 다양한 유발인자가 있다. 이러한 유발인자들로부터 일어나는 스트레스는 각자의 가치관, 경험, 적응력 등 다양한 방식으로 내재화된다.

정신적, 신체적 변화가 일어난다

스트레스를 받으면 그 반응에서 정신적, 신체적 반응을 보이게 된다. 이 반응으로 심리적 이상과 신체적 건강 문제가 일어나게 된다. 정신적 변화로 긴장, 분노, 고독, 소외감, 우울감, 압박감, 자살 충동, 무기력증, 기억력 감퇴 등이 일어난다. 신체적 변화로는 신체 부위의 긴장, 맥박과 심장박동의 불균형, 피로감, 두통, 요통, 소화불량, 고혈압 등의 증상이 일어난다. 이러한 신체적 변화도 일시적으로 나타났다가 사라지기도 하지만 만성화될 수도 있다.

건설과 파괴 양면성이 있다

일반적으로 스트레스는 나쁜 것, 피해야 할 것으로 생각하지만 일시적으로 일어나는 정신적, 신체적 변화가 꼭 부정적인 것만은 아니다. 이러한 변화는 창조와 긍정적인 삶의 태도를 가져오기도 한다. 스트레스는 내 삶을 변화시키라는 경고이자 메시지다. 이 경고와 메시지에 의해 도전적, 적극적으로 대처할 수 있게 해준다. 업무에도 더 생산적이고 효율적일 수 있다.

습관성이 있다

스트레스 자극은 사람마다 반응양식이 다르다. 스트레스 유발인자에 민감한 반응을 보이는 사람도 있고 그렇지 않은 사람도 있다. 이것은 그 사람이 살아온 환경과 가치관에 따라 다르다. 스트레스 반응양식이 습관성이 안 되려면 어떻게 대처해야 할까? 그리고 이미 습관성이 된 스트레스 반응양식에서 어떻게 탈출할 수 있을까? 그 대처 방식이 바로 MBSR 프로그램이다.

20.4 스트레스 반응으로 발생하는 질병

외부로부터 스트레스를 받으면 심혈관계, 근육, 신경계, 내분비계 등이 반응하게 된다. 심혈관계 반응으로 혈압이 상승하고 심장박동이 빨라진다. 심혈관계 질환으로는 뇌졸중, 고지혈증, 동맥경화증 등이 있다. 스트레스는 이러한 질병들의 원인이 되며 혈압, 심장박동 불규칙 현상이 만성화된다. 근육계 반응으로 근육 위축, 근육 마비 등의 증상이 일어난다. 근육이 경직되고 통증이 온다. 스트레스가 직접적인 원인은 아니지만 스트레스는 관절염, 디스크, 골다공증 등의 질병에 의한 통증을 심화할 수 있다. 신경계 반응으로 시상하부와 부신을 자극해 아드레날린, 코르티솔 등의 호르몬을 배출하는데 이러한 호르몬 불균형으로 자율신경의 항진이나 기능 저하가 일어난다. 스트레스 반응의 결과로 어지러움, 편두통, 위장장애 등의 질병이 발생한다. 내분비계 질환으로 갑상선 기능 항진증, 갑상선 기능 저하증 등의 질병과 부신 피질 기능 항진증, 저하증 등의 질병이 일어나며 인슐린 부족으로 당뇨가 된다. 스트레스는 내분비계에서 발생하는 호르몬의 불균형으로 질병을 일으킬 수 있다.

20.5 스트레스 반응과 마음챙김의 대처

위와 같이 스트레스를 받으면 정신이나 신체에서 반응이 일어난다. 이 반응에 대처하지 못하고 마음에 담아두거나 끌려가면 만성적인 질병으로 고통받고 불안, 우울, 분노, 소외감 등의 심리적 고통을 받게 된다. 이러한 심리적 고통은 정체성 상실, 자신감 결여, 통합성 파괴, 판단력 결여 등의 장애를 가져오며 전인적 삶과 행복한 삶을 파괴한다.

몸과 마음에서 일어나는 반응은 내게 보내는 경고 메시지다. 현재의 불만족, 불안, 불완전에 대처하라는 경고 메시지다. 인간의 몸과 마음에는 스스로 완전할 수 있는 요소들을 갖추고 있다. 스스로 치유하고 심신을 통합하는 능력을 갖추고 있다. 하지만 이러한 메시지를 자각하지 못하고 스트레스 반응에 적절히 대처하지 못하면 인간의 완전성과 전인성 인자(因子)들이 작동하지 않게 된다.

불교 심리학 차원에서 보면 스트레스는 나 스스로 스트레스를 받을 수 있는 조건을 만든 것이다. 스트레스도 느낌, 감각, 생각 등 여러 가지 조건이 결합되어 일어난 현상이다. 그러한 이유로 스트레스에 대한 반응양식도 사람마다 다르다. 내 마음과 몸이 스트레스를 받도록 이미 조건화된 것이다. 내 감각기관이 어떤 감각 대상을 접촉하면 내 안에 만들어진 스키마나 패턴에 따라 스트레스에 자동 반응하게 된다. 마음챙김 명상은 이러한 조건화됨을 알아차리게 해준다.

자각과 통찰력 훈련이 위빠사나 명상이다. 자각과 통찰력을 통해 지혜를 개발하는 것이 위빠사나 명상의 목적이다. 위빠사나 명상을 통해 자각과 통찰력이 개발되면 내 몸 안에서 일어나는 물질작용과 정신작용을 구별하는 지혜, 원인과 결과를 아는 지혜가 생긴다.[107] 위빠사나 명상을 심리학적 기반을 둔 주시와 알아차림을 응용한 명상이

---

[107] 위빠사나는 통찰력과 지혜를 개발하는 불교 명상법이다. 통찰과 지혜로 향하는 16단계가 있는데 첫 번째 통찰이 물질작용과 정신작용을 구별하는 지혜, 두 번째 통찰이 원인과 결과를 아는 지혜다. 우 조티카, 박은조 역, 『마음의 지도』, 도서출판 연방죽, 2008, 참조 바람.

마음챙김 명상(Mindfulness Meditation)이다.

마음챙김 명상을 통해 몸과 마음을 구분하는 알아차림이 함양되면 마음이 몸에 미치는 영향력과 몸이 마음에 미치는 영향력을 알게 된다. 스트레스도 마음에서 유발되면 몸에 영향을 미치고 몸에서 유발되면 마음에 영향을 미친다. 마음이 고통스러우면 몸에도 고통을 주며 몸의 고통도 마음에 고통을 준다. 불안, 공포, 분노 등으로 마음이 불편하면 몸이 긴장되고 통증을 느끼고 몸이 고단하고 피곤하면 불만족, 짜증, 탈진이 오게 된다. 마음챙김 명상은 몸과 마음의 상호작용을 주시하고 알아차림으로써 스트레스를 예방하고 완화하는 기제가 된다.

마음챙김 명상을 하면 판단 없이 분별하지 않고 순수하게 객관적으로 사물과 현상을 바라보는 능력이 개발된다. 사물에 대한 이러한 관찰력이 개발되면 사물과 현상의 원인과 결과를 알 수 있다. 직관으로 사물의 성질을 알 수 있고 현상이 일어나는 원인을 알고 사라지는 결과를 알 수 있다. 마음챙김 명상은 무엇이 조건화되어 현상이 만들어지고 현상이 일어나고 사라지는지 아는 지혜를 갖게 해준다.

마음챙김 명상은 위빠사나 명상이 추구하는 존재의 무상함과 무아를 아는 통찰력을 갖게 해준다. 마음챙김에서 주시 대상이 되는 느낌, 소리, 감각, 생각 등의 가장 현격한 특징은 무상의 존재라는 것과 실체가 없다는 것이다. 이러한 마음챙김의 주시 대상들은 항상하지 않고 일어났다가 사라진다. 또한, 실체는 없지만 인간의 존재를 구성하는 요소가 된다. 이러한 감각 대상과 현상들에 대한 무상성(無常性)과 무아성(無我性)을 이해할 때 고통으로부터 자유로워질 수 있다.[108]

스트레스에 대처하기 위해서는 스트레스 반응을 알아차려야 한다. 스트레스는 심리적, 생리적 반응을 일으킨다. 이 반응은 그 사람의 내면세계에 만들어진 스키마나 반응양식에 따라 자동 반응으로 일어난다. 이 반응을 알아차리지 못하면 이 반응에 대처하거나 도전하지 못하고 만성적인 스트레스가 되고 만다. 마음챙김 명상을 통해 스트레스로 인해 일어나는 자동 반응을 주시하고 알아차리는 능력이 개발된다.

마음챙김 명상은 자동 반응으로 나타나는 과정에 대한 주시와 알아차림의 힘을 길러준다. 스트레스에 의해 유발된 반응에 자동 반응 또는 습관 반응에 따라가는 것이 아니라 이를 주시하면서 선택적 반응을 하게 한다. 선택적 반응은 스트레스 자극과 반

---

[108] 전재성 역주, 『쌍윳따니까야』, 3권, 앞의 책, pp.105-108.

응 사이에 반응 공간을 만드는 것이다. 이 공간 사이에서 어떤 반응을 할 것인지를 통찰해 선택할 수 있게 된다.

마음챙김 명상은 스트레스에 의해 일어나는 신체 반응을 알아차리고 대처할 수 있게 해준다. 신체적 반응에 지배당하지 않고 나 스스로 스트레스를 통제할 수 있다. 마음챙김을 통해 스트레스 반응에 대한 탈중심화, 탈민감화 등의 기제를 통해 선택적 반응을 할 수 있게 된다. 이러한 선택적 반응을 통해 스트레스에 적절히 대처하면 스트레스 지수 완화는 물론 스트레스는 내 삶에 활력을 주고 창조적 에너지가 될 수 있다.

마음챙김은 어떤 스트레스 상황이 일어난 순간 마음에서 일어나는 느낌, 몸에서 일어나는 감각, 머리에서 일어나는 생각 등을 알아차리는 것이다. 이러한 느낌, 감각, 생각 등을 알아차릴 때 심혈관계, 근육계, 신경계, 내분비계 등에서 일어나는 자동 반응에 대처할 수 있다. 마음뿐만 아니라 신체 부위에서 일어나는 반응을 방어하고 적절히 대처할 때 스트레스에 의해 일어나는 고통과 질병에서 벗어날 수 있다.

CHAPTER 20 | 마음챙김과 스트레스 대처

스트레스 반응 회로

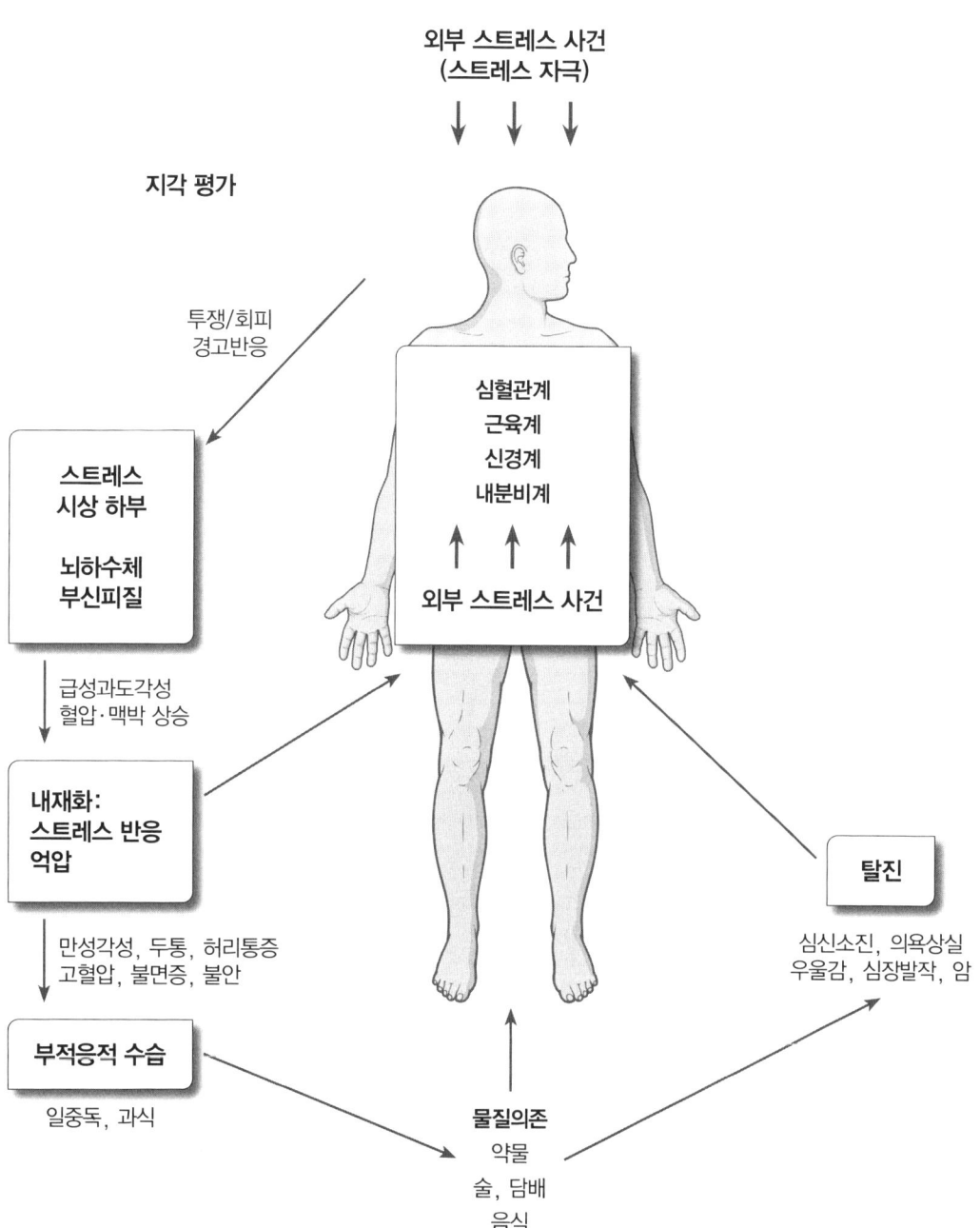

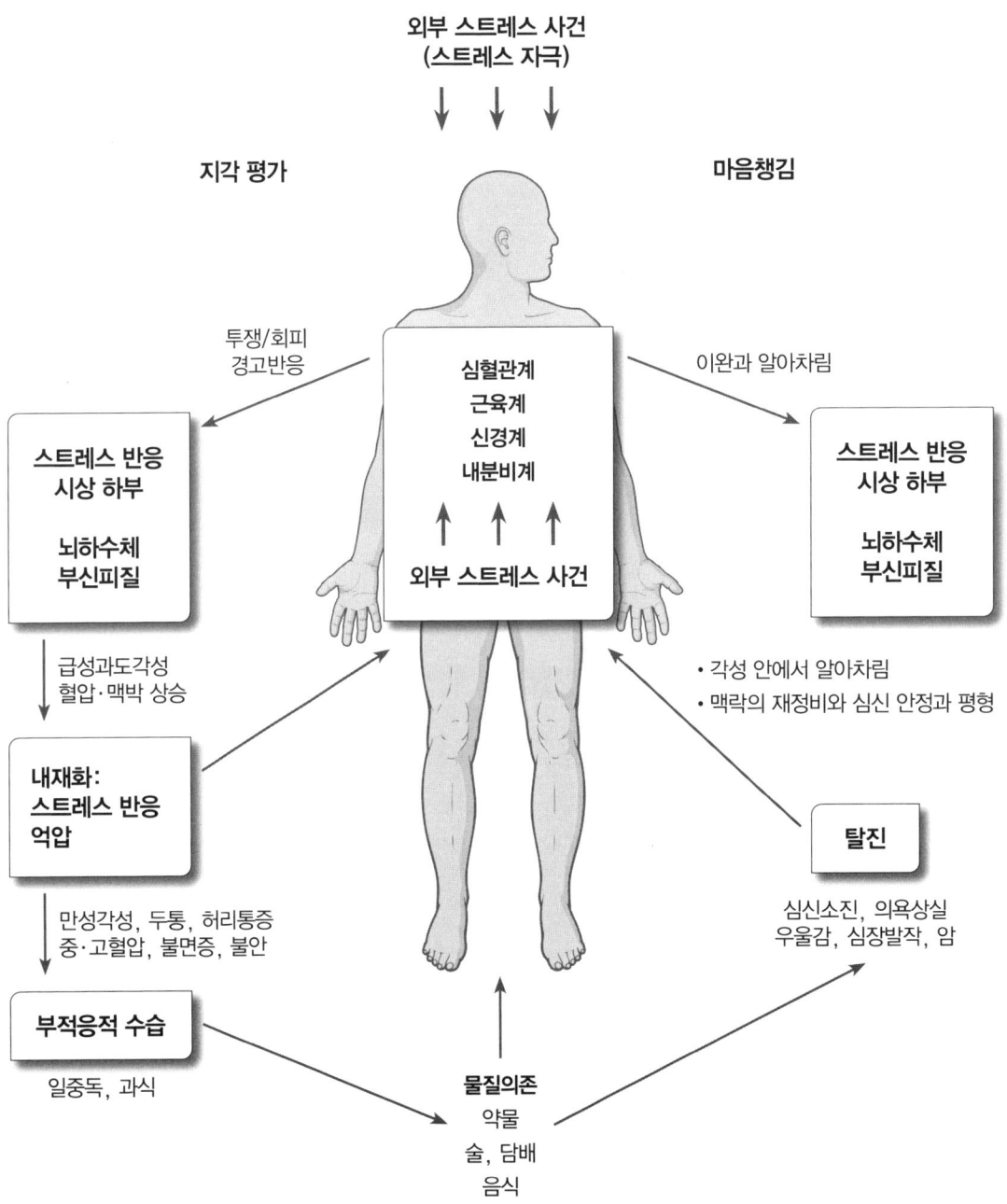

참고문헌

- Jon Kabat-Zinn, *Full Catastrophe Living*, New York USA; Bantam, 2013.
- Selye H., *The Stress Life*, New York; McGraw, Hill, 1956.
- William R. Lovallo, *Stress and Health-Biological and Psychological Interaction*, CA. USA; Sage Publication, Inc, 2016.
- 대한스트레스학회편, 스트레스 과학, 서울: 대한스트레스학회, 2013.
- Robert M. Sapolsky, Why Zebras Don't get Ulcers, 이재담, 이지윤 역 『Stress』, 서울: 사이언스북스, 2012.
- 신경희, 『스트레스 핸드북』, 서울; 도서출판 씨아이알, 2017.
- 장현갑, 『스트레스는 나의 힘』, 서울; 불광출판사, 2012.
- Michael H. Antoni, Gail Ironson, and Neil Scheiderman, *Cognitive-Behavioral Stress Management-Workbook*, 최병휘, 김원 편역, 『스트레스의 인지행동치료』, 서울: 시그마프레스, 2010.
- 박남수, 「마음챙김에 근거한 스트레스 완화 프로그램이 조직구성원의 정신건강에 미치는 효과」, 『한국조직학회 학보』 9(2), 한국조직학회, 2012.
- 윤석인, 「마음챙김이 심리적 건강에 미치는 영향-무아관의 매개효과」, 『상담학 연구』, 23(3), 한국상담학회, 2022.
- 김정호, 「마음챙김이란 무엇인가?: 마음챙김의 임상적, 일상적 적용을 위한 제언」, 『한국심리학회지』 9(2), 한국건강심리학회, 2004.
- 윤석인·박희영, 「심리학 관점에서 본 명상과 통찰, 지혜」, 『선학』 (65), 한국선학회, 2023.
- Athanasios (Sakis) Pappous, Warhel Asim Mohammed and Dinkar Sharma, "Physiotherapists' Experiences with A Four-Week Mindfulness-Based Stress Reduction Program" European Journal of physiotheerapy, VOL. 23, 2021.
- Halıl lbhrahım Özok, "Developing A Culture-Adapted Mindfulness Stress Reduction Program" International Journal of Progressive Education, Volume 19 Number 2, 2023.

Mindfulness Based Stress Reduction

CHAPTER 21

마음챙김과 우울증 대처

21.1 우울증의 문제

우울증은 우리 주변에 흔한 정신장애로 원활치 못한 대인관계, 소외, 근로의욕 상실, 심한 경우, 극단적 선택에까지 이를 수 있는 뇌 질환이다. 자살사건 뉴스를 접할 때마다 평소 우울증을 앓았다는 말을 많이 듣는다. 우울증은 자살에까지 이르게 하는 심리적 장애다. 입원할 정도의 만성 우울증 환자의 15%가 자살로까지 이어진다고 한다. 자살률이 높은 한국에서 자살이라는 극단적 선택을 한 사람의 약 60%가 우울증 때문이었다.[109] 우울증은 공황장애로 이어질 가능성도 크다. 공황장애로 이어지는 확률이 공황장애가 없는 사람보다 19배나 높다고 한다.

우울증은 자신의 삶을 파괴할 뿐만 아니라 주변 사람들에게도 큰 고통을 준다. 우울증은 기분장애로 기분이 가라앉거나 침울한 상태에 빠진다. 우울증 환자의 이러한 기분은 주변 사람의 기분까지 망친다. 정상적인 생산활동을 못할 뿐만 아니라 정상적인 인간관계도 못해 이를 다루는 데 엄청난 사회적 경비와 노력이 소모된다.

우울증은 맛을 잃게 한다. 입맛, 잠맛, 성욕 맛 등을 잃게 한다. 흥미와 삶의 의미를 상실한다는 뜻이다. 우울증은 지속적인 식욕 감퇴, 수면장애, 집중력 감소, 절망감, 자존감 상실 등과 같은 신체적, 정신적 징후를 동반한다. 이러한 장애가 최소 2주 이상 지속되면 우울증 환자로 진단한다.

우울증의 문제 중 하나는 높은 재발률이다. 미국 심리학회 임상조사에 의하면 첫 번째 우울증 삽화에서 회복된 후 60%가 재발하고 세 번 이상 삽화가 있는 환자는

---

[109] 조정호,「우울증에 대한 명상 치료적 접근」,『인격교육』, 제16권(2) 2022, pp.81-95.

90%의 재발률이 나타났다고 한다.[110] 우울증이 재발하면 치료가 더 까다롭고 만성 우울증으로 진행될 가능성이 약 2배라고 한다.

우울증의 또 다른 문제는 다른 질병과 달리 자신이 우울증 환자라는 것을 인지하지 못하고 자신의 치료에 소극적이라는 점이다. 자신이 우울증 환자라는 사실을 인정하지 않고 정신건강을 다루는 의사로부터 치료적 도움을 받기를 꺼린다. 통계에 의하면 우울증 환자 중 의사나 상담사 등 전문가의 도움을 받은 사람보다 그렇지 않은 사람이 더 많다고 한다. 자신이 우울증 환자라는 사실을 자각하지 못한다는 것과 정신적 장애 병력(病歷)이 자신의 사회생활에 도움이 안 된다고 생각하기 때문이다.

21.2 우울증과 마음챙김 치유

우울증은 개인적, 사회적으로 많은 문제를 초래하지만 다행히 의학적, 심리상담학적 대처로 완쾌율이 70~80%에 달한다. 우울증 치료는 심리상담과 기분전환으로 어느 정도 완화 효과가 있지만 중증 우울증 환자 치료에는 상담과 약물 처방이 병행되어야 한다. 최근 개발된 항우울제들은 저하된 세로토닌을 뇌에 증가시켜 부작용 없이 우울 증상을 완화하는 데 효과가 있다. 우울증 발병 요인으로는 유전적, 심리사회적, 신체적 질환 등이 있다.

유전적 요인

우울증의 유전성은 30~70%에 이른다고 한다. 직계가족 중에 우울증 병력이 있으면 우울증이 일찍 발생하고 우울증 유병률이 25% 높다고 한다. 일란성 쌍둥이 중 1명이 우울증이면 다른 1명도 우울증이 될 확률이 50%라고 한다.[111] 그러나 우울증을 유발하는 하나의 유전자가 있는 것이 아니라 여러 가지 유전자가 복잡하게 얽혀 있고 환경에 따라 유전자의 활성화 정도도 달라 우울증과 유전자 요인의 관련성을 명확히 규명하기는 쉽지 않다.

---

[110] Ed. Ruth A. Bear, *Mindfulness-Based Treatment Approaches*, Academic Press, 2009. p.31.

[111] 로버트 새풀스키, 이재담, 이지윤 역, 『STRESS』, 사이언스북스, 2012. pp.428-429.

신경생화학적 요인

우울증은 대뇌의 신경전달물질의 불균형이 원인이라는 가설이다. 신경전달물질인 세로토닌, 노르에피네프린, 도파민 등의 결핍으로 우울증이 발생한다는 가설이다. 뇌 속에 있는 신경전달물질의 양이 증가하면 우울증이 완화된다는 임상 결과가 있다. 대부분의 항울제는 이러한 가설에 근거해 대뇌 신경전달물질을 조절해 치료 효과를 보게 된다.[112]

심리·사회적 요인

우울증의 심리·사회적 요인으로는 삶의 의미 상실, 급격한 환경변화, 대인관계 변화 등이 있다. 개인적으로 가치와 기대가 충족되지 않거나 자신이 관계하는 상대방에 대한 욕구와 기대를 잃거나 급격한 환경변화로 생긴 생체리듬과 생리적 변화 때문에 스트레스를 받고 우울증이 발병한다. 이러한 심리·사회적 변화와 상실은 기분장애, 수면장애, 인지능력 저하 등을 유발해 정상적인 일상생활을 어렵게 만든다.

과거에는 우울증 치료를 위해 취미 개발, 갈라진 인간관계 회복, 스포츠 등 주의 전환과 주의 통제 방법을 사용했지만 이러한 주의 전환이 근본적인 우울증 치료 방법은 아니다. 대부분의 우울증 환자들은 우울증을 극복할 수 없을 것으로 생각한다. 이러한 괴로움은 결코 극복할 수 없을 거라는 잘못된 신념 때문으로 치유에 적극적으로 참여하지 않는다.

오늘날 우울증 치료법으로 가장 많이 적용하는 것은 인지행동 심리치유다. 인지행동 심리학에서는 우울증을 인지 오류에서 비롯된다고 본다. 사물과 현상을 '있는 그대로' 관찰하지 않고 판단과 분별에 의해 주관적으로 판단하는 것이 우울증을 일으킨다. 이러한 주관적 판단에 의한 오해, 잘못된 신념, 타인에 대한 증오 등으로 우울증이 발전한다.

현재 제3의 인지 방식으로 등장한 것이 마음챙김이며 이에 기초한 우울증 치유법이 바로 MBCT(Mindfulness-Based Cognitive Therapy)와 ACT(Acceptance and Commitment Therapy) 프로그램이다.[113] MBCT는 마음챙김에 기초한 스트레스 지

---

[112] 위의 책, 416.

[113] MBCT는 Z. V. Segal, J. M. G Williams, J. D. Teasdale, *Mindfulness-Based Cognitive Therapy for Depression*, ACT는 Steven C. Hayes, Victoria M. Follette, Marsha M. Linehan, *Mindfulness and Acceptance* 참조 바람.

수 완화 프로그램(MBSR)을 우울증 치료에 적용한 프로그램이며 ACT는 마음챙김을 응용한 정신장애의 수용과 전념 치료 프로그램이다. 이 치료 프로그램들은 마음챙김을 기제로 정신장애를 치유하는 프로그램들이다.

마음챙김을 통한 우울증 치료의 핵심 치료 기제는 탈중심화다. 탈중심화는 우울증과 같은 정신장애가 일어날 때 그 순간에서 벗어나 거리를 두고 몸과 마음에서 일어나는 현상을 '있는 그대로' 바라보는 것이다. 이때 거리를 둔다는 것은 이러한 현상을 회피하거나 의도적으로 다른 곳으로 주시를 돌리는 것이 아니다. 우울증 삽화로부터 일어나는 느낌, 감정, 생각에 빠져들지 않고 그것들을 기꺼이 수용하고 관계를 맺는 것이다.

MBSR 프로그램에서는 우울증 삽화로 일어나는 마음의 작용과 몸의 반응을 '있는 그대로' 주시하고 알아차리는 수련을 한다. 이때 사용하는 마음챙김 명상법으로는 호흡관찰 명상, 바디스캔 걷기 명상, 요가 등이 있다.[114] 이러한 명상법들은 지금까지 인지행동치료 기법으로 사용하던 주시의 전환 및 통제, 인지 오류에 대한 자각 등과는 다르다. 마음챙김 명상법은 지금 이 순간에 머무는 훈련이며 지금 이 순간에 일어나는 감정과 생각을 수용하고 관계를 맺는 법을 수련한다. 하지만 우울증 정도가 심각하거나 만성적인 우울증 환자에게 마음챙김 방식을 적용하기는 쉽지 않다. 환자에게 주시와 자각의 힘이 없기 때문이다. 증상이 심한 우울증 환자에게는 항우울제를 투약해 어느 정도 우울한 기분이 회복되고 자각의 힘이 생겼을 때 마음챙김 명상을 적용할 수 있다. 따라서 MBSR, MBCT, ACT는 우울증을 직접 치료하는 프로그램이 아니라 우울증 재발 방지에 효과적인 프로그램이다.

참고문헌

- 조정호, 「우울증에 대한 명상 치료적 접근」, 『인격교육』, 제16권(2), 2022.
- 로버트 새폴스키, 이재담, 이지윤 역, 『STRESS』, 사이언스북스, 2012.
- Ed. Ruth A. Bear, Mindfulness-Based Treatment Approaches, Academic Press, 2009.
- 김지연·권호인, 우울증 근거기반 치료에 대한 고찰, Korean Journal of Clinical Psychology, 38(4). 한국임상심리학회, 2019.
- 송영숙, 우울증에 대한 불교 심리학적 이해와 명상 치유의 기능, 선학 (45), 한국선학회, 2016.

---

[114] Jon Kabat-Zinn, Full Catastrophe Living, Bantam, 2013, 한국어 번역, 장현갑 외 역, 『마음챙김 명상과 자기 치유』, 학지사 참조 바람.

- Alejandre-Lara, Ana L.; Canby, Nicholas K.; Wesbecher, Kristen D.; Eichel, Kristina; Britton, Willoughby B.; Lindahl, Jared R. "How do Mindfulness-Based Programs Improve Depression Symptoms: Selflessness, Valence, or Valenced Self?" Cognitive Therapy & Research. ,Vol. 46 Issue 4. 2022.
- Ayhan, Mehmet O.; Kavak Budak, Funda. "The Correlation between Mindfulness and Negative Automatic Thoughts in Depression Patients." Perspectives in Psychiatric Care.
- Reangsing, Chuntana; Rittiwong, Tanapa; Schneider, Joanne Kraenzle. "Effects of Mindfulness Meditation Interventions on Depression in Older Adults: A Meta-Analysis. Aging & Mental Health. Vol. 25 Issue 7. 2021.

Mindfulness Based Stress Reduction

CHAPTER 22

마음챙김과 불안장애 대처

22.1 불안장애에 대한 이해

실존주의 철학자들은 불안을 원초적이고 실존적인 문제로 보고 있다. 인간은 태어날 때부터 불안을 안고 태어났으며 일상에서 불안을 느끼며 사는 존재라는 것이다. 인간은 누구나 불안을 느낀다. 그러나 불안을 지나치게 느끼는 것도 문제이고 불안을 느끼지 못하는 것도 문제다. 불안감이 지나치고 불안 때문에 일상생활에 지장이 있다면 불안장애 상태라고 할 수 있다. 이러한 불안장애는 공황장애, 불안 발작, 대인공포증, 강박증 등 심신장애의 원인이 된다.

적당한 불안감은 인간의 성장과 건전한 삶의 원동력이 된다. 철학자이자 신학자 폴 틸리히(Paul Tillich)는 불안을 '비존재의 위협에 대한 반응'이라고 표현했고 심리학자 프로이트(G. Freud)는 '인간이 뭔가를 못하고 있을 때 뭔가를 하도록 무의식적으로 보내는 구조신호'라고 표현했다.[115] 이러한 반응과 내면의 경고를 주시하고 알아차린다면 불안은 인간의 삶의 질을 향상시키는 요인이 된다. 불안을 주시하고 알아차리면 미해결되거나 미완성인 자신의 일을 찾을 수 있다.

불안의 감정은 무의식의 세계에서 떠오르거나 어떤 공포의 대상을 마주칠 때 일어난다. 무의식의 세계에서 일어나는 불안은 원초적 불안으로 실존주의 철학자들은 인간 조상의 원죄와 관련 있다고 주장한다. 또한, 과거의 외상에서 비롯된 트라우마에서 불안의 감정이 일어나거나 칼 융이 말한 집단 무의식의 세계에서 일어날 수도

---

[115] Sigmund Freud, 황보석 역,「On Psychopathology: Inhibition, Symptoms and Anxiety, and Other Works」,『정신병리학 문제들』, 열린책들, 2003. p.267.

있다. 이러한 불안의 감정은 예상치 못하게 일어난다. 일상에서 갑자기 불안의 감정이 일어나고 이러한 감정에 휘둘려 불안장애의 고통을 겪기도 한다.

불안의 감정은 심신의 이상 증상을 만든다. 기분이 가라앉거나 강박증, 우울감 등이 유발된다. 생리적 반응으로 식은땀, 거친 호흡 등이 일어나며 불면증, 식욕 감퇴 등으로 일상생활의 리듬이 깨진다. 이러한 증상들은 자신의 삶을 전환하라는 경고 신호로 받아들여야 한다. 새로운 삶을 살라고 지시하는 방향타로 보아야 한다. 이러한 증상에 어떻게 반응하느냐에 따라 파괴적 삶과 창조적 삶이 갈린다.

불안에 반응하는 태도를 보면 그 사람의 인격 수준을 알 수 있다. 불안에 올바로 반응하는 사람이 인격자다. 불안을 통해 자아를 깨닫고 자신의 길을 가는 사람이 인격자다. 그러나 불안을 회피하거나 잊기 위해 술, 마약, 쾌락에 빠지면 자기파괴에 이르게 된다. 키르케고르의 말처럼 불안으로 절망에 이르고 그 절망으로 사망에 이르게 된다.

불안에 반응하는 3가지 태도가 있다

첫째, 불안이 있어도 의식하지 못하고 그 불안에 끌려간다. 그냥 '기분 나쁘다'라는 정도로 알고 불안을 안고 산다. 이러한 사람은 우울한 감정을 안고 살게 된다. 이러한 감정에 빠져 자기 뜻대로 일하지 못하고 고민하고 걱정하며 산다.

둘째, 불안을 회피한다. 불안에 대한 방어로 주의와 관심을 다른 데로 돌린다. 술이나 게임 등에 의지해 불안을 잊으려고 한다. 불안에 대한 이러한 반응은 자신과 타인을 파괴할 수 있다. 불안 회피는 불안 감정을 해결하는 것이 아니라 잠시 묻어두는 것이다. 이러한 반응은 불안으로부터 진정한 탈출이 아니라 불안 감정에 묶이게 된다.

셋째, 불안을 알고 대처한다. 지금 일어나는 불안 감정을 알고 수용하고 불안의 원인이 무엇이고 불안에 어떻게 대처할지 모색한다. 이러한 사람에게서 불안은 도전하고 인내하는 창조적인 힘이 되며 현재의 한계에서 벗어나 미래를 향해 나아가는 추진력이 된다.

22.2 마음챙김과 불안장애 대처

마음챙김의 기본 원리는 지금 마음과 몸에서 일어나는 경험을 판단과 분별없이 주시하며 알아차리는 것이다. 불안장애를 겪는 사람은 두려움, 공포의 감정과 걱정이 마음 속에 있고 그러한 감정과 생각에 빠진다. 이러한 감정과 생각에서 빠져나오기 위해 주시와 알아차림의 힘을 기르는 마음챙김 명상이 필요하다. 주시와 알아차림을 통해 이러한 감정과 생각을 기꺼이 수용하며 맞설 수 있게 된다.

지금까지는 불안장애 극복에 인지행동치료법을 사용해왔지만 최근 인지행동치료 원리와 융합해 마음챙김을 응용한 수용 전념 치료(ACT)를 활용하고 있다.[116] 수용 전념 치료에서는 경험을 회피하지 않고 기꺼이 수용한다. 불안의 느낌과 감정을 주시하고 알아차림으로써 느낌과 감정을 자동으로 멈추거나 소멸시키는 방법이다. 수용 전념 치료를 통한 불안장애 치료를 위해서는 다음과 같은 대처가 필요하다.

첫째, 수용적 태도를 갖는다. 불안의 감정이 일어날 때 이것을 통제하거나 회피하려고 하면 그 감정은 오히려 악화된다. 그냥 내버려두고 지켜보면 그 감정이 사라진다. 불안 감정이 일어나면 '이것은 사실이 아니다.', '뇌에서 습관적으로 발생하는 잘못된 경고다.'라고 받아들여야 한다. 수용적 태도를 가지면 거기에 빠지거나 끌려가지 않고 판단 없이 지켜볼 수 있게 된다.[117]

둘째, 메타인지를 사용한다. 메타인지는 인지의 방식, 인지의 융합 과정을 아는 것이다. 불안의 감정을 증폭시키는 요인은 인지의 융합이 이루어지기 때문이다. 생각이 생각을 만들고 그 생각이 꼬리에 꼬리를 물고 확대되는 것이 인지의 융합이다. 인지의 융합은 불교의 연기법과 같은 원리다. 감각기관이 어떤 공포 상황이나 대상을 접하면 불길한 느낌이 일어나고 이 느낌은 불안의 감정을 만들고 대응이나 회피 행동으로 나타난다. 이러한 연기작용이나 인지의 융합 과정을 주시하고 알아차릴 때 인지의 융합을 차단할 수 있고 불안의 감정을 약화시킬 수 있다.

셋째, 인지구조의 재구조화를 한다. 불안의 감정이 일어나는 것도 조건화된 마음의 작용이다. 과거의 경험이 무의식에서 인지 방식을 만들고 인지의 스키마(Schema)를 만든다.[118] 어떤 상황을 접하면 이 스키마를 통해 인지작용이 일어난다. 뇌에 인지작용이 구조화된 것이다. 스키마를 통한 인지작용은 습관적 반응으로 나타난다. 불안

---

[116] Steven C. Hayes, Victoria M. Follette, Marsha M. Linehan, 고진하 역, 『알아차림과 수용』, 명상상담연구원, 2010.

[117] 위의 책, 2009. pp.107-112.

[118] 대한상담학회, 『상담의 이론과 실제』, 중앙적성출판사, 1994. p.230.

의 감정에서 벗어나려면 마음챙김을 통해 습관적 반응을 일으키는 뇌의 인지구조를 재구조화해야 한다.

넷째, 현존에 집중해야 한다. 불안은 과거의 경험에 대한 반추나 미래에 대한 불확실에서 온다. 이러한 경험들을 접할 때 두려움, 공포, 우울감 등 정신장애가 발생한다. 따라서 과거에 대한 반추나 미래에 대한 걱정 등에 빠지지 않고 지금-현재 경험에 집중해야 한다. 현재의 경험을 주시하고 알아차릴 때 불안의 감정에서 자유로워질 수 있다.

다섯째, 가치와 의미 있는 일에 집중한다. 보통 삶의 의미와 가치를 잃을 때 불안의 감정이 일어난다. 이러한 불안을 실존적 불안이라고 부른다. 실존적 불안 감정이 계속될 때 우울감, 자살 충동 등이 일어난다. 반면, 삶에 대한 의미와 가치를 가질 때 그 의미와 가치 실현을 위해 지금-현재의 삶에 충실해진다. 그 의미와 가치 실현을 위해 기꺼이 현재에 집중하고 노력하게 된다.

참고문헌

- 대한상담학회, 『상담의 이론과 실제』, 중앙적성출판사, 1994.
- 쇠렌 키르케고르, 임춘갑 역, 『불안의 개념』, 도서출판 치우, 2011.
- Sigmund Freud, 황보석 역, 「On Psychopathology: Inhibition, Symptoms and Anxiety, and Other Works」, 『정신병리학 문제들』, 열린책들, 2003.
- Steven C. Hayes, Victoria M. Follette, Marsha M. Linehan, 고진하 역, 『알아차림과 수용』, 명상상담연구원, 2010.
- 김근향, 「범불안장애의 근거기반 심리치료」, 『Korean Journal of Clinical Psychology』, 한국임상심리학회, 2017.
- 김경민, 김민경, 이상혁, 「불안 관련 장애의 신경생물학적 이해」, 『생물치료정신의학』, 대한생물정신의학회, 21(4). 2014.
- 김예원, 이정애, 오강섭, 「불안장애 및 우울장애에 따른 불안 민감성」, 『Korean Journal of Clinical Psychology』, 23(23), 한국임상심리학회, 2011.
- 김충명, 「우울 및 불안장애에서의 인지 처리와 정서조절 고찰: 신경인지 연결망을 중심으로」, 산업융합연구, 대한산업경영학회, 2012.
- 박영남, 「우울장애와 불안장애의 공유 특성」, 『생물치료정신의학』, 9(1), 대한생물정신의학회, 2003.
- 박예나·채정호, 「정신건강 의학과 외래에서 시행한 마음챙김 명상 프로그램이 우울증 및 불안장애 환자들의 긍정 정세에 미치는 영향」, Mood and Emotion, 15(2), 대한우울조울병학회, 2017.

- 박예나·채정호, 「초기 불교 수행의 불안 제거 연구 – 우따짜와 마음챙김의 제한적 상호관계」, 『동아시아 불교 문화』, 동아시아 불교문화학회, (42), 2020.
- 박수빈·홍진표, 「성격 특성과 불안장애의 관계」, 『대한불안의학지』 5(1), 대한불안의학회, 2009.
- 오철우, 「불안장애인의 심리적 회복을 위한 명상요법 연구」, 한국 사상과 문화, (100), 대한생물치료정신의학회, 2019.

Mindfulness Based Stress Reduction

CHAPTER 23

마음챙김과 분노조절장애 대처

23.1 분노조절장애란?

한때 대한민국을 '분노 공화국'이라고 부르는 사람들이 있었다. 지금은 많이 달라졌지만 1970~1980년대 민주화 운동, 노동운동자들의 시위 현장에는 폭력과 무질서가 난무했다. 이러한 시위 현장에서 분노의 표출로 폭력, 자해 등을 하는 사람도 속출했다. 이처럼 한국인들에게 분노가 많은 것은 역사적으로 외세의 침략, 군부독재의 억압, 빈부격차에 의한 박탈감 등이 작용했기 때문이라고 볼 수 있다. 임진왜란, 병자호란, 6·25 남침 등 외세의 침략과 급속한 경제발전에 의한 빈부격차로 쌓인 스트레스가 분노 표출의 원인이다.

분노는 억압되었던 감정이 말과 행동으로 격렬히 표현되는 현상이다. 과도한 스트레스에 장기간 억압에 노출되거나 마음에 품은 감정을 자극하는 대상이나 상황이 생기면 분노가 폭발한다. 오늘날 노인 세대는 6·25전쟁, 군부독재의 억압 등으로 형성된 트라우마가 분노의 감정이 되었고 이 세대로부터 억압당했던 젊은 세대도 분노의 감정을 갖게 된 것이다.

분노는 사건 자체에 의해 일어나는 것이 아니라 개인의 신념 체계에 의해 사건을 주관적으로 해석하고 의미를 부여하면서 유발된다.[119] 같은 상황을 경험하더라도 분노가 유발되는 사람이 있고 그렇지 않은 사람이 있다. 분노의 감정을 속에서 삭이는 사람이 있고 밖으로 표출하는 사람이 있다. 전자는 한을 품은 사람이고 후자는 분노

---

[119] Deffenbacher, J. L.,& McKay, M., *Overcoming Situational and General Anger*, Oakland: New Harbinger. 2000.

조절장애 환자다. 과거 한국인들은 분노를 가슴에 품고 살아 울화병, 가슴앓이 환자가 많았다. 이렇게 분노를 가슴에 품고 살았기 때문에 우리 조상들은 한(限) 많은 백성이라고 불렀다. 7080세대 중에 분노조절장애 환자가 많다.

분노는 특별히 한 사건에서 유발되는 것이 아니라 복합적인 심리상태에서 일어난다. 일상적 두려움에 대한 반응, 현재 통제하기 어려운 괴로움, 부정적인 사람, 장소 등의 대면, 해로운 상황에서 벗어나기 위해 애쓰면서 일어난다.[120] 분노조절장애 환자란 스스로 분노를 조절하지 못하고 습관적, 충동적으로 분노를 폭발시키는 사람이다. 그러한 사람이 분노를 유발하는 인자를 만나면 습관적인 패턴으로 언어와 행동이 표출된다. 충동적 분노를 표출하는 사람은 느닷없이 화를 내거나 폭력적인 행동을 한다.

위의 2가지 경우 모두 자신과 타인을 파괴할 수 있다는 것을 판단하지 못한다. 그야말로 눈에 보이는 게 없고 물불 안 가리는 행동을 하게 된다. 대수롭지 않은 일에도 화를 내고 자신을 학대하거나 상대방에게 상처를 입힌다. 분노는 외부에서 오는 억압만으로 형성되지는 않는다. 자신의 유전인자나 삶의 배경에서 형성된 분노가 있다. 특히 탐욕적 욕구가 강한 사람들이 분노가 많다. 자신이 기대한 것이 이루어지지 않을 때 불만족이 쌓이고 분노의 감정으로 변한다. 앞에서도 말했듯이 급속한 경제발전에 의한 빈부격차가 분노를 만들었다. 별다른 노력 없이 경제적 부와 사회적 지위를 획득한 사람들을 보면 좌절과 분노의 감정이 쌓인다.

불교에서는 탐진치(貪瞋痴) 즉, 탐욕, 분노, 어리석음을 삼독(三毒)이라고 부른다. 수행과 깨달음을 가로막는 3가지 독(毒)이라는 말이다.[121] 삼독은 상호연관되어 있다. 탐욕이 많은 사람이 분노가 많고 분노가 많으면 어리석은 사람이 된다. 그렇다. 욕심이 많은데 그 욕심이 채워지지 않으면 분노가 일어나고 분노가 일어나면 눈에 보이는 게 없어진다. 앞뒤를 안 가리고 말하고 행동한다.

23.2 마음챙김에 기초한 분노조절장애

앞에서도 말했듯이 분노조절장애는 과도한 억압 즉, 스트레스로부터 유발된다. 그리고

---

[120] Ruth A. Bear, Erin Walsh, and Emily L. B. Lykins, *Assessment of Mindfulness*, Ed. Fabrizio Didonna, *Clinical Handbook of Mindfulness*, N.Y.: Springer, 2009. p.172.

[121] 전재성 역, 『맛지마니까야』, p.131.

분노조절장애인 성격이나 성장 배경이 달라 분노 감정의 정도와 표출방식도 다르다. 따라서 이를 다루는 치유법도 개인마다 다르게 적용해야겠지만 분노조절장애를 다루는 방식의 가장 일반적이고 임상으로 그 효과가 검증된 프로그램이 바로 존 카밧진이 개발한, 마음챙김에 기초한 '스트레스 지수 완화 프로그램(MBSR)'이다.

인간의 의식 세계와 무의식 세계에서는 끊임없이 느낌, 감각, 생각 등이 일어난다. 무의식 세계에서는 과거에 억눌렸던 감정들 때문에 이것들이 일어나거나 의식 세계에서는 어떤 대상이나 현상을 접했을 때 감각이나 생각이 일어난다. 이러한 감각과 생각들을 주시하며 알아차리지 못할 때 습관적인 말과 행동이 자신의 삶을 이끌어간다.

분노도 그렇다. 과거에 억눌렸던 감정이 반추되어 부정적 감정과 생각을 만든다. 생각은 다른 생각과 융합되어 계속 확대되고 여기에 분노의 감정이 증폭되어 한계점에 이르면 그 감정이 폭발해 폭력적 언행으로 표출된다. 심리학에서는 이를 '스탬프 교환'(요즘은 쿠폰)이라고 부른다. 쿠폰이 상한선에 이르면 모아둔 쿠폰과 보상 물질을 교환하듯이 분노도 쌓이고 쌓이다가 한계점에 이르면 폭발하는 것이다.

마음챙김은 지금 내 안에서 일어나는 느낌, 감정, 생각을 주시하고 알아차리는 것이다. 지금 내 안에서 일어나고 머물고 떠나는 느낌, 감정과 생각들을 주시하며 알아차리는 것이다. 이것들을 주시하고 알아차리지 못하고 그 느낌, 감정, 생각들에 빠지거나 끌려다니는 것이 인간의 고통이다.

분노도 마찬가지다. 분노의 감정이 일어나고 그 감정에 빠지거나 끌려다닐 때 그 분노 때문에 자신은 물론 타인에게도 상처를 준다. 마음챙김은 분노의 감정에 빠져 지배당하지 않게 해주며 그 분노의 에너지를 건전한 방향으로 표출하게 해준다. 마음챙김은 분노를 완화하거나 멈춰준다. 분노에 대한 마음챙김의 기능은 다음과 같다.

첫째, 분노하는 자신을 멈춘다. 분노의 감정은 인지의 오류와 계속 융합하도록 작용해 감정을 표출하게 만든다. 마음챙김은 이러한 분노의 감정 때문에 발생하는 인지의 오류와 인지의 융합을 막아준다. 멈추고 호흡을 세는 수식관(數息觀)을 하거나 흐르는 호흡을 따라가며 수식관(隨息觀)하면 분노의 감정에서 벗어나 지금-현재로 돌아올 수 있다.

둘째, 분노하는 자신을 바라보게 해준다. '화가 나면 눈에 보이는 게 없다,' '화가 나면 물불 안 가린다.'라는 말은 화를 내는 순간 이성과 판단력을 잃고 감정대로 말과 행동을 표출한다는 뜻이다. 그 순간 마음챙김 명상을 하면 화를 내는 자신을 보게 되고 멈추라는 명령을 자신에게 내릴 수 있다. 마음챙김 명상을 통해 자신을 판단 없이 객관적으로 보게 된다.

셋째, 분노하는 중심에서 빠져나올 수 있다. 분노의 감정이 일어나면 지금 자신이 무슨 생각을 하고 무엇을 하는지 볼 수 없다. 분노하는 자신의 감정이 바로 자신이다. 하지만 마음챙김을 통해 멈추고 자신을 보게 되면 '분노하는 나'와 '분노하는 나를 보는 나'를 구분할 수 있다. 그리고 '분노하는 나를 보는 나'가 거리를 두고 '분노하는 나'를 볼 수 있게 된다.

참고문헌

- 전재성 역,『맛지마니까야』, 한국빠알리성전협회, p.131.
- 전현숙·손정락,「특성 분노 및 비합리적 신념 관계」,『Korean Journal of Clinical Psychology』,『한국임상심리학회』, 29(4), 2010.
- 전현숙·손정락,「마음챙김 인지치료(MBCT)가 역기능적 분노에 미치는 효과」,『한국심리학회지』, 17(3), 한국건강심리학회, 2012.
- 김미현·이동형,「역기능적 자동적 사고와 분노 표현의 관계에서 마음챙김의 매개 효과」,『재활심리학 연구』, 21(3), 한국건강심리학회, 2014.
- 전현숙·손정락,「역기능적 분노 표현 및 비합리적 신념과 마음챙김의 관계」,『한국심리학회지』, 한국심리학회, 2011.
- 박극남, 상담학 연구,「분노 표출 내담자 사례연구: 수용 전념 치료 적용」,『상담학 연구』, 한국상담학회, 2017.
- Deffenbacher, J. L., & McKay, M., *Overcoming Situational and General Anger*, Oakland: New Harbinger. 2000.
- Ruth A. Bear, Erin Walsh, and Emily L. B. Lykins, *Assessment of Mindfulness*, Ed. Fabrizio Didonna, *Clinical Handbook of Mindfulness*, N.Y.: Springer, 2009.

Mindfulness Based Stress Reduction

Mindfulness Based Stress Reduction

PART
06

마음챙김 명상 지도자론

Mindfulness Based Stress Reduction

CHAPTER 24

MBSR 지도자론

24.1 명상 지도자의 위치와 역할

어떤 과목의 지도자든 지도자는 학생이 교육목적을 달성하도록 해주는 중보적 위치에 있다. 그는 교육목적의 달성을 위한 교사, 안내자, 촉진자, 모범자의 역할을 한다. 명상, 도덕, 종교 등의 지도자는 단순히 지식을 전달하는 지도자가 아니라 학생의 전 삶에 참여하는 지도자가 되어야 한다. 학생의 인격, 전문성, 사회성에 이르기까지 참여하는 지도자가 되어야 한다. 학생들에게 전인적 인격을 형성시켜주는 안내자이자 촉진자의 역할을 해야 한다.

명상 지도자는 교육목적의 달성을 위해 (1) 교육목적의 달성을 위한 소명의식이 있어야 한다. (2) 학생들의 눈높이에서 학생들을 이해하고 학생들과 수수작용해야 한다. (3) 명상 주제에 대한 지식과 경험이 있어야 한다. (4) 학생들의 삶에까지 참여해 학생들의 전인적 삶을 도와주어야 한다. 이러한 일들을 위해 교사는 중보자, 안내자, 촉진자, 모범자의 위치에서 역할을 해야 한다.

일반적으로 지도자 유형은 (1) 독재형, (2) 민주형, (3) 자유방임형으로 구분한다. 독재형과 자유방임형은 현대 지도자의 유형으로는 부적합하다고 평가하고 민주형을 추천한다. 물론 조직의 목적과 구성원 형태에 따라 독재형이나 자유방임형 리더십이 필요할 때도 있지만 대부분의 현대 조직에서는 민주형 리더십을 사용하고 있다.

필자는 지도자 유형을 (1) 적극 개입형, (2) 동반자형, (3) 관찰형으로 분류한다.[122] 적용할 유형은 조직의 목적, 구성원의 특성과 역량에 따라 달라야 할 것이다. 적극 개

---

[122] 이재영, 심정교육론 연구, 성화사, 1989.

입형은 이른 시일 안에 많은 내용을 적용할 때 필요하다. 학생들이 교육 내용에 대한 사전 공부나 이해가 없을 때 적용할 수 있다.

동반자형은 민주형 리더십으로 하나의 주제를 깊이 있게 조사·연구하고 토론할 때 적용할 수 있다. 그리고 그룹 방법을 사용한 교수학습법에 적용할 수 있다. 현대의 교육 방법인 팀티칭, 세미나, 협동수업, 문제해결식(PBL) 수업 등은 동반자형 수업 형태라고 할 수 있다.

관찰형 수업은 학생들 자신들이 수업 과정을 구성하고 교사는 관찰자가 되어 그룹이 잘 운영되도록 촉진하는 역할을 한다. 프로젝트 수업, 플립러닝, 캡스턴 디자인 등이 이에 해당한다.

명상 수업에서는 명상 유형에 따라 명상 지도법이 달라야 한다. 북방불교의 화두선, 묵조선, 티베트 불교의 밀교 수행은 철저히 지도자의 엄격한 규율과 관리로 수행이 이루어진다. 지도자가 수행 지도에 적극적으로 개입하는 형태다. 지도자 없이 스스로 수행하기는 어렵다. 따라서 화두선이나 티베트 불교 명상에서는 훌륭한 스승을 만나지 못하면 수행할 수가 없다.

하지만 MBSR 지도자는 민주형이자 동반자형이다. 수행 지도자와 그룹에서 안내자이자 촉진자의 역할을 한다. MBSR에서는 수직적 자리 배치가 거의 없다. 항상 원형 자리 배치에서 지도자는 교사이자 멤버로서 참여한다. 현대 교육 방법으로 사용되는 팀티칭, 협동수업, 토론 수업 등 다양한 방법을 도입할 수 있다.

24.2 명상 지도자의 자질과 자세

명상 지도자가 되기 위해서는 내적 자세와 외적 자세가 필요하다. 내적 자세는 인격적인 면을 말한다. 지도자의 올바른 인격과 영성이 품성을 갖추어야 한다. 사랑은 지도자의 첫 번째 조건이다. 학생을 사랑하고 자신을 사랑하고 가르치는 일을 사랑해야 한다. 지도자의 내적 자질과 외적 자질은 다음과 같다.[123]

---

[123] Donald McCown, Diane Reibel and Marc S. Micozzi, *Teaching Mindfulness*, USA: Springer, 2011, pp.91-101. 참고함

내적 자질

신뢰성(Authenticity)

명상 지도자는 학생들에게 신뢰와 존경심을 심어주어야 한다. 학생들에게 나의 명상 지도자는 인격적이고 경험이 풍부하고 명상 관련 전문성을 갖추고 있다는 믿음을 주어야 한다. 명상 지도자를 믿고 자신을 맡길 수 있어야 한다. 그러려면 무엇보다 명상 관련 경험과 실력이 필요하다.

명상 지도자는 투철한 직업정신을 갖되 돈벌이를 위한 직업이 되어선 안 된다. 돈벌이를 위한 직업이 되면 스트레스를 받는다. 미국 명문대학에서 박사학위를 받고 외모도 출중했던 스님이 명상 지도를 통해 부를 축적했다가 외국 스님으로부터 '도둑놈' 소리를 듣고 속세를 떠난 예가 있다. 명상 지도자는 성빈(聖貧) 즉, 거룩한 가난을 즐길 수 있어야 한다.

성경 베드로 전서 5장 4절에 종교 지도자는 "부득이함으로 하지 말고 자원함으로 하며 더러운 이익을 위해 하지 말고 즐거운 뜻으로 하며 주장하는 자세로 하지 말고 오직 신도들에게 본이 되어라."라고 적혀 있다. 이 성구는 바로 명상 지도자들에게 주는 금언(金言)이다. 다음은 신뢰를 주는 MBSR 지도자의 길이다.

- 안정적인 자세로 정좌 명상을 하는가?
- 몸과 대상에 대한 주시의 전환이 능숙한가?
- 감각에 대한 느낌을 잘 알아차리는가?
- 매 순간 호흡을 잘 따라가고 있는가?
- 마음챙김 수행을 할 때 마음이 안정되어 있는가?
- 내 안에서 일어나는 질문과 대답을 인지하고 있는가?
- 정좌 명상에서 침묵과 듣기가 잘 되는가?
- 내 안에서 일어나는 질문과 대답의 깊이가 점점 깊어지고 있는가?
- 유능한 전문가에게서 교육받았는가?

권위(Authority)

현대 지도자의 권위는 전문성에서 나온다. 자신이 가르치는 분야에서 뛰어난 지식과

정보, 기술을 갖고 있어야 권위가 있다. 권위는 위에서 주어지는 것이 아니라 아래에서 주어지는 것이다. 즉, 학벌이나 자격증이 권위를 부여하는 것이 아니라 자신이 가르치는 분야의 경험과 실력이 얼마나 있느냐에 따라 권위가 부여된다. MBSR 지도자의 권위는 다음과 같다.

- 배운 대로 살아왔는가? 지적, 도덕적 측면에서 균형을 이루고 있는가?
- MBSR 전문성 개발을 위해 노력하고 있는가?

　갖추어야 할 전문성: 명상 수행, 상담심리 치유, 영적 삶, 경전(불교) 공부, 종교수행, 마음챙김 대화법, 소그룹 지도

친절(Friendship)

명상 지도자는 무엇보다 자애심이 있어야 한다. 즉, 사랑과 친절(Loving and Kindness)이 있어야 한다. 명상은 궁극적으로 자애심을 개발하기 위한 것이다. 자애심으로 중생을 대할 때 상대방은 물론 지도자 자신도 안정과 사랑의 분위기 속에서 명상을 지도할 수 있다.

- 불교 심리학적 기반을 익힌다.
- 자비심과 연민심을 수행한다.
- 건강한 느낌과 감각이 유발된다.
- 종교적 영성 방향에 기반한 정신을 개발한다.
- 타인에 대한 열린 마음을 개발한다.
- 겸손과 사랑의 미덕을 갖는다.

외적 자질

명상 지도자는 인격적, 기술적 측면에서 탁월해야 한다. 그래야만 피교육자에게 영향력을 행사할 수 있다. 명상 지도에서 이론적 면도 공부해야 하지만 명상 수행 경험이 풍부해야 한다. 종교 경전의 가르침을 공부해야 하고 수행을 통해 종교의 진리를 체험해야 한다. 달마 대사가 말한 '직지인심(直指人心) 견성성불(見性成佛)'은 가르침이나 경전에 근거하지 않고 오직 좌선으로 깨달음에 이른다는 말이다. '경험이 스승이다'라는 격언처럼 경험에서 깨달음이 나온다. 종교적 진리는 경험으로 검증되므로 지도

자는 이론과 실제에 밝아야 한다. 외적 자질은 다음과 같다.[124]

그룹의 청지기(Stewardship)

지도자에게는 그룹 작업(Group Work) 기술, 그룹 전체에 대한 관리 책임이 있다. 따라서 소그룹 운영, 그룹토론 운영기술 등을 연마해야 한다.

강의법(Homiletics)

그룹에서의 교육적 강의, 경전 해석과 법문, 그룹 대화법, 커리큘럼 운영, 프레젠테이션 기술, 명상 지도 등의 전문성을 길러야 한다.

안내 및 촉진(Guidance)

지도자는 교사나 안내자라기보다 연결자다. 다음 사항들을 안내해야 한다.

- 공식적 수행과 비공식적 그룹 경험 안내
- 효과적인 안내(Guidance)를 위한 4가지 요소의 균형

    언어(Language), 허용(Allowing), 방향 설정(Orienting), 구체화(Embodying)

탐구(Inquiry)

- 참여자가 직접 경험한 것들에 대한 관심과 호기심
- 철학적 접근, 문화적·개인적 저항, 말과 경험

숙달된 지도자가 되기 위한 과정[125]

❶ 집중 수련을 통해 명상 과정을 경험한다: 사선정(四禪定) 경험, 집중력과 통찰력 개발
❷ 경전이나 주석서를 읽고 수행 관련 지식을 쌓는다: 불교 경전(니까야), 청정도로, 아비담마 길라잡이, 대념처경 등
❸ 워크숍, 세미나, 학술대회 등에 참가해 지식을 쌓는다: 다른 강사들과 자신을 지켜보며 경험을 쌓는다.

---

[124] Ibid. pp.103-130. 참조.
[125] 곽미자,『요가 교수법』, 한국요가출판사, 2014, pp.15-17 참고.

❹ 선지식의 제자나 보조자가 되어 가르치는 경험을 쌓는다: 수련회, 워크숍 등에서 보조강사로서 경험을 쌓는다.
❺ 가족, 친지 등 초보자를 놓고 수업해본다: 앞에 사람이 없더라도 혼자 시연 강의를 해본다.
❻ 워크숍, 수련회 등의 지도자가 되기 위해서는 전문가로부터 슈퍼비전을 받는다: 명상 지도 프로그램을 만들고 수업 계획을 세워 슈퍼비전을 받는다.
❼ 자신의 명상 수업 동영상을 촬영해 선배 지도자와 함께 분석하고 부족한 부분은 보완한다.

명상 지도자의 다짐[126]

❶ 나는 사람을 사랑하고 사람을 위한 명상 지도자가 되겠다.
❷ 나는 평화롭고 행복한 세계를 위해 일하는 지도자가 되겠다.
❸ 나는 우주와 연결되어 있음에 감사하는 지도자가 되겠다.
❹ 나는 나 자신을 갈고닦아 존경받는 지도자가 되겠다.
❺ 나는 현재 나의 삶을 수용하고 알아차리는 지도자가 되겠다.
❻ 나는 마음의 고요와 활력이 넘치는 지도자가 되겠다.
❼ 나는 모든 사람이 내 선생님임을 인정하고 존경하겠다.
❽ 나는 내가 하는 일과 일터를 사랑한다.
❾ 나는 내 삶을 통해 다른 사람들이 힐링되도록 하겠다.
❿ 나는 학생들의 잠재력을 개발해주는 지도자가 되겠다.

24.3 MBSR 지도자의 레벨 평가[127]

미숙한 지도자(Incompetence)

- 지도, 시범 동작, 설명이 부적절하고 참여자의 수행과 행동에 큰 도움이 안 된다.

---

[126] 위의 책, p.32 "요가 지도자의 지침"을 참고해 필자가 "명상 지도자의 지침"으로 개조함.

[127] The University of Banger, Exeter and Oxford, *Mindfulness-Based Intervention Teaching Assessment Criteria*, 2016. Banger University, 미간행 출판물. pp.10-11.

- 실수 횟수가 많고 시범 동작이 미숙하고 수용하기 어려운 내용을 가르친다.
- 건강에 해롭거나 잘못된 가르침으로 참여자에게 잘못된 인식을 준다.
- 지도자가 MBSR 훈련 과정에서 근본적으로 잘못 배웠고 경험이 부족하기 때문이다.

초보자(Beginner)

- 지도자로서 기본적인 자질은 있지만 경험이 부족해 지도하는 도중 막히거나 설명이 틀리거나 부족할 때가 있다.
- 지도 과정에 일관성이 없거나 서로 연결되지 않는다. 몇 개 분야는 능숙하지만 전체적인 분야에서 전문성이 부족하다.

중급 지도자(Advanced Beginner)

- MBSR 영역 중 몇 개 프로그램은 전문성이 부족하지만 참여자들의 정신적, 신체적 안전을 잘 돌볼 수 있다.
- 아직 더 개발해야 할 영역이 있다. 기본적인 역량은 갖추었지만 수행하면서 좀 더 안정적이고 깊은 단계가 필요하다.

능력과 경쟁력이 있는 지도자(Competent)

- 능력과 경쟁력은 갖추고 있지만 일관성과 지도력에 문제가 약간 있다.
- MBSR 프로그램 전체 영역에서 지도력을 갖추고 있다. 수행을 적절히 지도하며 MBSR 과정을 이끌어 갈 수 있지만 일관성과 유연성이 부족하다.

능숙한 지도자(Proficient)

- 사소한 부분을 놓칠 수 있지만 전체적으로 능숙하고 숙달된 지도자다.
- 모든 영역에서 가르칠 수 있고 매우 사소한 문제점이 있을 수 있지만 능력과 기술을 인정받은 지도자다. 프로그램을 능숙히 이끌어가고 그룹을 유연하게 이끌어갈 수 있다.

고급 단계 지도자(Advanced)

- 기술과 능력 면에서 뛰어나며 그룹의 문제점들을 잘 해결할 수 있다.
- 가르치는 면이 유능하고 능숙하고 영감을 준다. 이 단계의 지도자는 매뉴얼이나 가이드북이 더 이상 필요없다. 그룹의 이슈와 문제점을 잘 이해하며 기본을 잘 지키면서도 유연하게 그룹을 이끌어갈 수 있다.

24.4 MBSR 지도 방법

'교육(敎育)'이라는 말 속에는 가르침과 훈련이라는 의미가 포함되어 있다. 교육은 지식과 인격을 연마해 행복한 삶을 영위하도록 도와주는 행위다. 명상 교육도 마찬가지다. 인간의 평화와 행복을 위한 가르침과 훈련이다. 이 평화와 행복을 위해 무명(無明)에서 깨달음에 이르게 하는 과정이다. 깨달음에 이른다는 것은 지혜를 증득해 자유와 해탈에 이르는 것을 말한다.

'영어 교육'을 뜻하는 Education이라는 단어는 '이끌어내다'라는 뜻의 라틴어 Educare와 '주입하다'라는 뜻의 Educere에서 유래했다. '교육'이라는 의미에는 이끌어내고 주입하는 2개 과정이 함의되어 있다. 교육은 태생적으로 인간에게 주어진 가능성과 완전성을 이끌어내는 과정과 이미 선지식에서 쌓아둔 지식을 주입하는 2개 과정으로 되어 있다.

현대 교육은 선지식을 보유한 선생님의 지식을 주입하는 교육에서 학생에게 자신의 잠재된 자원을 끌어내 사용하게 하는 교육 방법으로 전환되었다. 교육이나 상담에서 사용하는 방법 코칭이나 문제해결 중심교육(PBL)에서는 인간에게 일어나는 '문제의 답은 학생이나 내담자가 이미 갖고 있다.'라고 본다. 교육자는 문제를 제시하고 학생이나 내담자가 문제의식을 느끼고 그 문제의 답을 스스로 이끌어내도록 도와주는 역할을 한다.

명상은 가르침보다 스스로 수행을 통한 깨달음을 강조한다. "명상이 명상을 지도한다."라는 말이 있다. 스스로 수행을 통해 이해하고 깨달아야 얻을 수 있다. 그렇다고 선지식을 가진 지도자가 필요 없다는 말은 아니다. 지도자는 수행의 올바른 길을 안내하는 안내자이자 조력자다. MBSR도 마찬가지다. 지도자의 안내에 따라 스스로 수행의 길을 가야 한다. MBSR에서 홈 과제가 강조되는 것은 바로 스스로 경험하고 깨달음의 길을 가야 하기 때문이다.

명상 스승은 깨달음에 이르는 안내자이자 촉진자다. 명상 스승은 수행자에게 잠재된 본성과 의식이 개발되도록 안내하고 촉진하는 역할을 한다. 대부분의 명상교육 센터에서는 수련자에게 명상의 목적, 방법 등을 구체적으로 지도하지 않는다. 간단한 오리엔테이션과 명상법을 소개한 후 수련이 시작되며 시종(始終) 자신이 참구하도록 한다.

필자가 경험한 미얀마 수행처나 인도 수행처에서 수행법을 가르친 시간은 거의 없다. 하루 한 번 설법 시간이 전부다. 첫 오리엔테이션에서 명상법을 간단히 소개한 후 수행자 자신이 매일 정진해야 한다. 하루 이틀에 한 번 지도 법사에게 수행에서 경험한 내용을 보고하고 지도를 받는다. 이때도 지도 법사는 수행자의 수행 과정을 점검하고 안내하는 역할을 한다. 지도자의 역할은 수행자의 수행이 지금 어디까지 왔고 앞으로 어떻게 나갈지 안내하는 것이다. 수행자가 할 일은 오직 믿음으로 수행에 정진하는 것이다.

Mindfulness Based Stress Reduction

CHAPTER 25

New-MBSR 교육과정

25.1 MBSR 8주 기본 과정

MBSR 8주 기본 과정은 미국 매사추세츠 의과대학 MBSR센터 CFM(Center for in Medicine, Health Care, and Society University of Massachusetts Medical School Department of Medicine)에서 주관하는 지도자 과정에서 가장 핵심적인 과정이다. MBSR 지도자가 되기 위해서는 이 과정을 필수적으로 이수해야 하고 지도자 자격증을 받기 위해서는 이 과정을 지도한 경험이 있어야 한다.

MBSR 8주 기본 과정에 참여하기 어려운 사람은 9박 10일 'MBSR Fundamental in Teacher Education' 집중 교육으로 대체할 수 있다. 9박 10일의 이 MBSR 지도자 과정은 5일간의 'Mindfulness Tools for Living in the Full Catastrophe' 과정과 4일간의 'Residential MBSR Fundamental Program'으로 구성되어 있다. 전반부 5일간은 MBSR 공식 명상 도구인 바디스캔, 요가, 정좌 명상, 걷기 명상, 먹기 명상 등을 집중 수련하고 후반부 4일간은 MBSR 개론과 마음챙김 명상 수행 과정을 밟는다.

MBSR 8주 기본 과정은 매주 2시간 30분~3시간의 수업과 종일 수업 8시간, 오리엔테이션 1시간 30분, 수료하는 마지막 회기 1시간 30분 추가해 총 31시간 수업 시간으로 구성되어 있다. 전체 31시간 수업과 가정에서 매일 45분 이상 홈 과제를 수행해야 한다. 이 8주 과정을 대체하는 9박 10일의 MBSR 기본 수련에서는 66시간의 MBSR 수업을 집중적으로 받아야 한다.

최근 미국 매사추세츠 의과대학 CFM이 해체되고 이 단체의 지도자와 지도자 과정이 브라운대학 BMC(Brown Mindfulness Center)로 옮겨갔다. 브라운대학 BMC에서는 지금까지 CFM에서 실시하던 MBSR 지도자 과정을 수정·보완해 신설 지도자 과정을 개설했다. 지금까지 CFM에서 실시하던 MBSR 8주 일반 과정도 BMC에서는 10주 프로그램으로 변경되었다.

MBSR 8주 일반 과정은 지도자가 되기 위한 필수 과정이면서 일반인에게는 스트레스 지수 완화 프로그램으로 운영되고 있다. 이 과정을 지도할 수 있는 지도자는 미국 MBSR센터(CFM) 지도자 과정 중 PTI(Practice Teaching Intensive)를 수료한 사람이다. PTI는 MBSR 공식 명상과 비공식 명상의 지도 연습과 MBSR 교육 과정의 기반이 되는 프로그램을 집중 공부하는 과정이다.

필자는 지금까지 5회에 걸쳐 한국과 캐나다에서 MBSR 8주 과정을 지도했다. 4회기까지는 CFM 표준 커리큘럼대로 MBSR 8주 과정을 지도했지만 이 과정이 한국인의 문화, 정서와 안 맞는 부분도 있다고 본다. 필자는 CFM 표준 교육과정과 지금까지 대학에서 명상을 연구·지도했던 경험을 바탕으로 신설 교육과정인 New-MBSR 프로그램을 개발했다. 5회기부터 적용한 New-MBSR 8주 교육과정을 이번 장에서 소개한다.

25.2 New-MBSR 8주 일반 과정

교육 목적

New-MBSR의 교육목적은 기존 MBSR(Mindfulness-Based Stress Reduction)의 교육목적과 별로 다르지 않다. 고통과 질병의 원인이 되는 스트레스뿐만 아니라 정신적 고통과 장애의 예방·치유를 New-MBSR의 교육목적으로 한다. New-MBSR은 마음챙김 명상 이론은 물론 그와 관련된 제 이론 강의, 마음챙김의 기반이 되는 명상, 요가, 스트레칭, 그룹 토론 등으로 구성되었다.

New-MBSR에서는 마음챙김 명상의 원조(元祖)인 위빠사나 명상에 기초한 스트레스 예방·치유, 심신의 건강과 치유를 교육목적으로 한다. 이 교육목적의 달성을 위해 MBSR 교육에 도움이 되는 전통적인 불교 명상뿐만 아니라 다른 종교의 수행법, 응용 명상 전반과 심리치료 기법도 적용하고 있다.

필자는 기독교 신학과 불교 명상 분야를 전공하고 30여 년 동안 명상 수행 경험과 대학에서 수행을 가르친 경험이 있다. 기독교 명상법인 관상 명상, 불교 명상법인 사마타와 위빠사나, 오쇼 라즈니시의 현대 명상에 이르기까지 필자가 경험한 다양한 명상 수행을 New-MBSR 교육과정에 적용하고 있다.

New-MBSR 8주 일반 과정의 구성

불교의 전통적인 깨달음 과정으로는 문사수(聞思修) 과정과 수사문(修思聞) 과정 2가지 유형이 있다. 문사수는 진리, 경전 등을 공부하고 사유하며 수행(修行)을 통해 깨닫는 과정이고 수사문은 먼저 수행하고 사유하며 진리나 경전을 공부해 깨닫는 과정이다. MBSR 8주 일반 과정에서는 문사수 과정과 수사문 통합과정으로 구성했다. 수행에 대한 학문적 기반이 수행을 수월(秀越)하게 하고 수행의 기반이 수행에 대한 이해와 적용을 쉽게 할 수 있기 때문이다.

위의 교육 방법에 해당하는 것이 의식과 교육과정인 프락시스(Praxis) 교육과정이다. 프락시스 과정은 해방신학자들이 체계화한 교육과정으로 행동과 성찰, 성찰과 행동의 순환원리에 의한 교육과정이다. 해방신학자들은 교육의 목적을 의식화로 본다. 의식화 개발을 위한 교육과정이 바로 의식화 교육과정이다. 의식화 과정은 자유와 해방을 위한 실천과 그 실천 경험에 대한 성찰이 환류(還流)되는 변증법적 과정이다. 이 2가지 과정은 선후(先後)의 선택적 과정이 아니라 환류의 통합을 이루는 과정이다.

New-MBSR 8주 일반 과정 수업에서는 먼저 명상, 요가, 바디스캔, 동작 명상 등을 수행한 후 토론과 공부를 통해 MBSR의 교육목적에 이르는 과정과 명상, 심리학, 경전 등의 이론을 공부한 후 수행을 통해 이해와 실천으로 나아가는 과정이 있다. MBSR 교육과정에서 이 2가지 과정이 통합된 교육과정을 따르고 있다.

인간의 교육은 앞의 선지식과 경험에 바탕해 다음 단계로 발전한다. 인간의 발달과 성장은 이 단계를 통해 이루어진다. New-MBSR 8주 일반 과정도 8주 프로그램으로 구성되어 있다. 8주 동안 매주 이루어지는 수업이 8단계로 구성되어 있다. 매주 진행되는 수업을 바탕으로 다음 주 수업이 진행된다.

25.3 MBSR 8주 일반 과정 커리큘럼

제1회기 MBSR 수업

주제	오리엔테이션 명상의 이해와 MBSR
과정	*오리엔테이션(60분) 설문, 참가자와 강사 소개 MBSR 8주 수업 과정 소개 1. 여는 명상(5분) 2. 주제 설명: 명상의 이해(20분) 3. 간단한 스트레칭(15분) 4. 바디스캔(20분) 5. 건포도 명상(20분) 6. 그룹 토론: 스트레스 레벨 측정 및 토론(30분) 7. 정좌 명상: 호흡관찰 명상(20분) 8. 꽃 명상(10분) 9. 홈 과제 설명(5분)
홈 과제	1. 매일 간단한 스트레칭 및 바디스캔 실시 2. 9 Dots Puzzle 그리기 3. 1일 1식 먹기 명상
비고	1회기 수업 시간: 3시간 30분

수업 과정

오리엔테이션 과정은 1시간~1시간 30분 동안 진행한다. 오리엔테이션은 별도 날을 정해 실시하거나 제1회기에서 오리엔테이션 시간을 할당할 수 있다. 오리엔테이션을 전체가 대그룹으로 원형 또는 부채꼴 형태로 앉아 대화 형식으로 진행한다. 오리엔테이션에서는 참가자들 간에 친밀감을 조성하고 MBSR을 기초적으로 이해하는 시간으로 구성한다.

오리엔테이션 시간에 MBSR에서 핵심 개념인 Mindfulness(마음챙김)와 알아차림을 이해하도록 한다. MBSR 수업은 마음챙김을 통해 알아차림의 힘을 개발해 '깨어있기' 수련이며 사물과 현상에 대한 '정견' 즉, 바르게 보고 바른 견해를 개발하는 수련임을 설명한다. 특히 마음챙김은 의도적으로 개발해야 할 인간의 성향이며 현재적이고 비판단적인 특성을 설명한다.

MBSR 지도자는 오리엔테이션 과정에서 개인정보에 대한 설문을 받고 이 설문을 토대로 참여자들의 참여 동기, 욕구, 특성 등을 파악해 향후 수업에 참고한다. 설문이나 인터뷰를 통해 이 수업에 참여한 동기와 욕구를 알고 이를 충족시킬 수업 과정을 계획한다.

오리엔테이션에서는 MBSR 수업 참여자의 태도를 설명한다. MBSR 8주 수업은 마음챙김 개발을 통한 전인적 삶을 추구하는 것이다. 각 회기는 다음 단계로 나아가는 기반이 되므로 100% 출석 수업 참여의 중요성을 강조한다. 특히 주중에 홈 과제를 성실히 수행할 때 이 수업에서 얻으려는 기대를 충족하고 효과를 경험할 수 있음을 강조한다. 매일 최소 45분 이상 집에서 수행할 것을 권고한다.

MBSR 회기마다 먼저 '여는 명상(Opening Meditation)'으로 시작한다. 여는 명상은 현악기 연주자가 연주 전 악기 현을 조율하듯이 마음을 가라앉히고 자세를 조정(Tuning)하는 시간으로 3~5분 동안 실시한다. 주로 호흡관찰 명상이나 1가지 명상 주제를 주시하며 알아차리는 명상을 하는 것이 좋다. 여는 명상을 통해 마음을 지금 이 순간으로 불러오며 수업 자세를 가다듬는다.

여는 명상이 끝나면 간단한 마음챙김 요가 동작을 수련한다. 요가 동작에 들어가기 전 요가의 의미, 일반적인 요가와 마음챙김 요가의 차이점을 간단히 설명한다. 요가에 대한 간단한 설명 후 스탠딩 요가나 요가 동작에 들어간다. 요가 동작은 이 동작이 끝난 후 실시하는 바디스캔의 기반이 된다. 라잉 다운 요가 동작을 통한 심신 이완, 주시와 알아차림의 힘을 기반으로 바디스캔을 실시하는 것이 효과적이다.

요가 동작을 통해 몸을 이완하고 주시와 알아차림의 힘을 기른 후 바디스캔에 들어간다. 바디스캔의 의미와 방법을 간단히 설명한 후 지도자의 지시문에 따라 바디스캔을 실시한다. 바디스캔을 통해 몸의 감각을 주시하고 알아차리는 수련을 한다. 바디스캔 수련을 하면서 어떤 변화나 효과를 기대하지 않고 지금 이 순간의 감각을 비판단적으로 주시하며 알아차리는 것이 중요하다. 바디스캔을 실시한 후 잠시 피드백을 나눈다.

MBSR 수업은 원래 휴식시간 없이 계속 진행하는 것이 좋다. 수업 과정의 안정적인 흐름을 유지할 수 있기 때문이다. 그러나 첫날은 오리엔테이션 시간이 추가되는 만큼 바디스캔 후 잠시 휴식시간을 갖는다. 휴식시간을 보낸 후 건포도 명상을 실시한다. 명상 수업에서는 많은 설명과 지시보다 스스로 경험하게 하는 것이 좋다. 따라서 건포도 명상 세션에서 의미와 방법을 간단히 설명하고 곧바로 건포도 명상을 실시한다. 건포도 명상을 경험하고 피드백을 나누는 시간을 갖는다. 건포도 명상을 통해 사물을 주시하고 판단 없이 '있는 그대로' 알아차리는 경험을 하도록 한다.

MBSR 수업에서는 회기마다 그룹 토론이 있다. 이 그룹 토론에서 홈 과제, 그 회기에 주어진 주제 등을 토론 주제로 삼는다. 우리나라 사람들은 그룹 토론에 주도적, 적극적으로 참여하는 면이 부족하다. 그렇더라도 MBSR 지도자의 개입을 최소화하고 그룹 촉진자의 역할을 하는 것이 바람직하다. 그룹 구성원들이 적극 참여하고 의견을 표현하도록 도와주는 촉진자의 역할을 해야 한다.

첫 회기의 마음챙김 정좌 명상에서는 주로 호흡관찰 명상을 하는 것이 좋다. 정좌 명상에서 주시와 알아차림의 대상으로는 호흡과 더불어 소리, 감각, 느낌, 생각 등이 있다. 회기 초반에는 20분가량 호흡관찰을 중심으로 정좌 명상을 실시하고 회기가 더해가면서 시간과 주시 대상을 추가해 나간다. 정좌 명상을 마친 후 간단한 피드백을 나누는데 이때 피드백에 따른 지도자의 지도가 이루어지는 것이 좋다.

수업자료 1. 나의 스트레스 레벨

	스트레스 상황	수련 초기	수련 중간	수련 종료
1	부부간 갈등(의사소통)			
2	부모와 자식간 갈등 (의사소통, 공부 등)			
3	가족간 관계(형제, 고부, 친척 등)			
4	나의 건강(질병, 치유 등)			
5	가족의 건강(병간호, 이동 도움)			
6	직장에서의 인간관계(상사, 동료, 퇴직 등)			
7	사회현상(보수 · 진보, 공중도덕 등)			
8	환경(미세먼지, 교통 등)			
9	음식(식성, 과식 등)			
10	공부(과제, 성적 등)			
11	가벼운 법률 위반 및 다툼			
12				
13				

참고

- 심각한 스트레스: 8~10, 낮은 스트레스: 2~4
- 12번부터는 자신의 스트레스 요인(Stressor)과 스트레스 정도를 기록하세요.
- 과정 초기, 중기, 마지막 회기의 수치를 기록해 비교해 봅니다.

제2회기 MBSR 수업

주제	인지작용과 마음챙김
과정	1. 여는 명상(5분) 2. 홈 과제 피드백(10분) 3. 주제 설명: 마음챙김 명상이란?(20분) 4. 스탠딩 요가(15분) 5. 바디스캔(45분) 6. 정좌 명상: 자세 설명 및 명상(20분) 7. 그룹 토론: 일상에서의 마음챙김과 비마음챙김(30분) 8. 마무리 명상(5분)
홈 과제	1. 매일 라잉 다운 요가와 바디스캔 교차 수행 2. 매일 AOB 좌선(10~15분) 3. 매일 긍정적인 사건 기록하기 4. 1일 3회 이상, 3분 마음챙김 공간 갖기
비고	

수업 개요

여는 명상에서 호흡을 주시하며 떠도는 마음을 알아차리고 마음을 호흡으로 불러오는 명상을 5분가량 실시한다. 지난주 홈 과제에 대한 피드백 공유로 요가와 바디스캔에 대한 경험과 일상에서의 먹기 명상에 대한 경험을 나눈다.

이 회기의 마음챙김 요가는 워크북에 제시된 몇 가지 스탠딩 요가 자세를 선택해 수행한다. 이 과정에서 일반적인 요가와 마음챙김 요가의 다른 점을 간단히 설명한다.

2회기 주제는 '마음챙김 명상이란?'이다. 이 교재 제2장에서 다루고 '마음챙김의 어원과 쓰임새'의 내용을 요약해 강의한다. 강의 내용을 간단한 프레젠테이션 자료로 만들어 지도자가 강의한다. 강의 후 간단한 질의응답 시간을 갖는다. 강의가 끝난 후 워크북에 소개된 간단한 요가 자세 중 간단한 스탠딩 요가 자세나 스트레칭을 실시한다. 스탠딩 요가 후 이완된 몸과 마음으로 곧바로 바디스캔 명상에 들어간다. 바디스캔의 의미와 자세를 간단히 설명한 후 바디스캔 전 과정을 실시한다. 바디스캔을 마친 후 바디스캔에 대한 경험을 나눈다.

바디스캔 명상 후 다음 정좌 명상을 준비하기 위해 5분가량 휴식시간을 갖는다. 정좌 명상에 들어가면서 호흡관찰 명상의 의미와 자세를 설명한다. 2회기의 정좌 명상은 호흡 주시와 관찰을 7분가량 실시한 후 소리 관찰 명상으로 들어간다. 호흡을 주시·관찰하면서 주변이나 내 안에서 일어나는 모든 소리를 주시하며 알아차리는 소리 관찰 명상으로 이어간다. 이때 소리에 대한 판단과 분별을 하지 않고 소리로만 알아차린다.

2회기의 그룹 토론 주제는 마음챙김과 비마음챙김에 대한 경험 나누기다. 특히 마음을 챙기지 못해 곤란한 일을 겪은 경험을 나눈다. 이 토론 후 지난주 홈 과제로 주어진 '나의 스트레스 레벨' 기록하기 자료로 경험을 나누면서 토론한다.

수업자료 1. 인지작용과 마음챙김

인간의 스트레스와 고통은 인지 오류에서 온다. A, B 두 사람은 똑같은 사건에도 각자 받는 스트레스 정도가 다르다. 물컵 반 잔을 보고 A는 "반 잔이나 남았네!"라고 말하는 반면, B는 "반 잔밖에 안 남았네!"라고 말한다. 둘 다 스트레스를 받는다. A는 물이 조금뿐이어서 불만족이고 B는 물이 곧 사라질 것 같아 불만족이다. 물컵 반 잔을 보고 스트레스를 안 받는 사람은 "물이 반 잔 있다."라고 말한다. 아무 판단이나 비교 없이 물을 지금 '있는 그대로' 바라보는 것이다. 이처럼 마음챙김은 판단이나 비교 없이 '있는 그대로' 보는 것이다. 여기에 불만족이나 스트레스가 일어날 수 없다.

똑같은 사건을 놓고도 사람들은 다르게 인지하고 자각한다. 공원 벤치에 한 젊은이가 앉아있고 그 옆에 어린 소녀가 울면서 앉아있다. 조금 멀리서 이 광경을 바라보는 사람들은 서로 다르게 추측하고 판단할 수 있다. "저 젊은이가 어린 소녀를 유괴하려고 하는구나."라고 생각하는 사람이 있는가 하면 "저 젊은이가 길 잃은 어린 소녀를 돌보고 있구나."라고 생각하는 사람도 있을 것이다. 인지와 자각은 각자 왜 이렇게 다를까? 사물과 현상을 보는 관점이 다르기 때문이다.

"고양이를 생각해보라."라고 하면 누군가는 검은 고양이, 다른 사람은 흰 고양이를 상상한다. 그것은 고양이에 대한 각자의 경험에서 생긴, 고양이에 대한 관념이 형성되어 있기 때문이다.

사람들은 사물을 볼 때 무의식이나 잠재의식 속에서 사건이나 사물을 보는 패러다임이나 스키마가 형성되어 있다. 이 스키마에 의해 사물에 대한 인지작용 자각과 지각 작용이 일어난다. 선글라스에 따라 바라보는 사물의 색상이 다른 것과 같다. 이러한 인지작용에 의해 같은 사건과 사물을 판단하고 이해하기 때문에 인지 오류가 발생한다. 인지 오류에 의한 스트레스와 고통으로부터 자유로워지는 길은 인지작용의 패턴이나 스키마에서 벗어나는 것이다. 불교에서 말하는 업이나 무의식 속에 조건화된 스키마의 틀에서 벗어나야 한다. 자동적, 습관적 행동도 내 안에 내재된 스키마에 의해 형성된다. 이 습관 패턴에 투영된 것이다.

인지 오류에서 벗어나기 위해서는 마음챙김 훈련이 필요하다. 마음챙김을 통해 지금 마음속에서 일어나는 느낌, 감각, 생각 등을 주시하며 알아차릴 때 이러한 느낌, 감각, 생각 등에 빠지거나 끌려가지 않는다. 내가 내 느낌, 감각, 생각의 주인이 되어야 이것들을 다스릴 수 있다.

마음챙김이란 지금 이 순간에 깨어 판단 없이 사물과 현상을 보는 것이다. 감각기관이 사물과 현상을 보면서 '좋다', '나쁘다', '싫다' 등으로 판단하면 좋은 것을 갈구하고 싫은 것을 혐오하게 된다. 이러한 갈구와 혐오가 집착이 되고 이 집착이 인간의 고통을 유발하는 원인이 된다.

수업자료 2. 인지 왜곡 현상

❶ 흑백 논리: 한 가지 사건에 대해 '흑백' 단 2가지 방향의 평가만 한다.
❷ 과일반화: 단순한 사건이나 경험을 일반적 법칙에 맞추려고 한다.
❸ 독단적 추리: 어떤 모순된 사실을 정당화하거나 합리화한다.
❹ 부정적 예측: 어떤 일의 결과에 대해 부정적인 예측을 한다.
❺ 주관적 자기 개념: 자신을 '나는 … 사람'이라고 판단한다.
❻ 부분의 전체화: 부분적이고 사소한 일을 전체로 확대·과장한다.
❼ 절대의 상대화 또는 상대의 절대화: 수단을 목적으로 하거나 목적을 수단으로 본다.

수업자료 3. 인지 작용과 반응

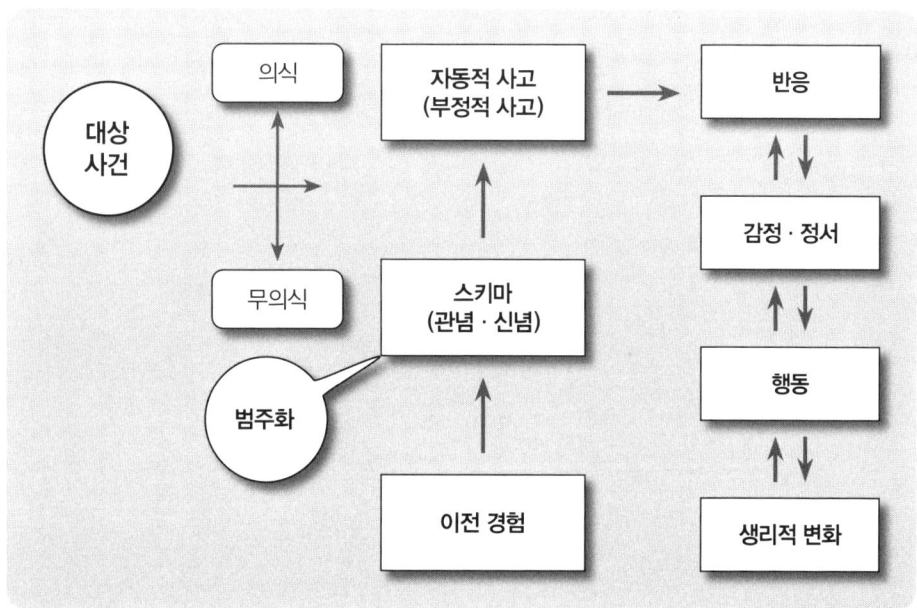

수업자료 4. 긍정적 사건과 마음챙김

회차(요일)	긍정적 사건	이 사건에서 일어난 느낌, 감각, 생각	마음챙김 여부	반추 내용
제1일( )				
제2일( )				
제3일( )				
제4일( )				
제5일( )				
제6일( )				
제7일( )				

제3회기 MBSR 수업

주제	마음챙김을 통한 스트레스 예방과 대처
수업 과정	1. 여는 명상(5분) 2. 홈 과제 피드백 나눔(10분) 3. 주제 설명: 스트레스와 마음챙김 대처(25분) 4. 정좌 및 라잉 다운 요가(20분) 5. 정좌 명상(20분) 6. 마음챙김 걷기 명상(20분) 7. 그룹 토론: 마음챙김 말하기와 듣기(30분) 8. 홈 과제 및 다음 과정 설명(5분) 9. 마무리 명상(5분)
홈 과제	1. 격일로 바디스캔과 마음챙김 요가 수행 2. 매일 호흡관찰 명상 실시(15분) 3. 부정적 사건과 마음챙김 매일 기록하기
질문	

수업 개요

여는 명상은 호흡관찰을 통해 주시를 지금-이 순간으로 돌리고 호흡관찰을 유지하며 주시를 소리로 옮긴다. 주변에서 들려오는 소리를 주시하고 관찰한다. 이때 소리에 대한 판단이나 분별없이 단순한 주시와 의도적인 알아차림으로 수행한다. 소리 관찰을 통해 마음을 안정시키고 자세를 조율한다.

주제 강의는 3회기 수업 주제인 '마음챙김 스트레스 예방 및 대처'의 내용을 설명한다. 이 강의에서 스트레스의 원인, 내게 스트레스를 주는 대상, 나의 스트레스 반응과 대처 등을 설명하고 마음챙김을 통해 스트레스를 예방하고 대처하는 기술을 이해하고 기술을 갖는다.

강의가 끝난 후 앉아서 하는 간단한 요가와 누워서 하는 요가 동작 중 몇 가지를 선택해 마음챙김 요가를 실시한 후 누운 자세에서 간단한 바디스캔으로 들어간다. 이때 바디스캔은 몸의 각 부위를 묶어 실시한다. 예를 들어, 발목 아래 전체 발, 손목 아래 전체 손 등을 통틀어 스캔한다.

그룹 토론은 지난주 홈 과제로 제시한 '부정적 사건과 마음챙김'을 기록한 다이어리를 중심으로 소그룹 안에서 발표와 토론을 한다. 이어서 '나의 스트레스 요인과 대처'에 대한 발표와 토론을 한다. 간단한 이 그룹 토론 후 마음챙김 대화 명상을 실시한다. 3인 1조로 화자(話者), 청자(聽者), 관찰자로 나누어 대화를 실습한다.

수업자료 1. 나의 스트레스 요인과 대처

스트레스 요인	무슨 일로 어떻게	나의 반응	대처	마음챙김 대처
인간관계 (가족 · 친구)				
일(가정 · 직업)				
환경(사회 · 자연)				
육체적 · 정신적 고통				
음식				

수업자료 2. Holmes and Rahe 스트레스 수치

1. 배우자의 죽음(100)
2. 이혼(73)
3. 부부 별거(65)
4. 수형 기간(63)
5. 가족의 사망(63)
6. 자신의 부상·질병(53)
7. 결혼(50)
8. 해고(47)
9. 부부간 화해(45)
10. 퇴직(45)
11. 가족의 건강 변화(44)
12. 임신(40)
13. 성 장애(39)
14. 가족의 증가(39)
15. 사업 재적응(39)
16. 재산의 증감(38)
17. 친한 친구의 사망(37)
18. 직장 자리 이동(36)
19. 배우자와의 빈번한 언쟁(35)
20. 근저당 대출(32)
21. 저당 또는 회수금 불능(30)
22. 직장에서의 책임 변화(29)
23. 자녀와의 별거(29)
24. 처가·시댁식구와의 문제 발생(29)
25. 자신의 뛰어난 업적(28)
26. 배우자의 취업·퇴직(26)
27. 입학·졸업(26)
28. 생활 조건의 변화(25)
29. 자신의 습관 교정(24)
30. 상사와의 문제 발생(23)
31. 노동시간·작업조건의 변화(20)
32. 거주 이전(20)
33. 전학(20)
34. 오락의 변화(19)
35. 교회활동의 변화(19)
36. 사회활동의 변화(28)
37. 소액 담보대출(17)
38. 수면 습관의 변화(16)
39. 종친회원 수의 변화(15)
40. 식성의 변화(15)
41. 휴가(13)
42. 크리스마스(12)
43. 가벼운 법규 위반(11)

홈스와 라헤가 작성한 스트레스 수치에서 사랑하는 배우자의 죽음을 스트레스 레벨 100으로 놓고 일상에서 벌어지는 사건들의 스트레스 레벨과 비교해 스트레스 수치를 매겼다. 이 스트레스 레벨 연구에 의하면 1년에 300점 이상 되면 병이 날 확률이 80%라고 한다. 150~299점은 50%, 150점 내외는 약 30%라고 한다.

여기서 눈여겨볼 것은 스트레스 수치 상위 10개 항목 중 부부간에 벌어지는 스트레스 유발 사건이 5개나 된다는 것이다. 부부 사이는 행복에 이르는 가장 중요한 요소인 동시에 가장 큰 스트레스 요인도 된다는 것을 보여준다. 부부간 이혼이 가장 높은 스트레스 수치로 나타났다. 통계에 의하면 성격 차이가 이혼 사유로 나타났다. 성격 차이가 가장 큰 스트레스 요인이라는 뜻이다.

부부간에 스트레스를 주지 않으려면 에리히 프롬(Erich Fromm)이 말한 사랑의 기술이 필요하다. 스트레스를 주고받지 않으려면 사랑의 4가지 조건인 관심, 배려, 존경, 책임을 갖춘 부부관계가 중요하다. 그리고 이 사랑의 기술을 실천하려면 가족간 대화가 중요하다. 단순히 말하는 대화가 아니라 대화법을 공부한 후 서로에게 감정의 상처를 주지 않는 대화가 필요하다. 서로 기대했던 말을 주고받는 상보적 대화, 자신의 느낌과 감정을 '있는 그대로' 표현하는 느낌 대화법, 상대방에게 칭찬을 많이 해주는 대화법 등을 익혀야 한다.

제4회기 MBSR 수업

주제	몸과 마음의 관계와 마음챙김

수업 과정	1. 여는 명상(5분)
	2. 홈 과제 피드백 나눔(10분)
	3. 주제 설명: 마음챙김을 통한 몸과 마음의 일치(25분)
	4. 스트레칭: 양생 체조(25분)
	5. 정좌 명상(25분)
	6. 그룹 토론(50분)
	    나의 스트레스 유발 요인과 반응 및 대처
	    부정적 사건과 마음챙김
	7. 홈 과제 안내(5분)
	8. 마무리 명상(5분)

홈 과제	매일 요가 · 스트레칭과 연결된 바디스캔(30~40분) 매일 정좌 명상: 호흡, 감각 관찰(20분) 매일 습관적 스트레스 반응과 행동 관찰 무감각, 막힘, 차단 등의 느낌 알아차리기(일어난 경우) 스트레스에 대한 공부(자료 검색)
질문	

수업 개요

여는 명상은 호흡의 흐름을 주시하고 알아차리는 호흡관찰 명상으로 시작한다. 이 명상을 기반으로 방황하는 마음, 산만한 마음을 가라앉히며 자세를 조율한다. 지난주 홈 과제 피드백은 지난주에 경험한 불쾌한 사건 중 마음을 어떻게 챙겼는지를 되돌아본다. 그리고 그 사건 경험이 내게 스트레스로 남아 있는지 살펴본다.

강의는 이 교재 제4장에서 다룬 '몸과 마음의 일치와 마음챙김'을 주제로 설명한 후 이것을 일상생활에서 어떻게 적용할지에 대한 내용을 중심으로 이루어진다. 이 회기에서는 지금까지의 요가 수련에서 벗어나 일상에서 실행하는 스트레칭이나 태극권에서 실행하는 양생 체조 중 몇 가지 자세를 경험한다. 이 체조도 호흡과 몸의 감각에 대한 마음을 챙기면서 천천히 실시한다.

그룹 토론에서는 나의 일상에서 몸의 자동반응이나 습관적 행위로 인해 몸과 마음의 일치를 이루지 못한 경험을 나눈다. 이 경험에서 나 자신이 의식하지 못하고 몸의 감각을 따라가다가 곤란했던 경험을 이야기한다.

수업자료 1. 부정적 사건과 마음챙김

회차(요일)	부정적 사건	이 사건에서 일어난 느낌, 감각, 생각	마음챙김 정도 (%)	반추 내용
제1일( )				
제2일( )				
제3일( )				
제4일( )				
제5일( )				
제6일( )				
제7일( )				

제5회기 MBSR 수업

주제	조건화와 감정 반응양식 알아차림
수업 과정	1. 여는 명상(5분) 2. 홈 과제 피드백 나눔(10분) 　　지난주 스트레스 자동반응과 마음챙김 3. 주제 설명: 자동반응과 선택적 반응(25분) 4. 스탠딩·라잉 다운 요가 혼합(20분) 5. 정좌 명상: 소리 및 사념처 수행(35분) 6. 그룹 토론(40분) 　　MBSR 중간평가, 스트레스 수치 중간점검 　　일상에서 마음챙김의 적용과 나의 변화 7. 홈 과제 설명(5분) 8. 마무리 명상(5분)
홈 과제	1. 매일 5회 이상 3분 명상 2. 매일 선택된 요가 동작 후 바디스캔 3. 의사소통 캘린더 작성
질문	

수업 개요

여는 명상은 위에서부터 몸 전체를 스캔하며 감각을 주시하고 알아차리는 명상으로 시작한다. 수행을 시작하면서 현재 몸의 감각을 알아차리는 것이 중요하다. 감각은 몸의 메시지 즉, 몸 상태를 말해주는 것으로 긴장과 경직된 몸을 주시하고 이완한 후 명상을 시작하는 것이 중요하다.

홈 과제 피드백 나눔에서 지금까지 4회기를 마치고 나의 일상적인 삶에서 변화된 점을 나누는 시간을 갖는다. 이 세션의 핵심은 마음챙김을 일상에서 적용한 경험을 나누는 것이다. 자신의 경험을 나누면서 지금까지의 삶을 되돌아보고 남은 MBSR 수업에서의 자세를 가다듬는다. 이번 회기의 강의 주제는 자동반응과 선택적 반응이다. 본 교재 제3장에서 다룬 주제로 주로 자신의 마음챙김을 통해 자동반응에서 선택적 반응을 할 수 있는 기술과 능력을 함양한다. 요가 세션에서는 스탠딩 요가와 라잉 다운 요가 중 몇 가지 자세를 선택해 실시한다. 이 요가 시간은 정좌 명상을 위한 이완과 호흡 조율을 하는 시간이다. 어느 정도 난이도가 높은 자세로 자신의 한계를 알아차리고 호흡조절과 몸의 이완 상태를 만드는 것이 중요하다.

정좌 명상은 비교적 긴 시간 동안 좌선을 실시한다. 주시 대상은 마음챙김 명상의 5가지 주시와 알아차림 대상 중 4가지 대상인 호흡, 소리, 감각, 느낌, 생각을 주시하고 알아차리는 것이다. 이 시간에는 지도자의 지시문을 사용하지 않고 침묵으로 수행한다.

그룹 토론에서는 이번 회기가 지난 4주간 수업의 후반부로 들어가는 시간이므로 지난 4주간의 MBSR 수업을 중간평가하는 시간으로 갖는다. 첫 회기에 실시했던 스트레스 수치 변화를 중간평가한 후 중간평가 설문지를 이용해 경험을 서로 나누는 시간을 갖는다. 지금까지 새로 알게 된 점, 변화된 점 등을 중심으로 대화를 나눈다. 지도자는 남은 회기의 수업에 더 정진할 수 있도록 격려의 지도 멘트를 한다.

수업자료 1.

MBSR 중간 피드백

이름: _____

날짜: _____

지금까지 4주차 MBSR 수업을 마쳤습니다. 이 피드백은 지금까지 수업에서 자신에게 '좋았다', '별로였다'라고 평가하는 것이 아닙니다. 지금까지 수업에서 어떤 경험을 했고 어떤 효과를 경험했고 무엇이 어려웠는지 경험과 소감을 나누는 설문입니다.

1. 지금까지 수업에서 경험한 것은 무엇입니까?

2. 마음챙김 수련을 통해 내가 새로 배운 것은 무엇인가요?

3. 다음 수련들에서 내가 배우고 경험한 것은 무엇인가요? 어렵다고 느낀 것은 무엇인가요?

　　1) 바디스캔:

　　2) 요가:

　　3) 정좌 명상:

　　4) 그룹 토론:

4. 기타 건의 사항, 질문 사항이나 의견이 있나요?

수업자료 2.

의사소통 캘린더

실시 일자 (요일)	만남과 대화에서 어떤 일이 일어났는가?	기대했던 대화 형태는? (전하고 싶은 의미)	실제로 일어난 대화는? (미흡했던 점)	상보적 대화 전략
제1일( )				
제2일( )				
제3일( )				
제4일( )				
제5일( )				
제6일( )				
제7일( )				

제6회기 MBSR 수업

주제	마음챙김 인간관계와 대화
수업 내용	1. 여는 명상(5분) 2. 주제 설명: 커뮤니케이션과 마음챙김(30분) 3. 동적 명상: 쿤달리니 명상(45분) 4. 정좌 명상: 무선택 명상 주제 알아차리기(35분) 5. 그룹 토론: 마음챙김 의사소통 연습(30분) 마음챙김 말하기, 경청 연습과 피드백 나눔 6. 마무리 명상(5분)
홈 과제	1. 매일 2시간마다 3분 호흡 공간 만들기 2. 격일로 정좌 명상 및 마음챙김 요가 수행 3. 일상에서 나의 대화 스타일 체크하기
질문	

수업 개요

여는 명상에서는 지금 이 순간 마음에서 일어나는 생각을 주시하고 알아차리는 훈련을 한다. 지금-현재 마음에서 일어나는 생각, 머무는 생각, 사라지는 생각 등을 주시하고 알아차리는 명상이다. 특히 생각에 대해 생각하지 않고 판단과 분별없이 '있는 그대로' 관찰하는 것이 중요하다.

주제 강의에서는 마음챙김을 생활화하므로 스트레스의 수용과 회복을 위한 자동 조절 능력을 강조한다. 참여자들이 지금까지 마음챙김 훈련을 통해 개발된 스트레스 수용과 알아차림을 통해 스스로 스트레스 상황을 수용하고 대처하는 능력을 자체 평가해본다. 그동안 홈 과제 수행을 통해 연마한 마음챙김 기술을 적용하도록 고무시키는 시간이다. 특히 일상에서 마음챙김에 기반한 의사소통 개발에 역점을 둔다.

요가 시간에는 지금까지의 동작 명상 틀에서 벗어나 좀 더 격렬하고 역동적인 동작을 통해 일어나는 감각을 주시한다. New-MBSR에서는 이 과정에서 오쇼 라즈니시의 쿤달리니 명상을 시도한다. 쿤달리니 명상은 스윙, 춤 등 움직이는 동작을 통해 일어나는 감각을 주시하는 과정으로 4가지 세션으로 이루어져 있다.

그룹 토론 과정에서는 마음챙김 말하기와 경청을 연습한 후 피드백을 나누는 시간을 갖는다. 특히 주시와 알아차림을 통한 경청 후 말하는 습관을 들인다. 단순히 귀로 듣는 것에서 대화에서 일어나는 느낌과 감각을 알아차리는 훈련을 한다. 지도자는 이 훈련을 통해 참여자들이 대화하면서 받는 스트레스로부터 자유로워지도록 도와준다.

제7회기 MBSR 수업

주제	일상에서의 삶의 장애와 마음챙김
수업 내용	1. 여는 명상(5분) 2. 홈 과제 피드백 나눔(종일 프로그램을 마친 후 지난주 생활, 일상에서의 나의 대화 스타일) 3. 주제 설명: 일상에서 족쇄와 마음챙김(25분) 4. 요가: 그룹별, 개인별 선택적 요가(20분) 5. 정좌 명상: 자리 이동과 마음챙김 명상(30분) 6. 걷기 명상: 빠른 걸음, 느린 걸음(20분) 7. 그룹 토론: 건설적인 습관과 비건설적인 습관(30분) 8. 자애 명상(10분) 9. 홈 과제 설명(5분)
홈 과제	1. 격일로 동작 명상과 바디스캔(녹음 테이프 없이) 2. 정좌 명상 3. 자애 명상
질문	

수업 개요

여는 명상에서 명상 주제는 자신이 정한다. 코 호흡이나 배 호흡을 주시하고 알아차리는 명상을 한다. 이 호흡관찰을 통해 본 수업에 참여하기 전 명상의 장애 요인이었던 탐욕적 욕구, 산만한 마음, 회의적 의심 등의 마음을 내려놓고 수업에 임하도록 몸과 마음을 조율하는 시간을 갖는다.

홈 과제 피드백 나눔은 종일 프로그램을 마친 후 지난 1주간의 생활 변화에 대한 피드백을 나눈다. 이어서 지난주 과제로 주어진 일상에서 나의 대화 스타일에 대한 대화 시간을 갖는다.

이번 주 강의 주제는 '일상에서의 내 삶의 족쇄와 마음챙김 대처'다. 내 삶의 변화와 성장의 장애 요소는 무엇인가? 불교에서 가르치는 10가지 족쇄에 비추어 본 내 삶의 족쇄를 설명하고 어떻게 마음챙김으로 대처할 수 있는지 설명한다.

마음챙김 요가는 그룹별, 개인별로 선택한 요가 자세로 수련한다. 워크북에 제시된 자세나 개인적으로 경험한 자세를 실시해도 좋다. 자세 순서는 워크북에서 제시한 대로 하는 것이 좋다.

정좌 명상에서는 3~4분가량 한자리에서 정좌 명상을 하고 지도자의 벨 소리와 함께 자리를 이동해 명상한다. 이때 자신의 마음이 가는 장소를 알아차리고 이동해 명상하는 그 자리에서 느낌과 감각, 일어난 생각을 마음챙김 대상으로 삼는다.

걷기 명상은 느린 걷기 명상과 빠른 걷기 명상을 교차해 실시한다. 느린 걷기 명상 때는 주로 발목 아래에서 일어나는 감각을 주시하며 알아차리고 빠른 걷기 명상 때는 시야에 들어오는 모든 대상을 주시와 알아차림의 대상으로 삼는다.

그룹 토론에서는 일상에서 평화와 행복한 삶을 위한 건설적인 습관과 내 삶을 나태하고 해이하게 만드는 습관을 토론한다. 토론에 주어진 과제인 '나의 삶의 장애와 마음챙김'에 대한 설문을 작성한 후 그 설문을 바탕으로 토론한다.

그룹 토론 후 자애 명상을 실시한다. 본 교재 제11장에서 설명한 자애 명상의 지시문에 따라 나와 내 주변 사람들에게 자애를 기원해주는 명상이다. 일종의 기도와 같지만 특별히 자신에게 자애의 힘을 길러주는 데 중점을 둔다.

수업자료 1. 나의 삶의 장애와 마음챙김

	내가 바라는 삶	현재 성취도(%)	장애(덫)	마음챙김 대처	기타
가족과의 관계 (배우자·자녀)					
인간관계 (친구·직장 동료)					
건강관리					
자아실현 (전문성·일·봉사)					
직업 만족도					
취미					

수업자료 2.

불교의 10가지 족쇄

불교 수행의 궁극적 목적은 깨달음을 통한 해탈이다. 그리고 이러한 해탈 과정은 자신의 수행으로 이루어진다. 스스로 수행하면서 장애를 경험하는데 이것을 족쇄라고 부른다. 족쇄란 죄인들이 도망가지 못하도록 발을 묶는 쇠사슬로 자유를 구속하는 대상을 말한다. 수행자뿐만 아니라 인간이 평화롭고 행복한 삶을 위해 자신을 묶는 족쇄가 무엇인지 알고 이 족쇄에서 벗어나야 한다.

　　수행에 정진해 깨달음에 이르려면 수행에 장애가 되는 족쇄를 풀어야 한다. 수행을 통해 이 족쇄를 중지하거나 완전히 제거해야 한다. 이 족쇄를 제거해야 번뇌와 고통으로부터 자유로워지고 업(業)의 굴레에서 벗어나 더 이상의 윤회가 없다. 그리고 불교에서 완성된 인간의 표상인 아라한이 될 수 있다.

　　불교 경전 『디가니까야』와 주석서 『수망갈라위라시니』, 『청정도론』에서는 다음 10가지 족쇄를 설명하고 있다.

❶ 감각적 욕망
❷ 적의(適意)
❸ 자만
❹ 사견(邪見)
❺ 회의적 의심
❻ 존재에 대한 탐욕
❼ 계율과 의식에 대한 집착
❽ 질투
❾ 인색
❿ 무명

감각적 욕망

감각적 욕망이 바로 죄와 업이 되는 것은 아니다. 의도된 탐욕이 족쇄가 된다. 부정적 욕구, 즉 타인을 해치거나 타인에게 고통을 주는 행위가 바로 죄나 업을 만드는 족쇄다. 감각적 욕망은 인간을 번뇌와 고통에 빠뜨리는 삼독(三毒: 貪·瞋·痴) 중 하나다.

감각적 욕구는 분노와 어리석음에 이르는 연기적 작용을 한다. 감각적 욕구는 인간이 대상에 집착하고 그 대상의 지배를 받게 되는 원인이 된다.

적의(敵意)

삼독 탐진치 중 진(성냄)에 해당하는 말로 화, 분노, 미움, 적개심 등을 말한다. 적의는 내면의 성냄이나 적개심 등이 유발되어 상대방에게 짜증을 내거나 폭력적 행위를 유발한다. 이러한 행위는 의도하지 않고 순간적으로 일어나므로 자신도 제어하지 못하고 자신과 타인을 파괴하는 행위로 발전한다.

자만(自慢)

교만, 거만, 오만 등의 유사어다. 우리말로는 거드름, 잘난 체함 등과 같은 개념이다. 불교 경전 주석서 『담마상가니』에서 "나는 우월하다"뿐만 아니라 "나는 동등하다", "나는 열등하다"라고 생각하는 것도 자만에 속한다. 자신을 과대평가하거나 과소평가하는 것이 자만에 속한다. 『청정도론』에서는 자만을 광기(狂氣)와 같은 것으로 보고 있다.

사견(邪見)

잘못된 견해, 독단적 이론이나 주장 등의 개념이다. 팔정도의 첫 번째 정견(正見)에 반대되는 말로 잘못된 견해를 말한다. 불교의 법 연기법이나 사성제를 부정하는 것을 말한다. 사견의 원인이 무아, 무상인 존재에 대한 집착에서 비롯된다고 본다. 사견은 어리석음과 번뇌에 오염된 마음에서 나온다.

회의적 의심

믿음과 비슷한 개념으로 의심, 주저, 당혹, 의혹, 불확실성, 우유부단 등과 같은 개념이다. 무엇보다 진리, 법에 대한 의심을 말한다. 『청정도론』에서는 회의에 빠지는 특징이 있고 동요하는 원인이 되며 결정하지 못하는 상태를 나타내는 것으로 설명한다. 회의적 의심은 올바른 견해가 없거나 지혜가 없기 때문에 생긴다. 즉, 어리석음 때문에 생기는 것이다.

존재에 대한 탐욕

인간은 오온의 결합체로 오온을 자아라고 믿는 유신견(有身見)과 사람이 죽어 사라져도 존재는 과거나 미래에도 영원히 존재한다고 믿는 상견(常見)은 존재에 대한 탐욕이다. 이러한 견해는 몸과 물질에 대한 집착이 원인이다. 몸과 물질에 대한 유신견이나 상견 때문에 자아와 소유에 집착하게 되고 이것들에 대한 집착이 고통의 원인이 된다.

계율과 의식에 대한 집착

계율은 도덕과 도덕적 의무, 계(戒)와 계행(戒行)을 말하고 의식은 종교적 의무, 서원, 맹세, 의식과 의례를 말한다. 이것은 종교적 내용보다 형식인 의례의식에 묶여 있는 것을 말한다. 종교의 본질을 떠나 규범과 의례의식을 통해 해탈할 수 있다는 잘못된 견해를 말한다.

질투(嫉妬)

질투는 자신보다 우월하다고 생각하거나 더 많이 가졌다고 생각되는 사람을 시기하고 증오하고 깎아내리는 것을 말한다. 기독교에서는 인간의 시조인 아담과 이브도 질투 때문에 타락했다고 믿는다. 질투도 자만이나 아만에서 비롯된다.

인색(吝嗇)

재물을 아끼거나 남에게 베푸는 태도가 부족한 상태를 말한다. 유신견이나 상견을 가지면 소유에 집착하게 된다. 종교에서 사랑과 자비를 강조하지만 인색한 사람은 자기애(自己愛)가 강해 베풀 줄 모른다. 기독교 성경에서는 "오른손이 하는 일을 왼손이 모르게 하라", "겉옷을 달라고 하면 속옷을 벗어주라"라고 했다. 인색한 마음을 버리지 않고서는 할 수 없는 행위들이다.

무명(無明)

진리, 법, 도(道) 등에 무지한 상태이자 불교의 연기법과 사성제를 모르는 상태를 말한다. 사성제에서는 고통과 집착에서 벗어나는 길은 팔정도(八正道)라고 했고 팔정도의 첫 번째 길이 정견(正見)이다. 정견을 가질 때 무명에서 벗어날 수 있다. 연기의 고리를 끊고 해탈에 이를 수 있다. 기독교에서도 인간의 타락은 무지에서 비롯되었고 무지에서 벗어나는 길은 진리를 아는 것이라고 했다. 붓다와 예수가 자신을 빛이라고 한 것은 자신들이 바로 무명에서 벗어나는 안내자이자 구세주이기 때문이다.

수업자료 2. 삶의 장애 정도

이름: _____

장애 내용	없는 편이다 (1점)	보통이다 (2점)	매우 그렇다 (3점)	비고
쾌락적 욕망				
미움과 원망				
자만심과 아집				
자기 주장과 고집				
회의적 의심				
몸에 대한 애착				
계율과 형식에의 속박				
시기와 질투심				
무관용				
잡념, 망상				
합계 점수				

제8회기 MBSR 수업

주제	일상에서의 마음챙김 개발과 수행 유지
수업 내용	1. 여는 명상(5분) 2. 홈 과제 피드백 3. 주제 설명: 일상에서 마음챙김 개발과 확립(25분) 4. 선택적 동작 요가(20분) 5. 단축 바디스캔(전체 45분) 6. 그룹 토론(45분) 이 과정에서 얻은 것이나 변화는? 이 과정이 끝난 후 마음챙김 수행을 어떻게 유지할 것인가? 7. 정좌 명상: 과정 회상과 지금 이 순간의 기분 알아차림(20분) 8. 마음챙김 소감 나누기, 소감문 작성(30분) 9. 마무리 명상: 자애 명상(10분) 　* 제8회기는 마지막 회기로 3시간~3시간 30분 동안 진행
홈 과제	1. 일상에서 마음챙김 유지 2. 일상에서 알아차림의 힘 개발하기
비고	

수업 개요

제8회기는 MBSR 8주 일반 과정 수업의 마지막 회기다. 이 회기에서는 각자의 경험과 소감을 공유하는 시간을 가져야 하므로 3시간~3시간 30분가량 충분한 시간을 할당해야 한다. 그룹 토론 시간에 소감문 작성, 만족도 조사, 나의 마음챙김 생활 계획 등을 발표한다. 특히 나의 마음챙김 생활 계획은 서면으로 작성해 봉투에 넣어 봉인해 지도자에게 제출한다. 지도자는 2~3개월 안에 이 서신을 참여자 자신에게 발송한다.

여는 명상에서는 지금-현재 나의 마음 상태를 들여다본다. 지금 현재의 마음은 8주간의 소감에 대한 반응일 것이다. 만족, 불만족, 회한, 희망 등의 감정 상태를 주시하며 알아차린다. 판단하지 않고 주시하고 알아차리므로 마음의 평정을 유지한다.

홈 과제에 대한 피드백에서 지금까지 홈 과제 실시에 대한 간단한 경험과 홈 과제를 통해 변화된 나의 일상생활을 나눈다. 특히 나의 일상생활에 가장 큰 변화를 준 명상을 나눈다.

주제 강연에서는 MBSR을 마친 후 일상생활에서 마음챙김을 어떻게 유지할 것인지, 마음챙김 생활의 장애가 되는 자동적 반응을 주시하고 알아차리는 호흡 공간의 활용을 설명한다. 마음챙김을 통해 좋은 습관을 갖도록 도와주는 내용을 강의한다.

요가 세션에서는 다음 세션에서 시행하는 바디스캔의 효과를 위한 예비 동작으로 진행한다. 지시자의 멘트에 따라 스탠딩 요가, 라잉다운 요가 자세 중 선택해 호흡과 감각을 알아차린다. 신체 부위를 세밀히 나누어 바디스캔을 실시한다. 지금까지 쌓인 긴장을 내려놓고 몸과 마음의 충분한 이완을 경험한다.

마무리 명상은 자애 명상으로 한다. 먼저 가족, 친구 등 가까운 사람들에게 자애의 마음을 기원하는 명상을 하고 지금까지 함께 했던 지도자와 참여자들에게 자애를 기원하는 명상을 한다. 정좌한 후 일어나서 걷기 명상을 하면서 자애의 눈길로 옆사람에게 자애를 기원한다.

MBSR 종일 수업

개요	종일(7시간 30분) 집중 수행 일상에서 마음챙김을 견고하고 효과적으로 사용한다.
주제	매 순간 현재의 감각과 생각을 알아차리고 개발한다. 마음챙김 주시를 통한 집중력과 마음의 고요와 평화를 경험한다.
수업 내용	**오전 세션**(9:00~12:00) 1. 여는 명상(5분) 2. 지도자의 종일 프로그램 및 자세 안내(10분) 3. 주제 설명 및 토론: 분노 다스리기(30분) 4. 정좌 명상: 호흡관찰(20분) 5. 마음챙김 요가 후 약식 바디스캔(50분) 6. 걷기 명상: 느린 걸음(20분) 7. 정좌 명상: 묵언으로(40분) **점심 식사**: 먹기 명상(12~13시) **오후 세션**(13:30~16:30) 1. 여는 명상: 호흡관찰(5분) 2. 주제 설명: 우울감과 마음챙김(30분) 3. 마음챙김 동작: 동작 바꾸기(20분) 4. 춤 명상: 저절로 춤(20분) 5. 걷기 명상: 빠른 걸음(30분) 6. 정좌 명상: 산 명상(30분) 7. 동적 명상과 감각 알아차리기(40분) 8. 자애 명상: 지도자의 지시 멘트와 침묵으로(30분) 9. 종일 명상 소감 나눔(10분) 10. 마무리 명상(5분)
특징	도시락으로 식사하며 마음챙김 먹기 명상 종일 침묵 수행으로 진행

종일 수업의 개요

종일 수업은 보통 MBSR 일반 과정 중 6회기와 7회기 중간에 별도로 한 주를 선택해 실시하거나 6회기와 같은 주의 주말에 시행한다. 이 회기에서는 그동안 수업에서 경험했던 여러 가지 마음챙김 기술들을 익숙히 다루고 그것들을 일상에서 효과적으로 사용하게 한다.

지금까지 수업에서 배운 공식 명상의 전체적인 복습과 다루지 못한 비공식 명상을 경험한다. 하루 과정 중 순간에서 순간으로 알아차림이 이어지도록 침묵 수행을 계속하고 모든 과정에서 마음챙김 주시와 알아차림이 이어지도록 한다.

일상에서의 마음챙김 활용에 대한 간단한 설명과 불교에서 말하는 탐진치를 주제로 강의하고 특히 분노가 일어나는 시스템과 마음챙김 명상을 통해 분노를 다스리는 방법을 강의한다. 분노는 자신과 타인을 파괴하는 정신적 장애다. 강의 후 분노로 일을 그르친 경험을 나눈다.

오전 세션의 정좌 명상의 주제는 호흡관찰이다. 코 밑 인중에서 느껴지는 호흡을 주시하고 알아차리는 호흡관찰 명상이다. 호흡관찰을 통해 종일 수업을 실시하기 전 마음을 가다듬고 몸의 자세를 조율하는 시간을 갖는다.

호흡관찰 명상 후 마음챙김 요가와 바디스캔을 한다. 바디스캔은 약식으로 한다. 바디스캔에 이어 걷기 명상을 실시한다. 느린 걷기 명상을 하면서 몸 전체에서 일어나는 감각을 주시한다. 걷기 명상 중 현재에 집중이 안 되면 잠시 멈추어 마음에서 일어나는 생각을 주시하며 알아차리다가 다시 걷는다.

오전 세션을 마치기 전 40분 동안 정좌 명상을 지시문 없이 침묵으로 실시한다. 집중과 알아차림이 부족한 참여자는 가능한 한 인내하며 정좌 명상을 계속하되 잘 안 되면 걷기 명상으로 전환한다.

오전 수업을 마친 후 점심 식사는 먹기 명상으로 한다. 도시락이나 간단한 식사로 준비하고 각자의 자리에서 침묵으로 먹기 명상을 실시한다. 약 30분 동안 먹기 명상을 하고 이 명상이 끝난 후 티타임에서 대화를 나눌 수 있다.

오후 세션 초반 나른함과 졸림을 예방하기 위해 동적 명상, 춤, 걷기 명사 등 주로 몸을 움직이는 동작 명상(Movement Meditation)을 한다. 동작 명상으로는 즐겁고 몸이 이완되는 명상을 선택하는 것이 좋다.

정좌 명상은 MBSR 비공식 명상 중 하나인 산 명상이나 호수 명상을 한다. 필자는 보통 필자가 개발한 느티나무 명상을 한다. 이러한 명상을 흔히 '시각화 명상'이라고 부른다. 사실 시각화 명상이라기보다 자신이 산이 되어보는 '의인화 명상'이라고 할 수 있다. 의인화는 감정이입과 자기성찰을 할 수 있는 명상이다.

동적 명상은 MBSR 공식 명상이나 비공식 명상에서 경험해보지 못한 명상으로 필자가 경험한 오쇼 라즈니시의 동적 명상(Dynamic Meditation)이다. 이 명상은 동적, 정적 면의 조화를 이루는 명상으로 동적 명상 후 감각 관찰에 적격인 명상이다.

자애 명상은 정좌 자세와 움직이면서 하는 자세로 한다. 정좌 자세에서 가족과 친지에게 자애를 기원하는 명상을 한다. 원을 그리며 움직이면서 하는 자애 명상은 이 과정에 참여한 사람들에게 하는 명상이다.

마무리로 종일 수업에 대한 소감을 나누고 마무리 명상으로 정좌 명상을 한다. 오늘 종일 수업에서 새로 배운 점과 소감을 나누고 마무리 명상에서는 하루의 과정을 성찰해보고 지금 이 순간의 느낌과 일어나는 생각을 주시하며 알아차린다.

참고자료

- 이재영, 심정교육론 연구, 성화사, 1989.

Mindfulness Based Stress Reduction

CHAPTER 26

MBSR 지도자 과정

26.1 MBSR 지도자 교육과정 구성의 원리

MBSR 지도자가 되기 위해서는 MBSR에 대한 풍부한 이론적 바탕과 지도 경험이 필요하다. 그것은 MBSR이 융합학문에 기반한 실천 프로그램으로 다양한 분야의 지식과 지도 경험이 요구되기 때문이다. 불교 명상에 대한 이해, 심리학적 지식과 심리치유 경험, 요가 관련 지식과 경험, 그룹 다이내믹스 지도 경험, 뇌과학 관련 지식적 기반과 지도 경험이 요구된다. 따라서 MBSR 지도자가 되기 위해서는 자신이 피교육생이 되어 공부해야 하며 협력자(Co-teaching)로서의 지도 경험과 MBSR 지도자로서의 지도 경험이 있어야 한다.

미국 매사추세츠 의과대학 MBSR센터(CFM)는 MBSR 프로그램을 처음 만들었으며 지금까지 대표적인 MBSR 지도자 육성기관이었다. 현재 미국 전역의 약 천 개 MBSR센터에서 프로그램이 진행되고 있으며 전 세계로 급속히 확산되는 중이다. 최근 CFM 지도자들이 미국 브라운대학으로 옮겨가 Brown MBSR Center(BMC)를 설립해 MBSR 프로그램 연구와 교육을 진행하고 있다. 이제 BMC가 존 카밧진의 MBSR 프로그램 유산을 이어받은 중심기관이라고 할 수 있다.

한국에서 MBSR을 교육하는 기관으로는 안희영 교수가 지도하는 한국 MBSR 연구소와 심리학자 장현갑 교수가 창설한 K-MBSR이 있다. 안희영 교수는 CFM(미국 매사추세츠 의과대학 MBSR 센터)의 공인 지도자이고 CFM에서 개발한 MBSR 교육 과정에 따라 교육하고 있다. 장현갑 교수는 심리학자로 한국형 MBSR을 개발해 프로그램을 지도해 오다가 이 책을 출간하기 직전인 2020년 4월 3일 타계해 그의 제자들이 MBSR을 연구하고 프로그램을 운영하고 있다.

필자에게서 MBSR을 배우는 학생들이 위의 두 MBSR 지도자 과정 중 어느 과정을 선택하는 것이 좋은지 가끔 묻는다. 필자는 위의 두 과정은 각각 특징이 있으니 자신의 선호에 따라 선택하라고 말해준다. 안희영 교수의 MBSR 과정은 미국 CFM 과정에 따라 교육하므로 미국식 수업 방식을 따르고 장현갑 교수는 한국인의 특성에 맞는 수업 방식을 택하고 있으므로 각각 장·단점이 있다고 할 수 있다.

필자는 MBSR을 지도하면서 위의 두 기관의 교육 방식을 모두 시도해보았다. 미국 CFM에서 제공하는 MBSR 교육과정대로 수업을 시행해보았고 K-MBSR에서 실시하는 MBSR 교육과정에 따라서도 수업을 시행해보았다. 수업해본 결과, 한국인에게는 두 과정을 통합한 수업 방식이 적합하다는 결론을 내렸다. 따라서 필자는 두 교육과정을 통합한 교육 방식으로 MBSR 수업을 이끌어가고 있다.

필자의 MBSR 교육과정은 현대 교육과정에서 채택 중인 중핵 교육과정을 따르고 있다. 중핵 중심 과정이란 학생들에게 중요시되는 과제를 교육과정 중심에 놓고 그 과제를 이해하고 해결하기 위해 다른 주변 학문을 통합·적용하는 교육과정이다. 필자가 지도하는 New-MBSR에서는 마음챙김의 개발과 적용에 중점을 두고 MBSR 주변 학문인 명상, 심리학, 요가, 그룹 상담 등의 이론과 실제를 연결·통합하는 교육과정을 구성했다.

한편, 필자의 New-MBSR 교육과정 구성은 미국과 캐나다의 기독교가 채택 중인 J.E.D(Joint Educational Development) 종교 교육과정을 따르고 있다. J.E.D 교육과정은 각 종교의 교육 프로그램 구성 요소들에 대한 상호의존성, 통합성, 조화와 협력이 통합된 교육과정을 말한다. J.E.D의 프로그램 구성 접근 이론은 말씀의 앎(Knowing the Word), 말씀의 해석(Interpreting the Word), 말씀의 생활화(Living the Word), 말씀의 행동화(Doing the Word)다.

필자가 구성한 New-MBSR 교육과정에서는 MBSR의 핵심 개념인 마음챙김에 대한 이해, 마음챙김에 대한 해석, 마음챙김의 의식화 및 생활화, 마음챙김의 실천을 구성 원리로 삼았다.

MBSR이 불교 명상에 근거한 만큼 불교 수행 과정을 이해하는 것은 MBSR 교육과정 구성의 필수 요건이다. 불교 수행의 궁극적 목적은 지혜를 깨닫고 얻어 해탈에 이르는 것이다. 이 지혜를 깨닫고 얻어 해탈하는 과정에는 문사수(聞思修)와 수사문

(修思聞)의 길이 있다. 문사수는 문혜(聞慧), 사혜(四慧), 수혜(修慧)의 길을 말한다. 문혜란 들어서 아는 지혜이고 사혜는 생각하고 연구해 얻는 지혜이고 수혜는 닦고 실천해 얻는 지혜다. 깨달음을 위해 먼저 진리 즉, 경전을 읽고 숙고하고 사유하고 수행하는 과정을 말한다.

수사문은 그 반대 과정이다. 즉, 먼저 수행하고 그 수행 경험을 성찰하고 사유한 후 진리를 공부한다. 필자의 경험에 의하면 문사수와 수사문의 길은 중요도나 선호도의 문제가 아니라고 생각한다. 서로 보완적, 보충적인 관계다. 수행 대상에 따라 문사수나 수사문의 길을 갈 수 있다. 필자는 수행에 입문하는 수행자에게는 먼저 명상에 대한 이해를 돕기 위해 명상 관련 강의로 시작한다. 그리고 입문 과정을 거친 수행자에게는 먼저 수행하고 그 수행 과정의 경험에 대한 인터뷰와 지도를 한다.

불교에는 성문승(聲聞僧), 연각승(緣覺僧), 보살승(菩薩僧) 삼승이 있다. 성문승(聲聞僧)은 부처님의 법을 듣고 법을 공부해 깨달음에 이르는 것을 추구하는 승려이고 연각승은 경전 공부 이전에 홀로 수행하며 깨달음을 추구하는 승려다. 그리고 보살승은 법을 공부하고 사유하는 것보다 중생의 구원을 위해 바라밀을 실천하는 수행자다. 이 삼승 중 어느 길이 바람직하다고 말할 수는 없다. 목적지는 같지만 각자 가는 길이 다른 것과 같다. 깨달음은 수행 하나의 목적만 갖지만 서로 다른 길이다. 상호보충적이면 보완적인 길이 된다.

26.2 CFM MBSR 지도자 과정

1979년 존 카밧진이 창설한 CFM(Center for Mindfulness in Medicine, Health Care and Society)은 MBSR 세계본부라고 할 수 있다. 전 세계에 100여 개 MBSR센터가 있고 이 교육기관을 거쳐 간 사람만 수만 명에 달한다. 미국을 비롯한 서양에서는 MBSR을 심신치유 프로그램의 맨 중심에 놓았다.

불행히도 한국에서는 이 기관의 공식 교육과정을 마치고 지도자가 된 사람이 극소수다. 그 이유는 MBSR의 중요성과 가치를 아직 모르고 미국에서 이 과정을 이수하는 데 많은 경비가 들고 영어 구사가 자유로워야 하기 때문이라고 본다. 한국에서는 한국 MBSR 연구소 안희영 교수가 이 교육과정을 수료한 유일한 국제 지도자다.

필자는 미국 CFM 자격증 취득을 위한 지도자 과정 중 마지막 과정인 Group Supervision을 남겨놓고 있다. 미국 CFM이 해산되고 브라운대학 MBSR 센터로 옮겨갔고 이 센터에서 필자로서는 받아들일 수 없는 새로운 자격 조건을 제시해 자격증 취득을 향한 마지막 과정만 남겨둔 채 멈추게 되었다.

CFM MBSR 지도자 과정

제1단계: MBSR 8주 일반 과정 신청 조건

1. 다음 과정 중 1개 과정 수료

- CFM 또는 자국 MBSR 공인 지도자가 개최하는 MBSR 8주 일반 과정 수료
- CFM에서 제공하는 MBSR 8주 Online Live 수료
- MBSR Online via Sounds True와 Mindfulness Tools 수료

2. CFM에서 주관하는 수련(Retreat) 참석

3. 최소 1년 이상 명상 수련 경험

- 5~7일간 집중 수행 경험
- 집중 수련 전 과정 참여(묵언 수행 포함)
- 지도자로부터의 수업(No Recording/Videos)
- 1:1 수련이 아닌 그룹 수련일 것

제2단계: Mindfulness Tools 5-Day Residential Intensive Program

MBSR 공식 또는 비공식 명상을 교육하는 5일 집중 수련 프로그램이다. 마음챙김 명상 관련 기초교육으로 부드러운 마음챙김, 정좌 명상, 스트레칭, 마음챙김 요가, 일상에서 알아차림 고양을 위한 마음챙김, 의사소통 훈련 등을 수업한다.

제3단계: MBSR in Mind–Body Medicine(7-days)

매사추세츠 의과대학의 마음챙김에 기초한 스트레스 지수 완화 클리닉에서 적용하는 마음챙김 명상 관련 집중훈련 프로그램이다. 이 코스를 통해 MBSR에서 마음챙김 명상의 기반인 이론 공부와 마음챙김 명상 관련 집중 수행을 경험한다.

제4단계: MBSR Fundamental 9-day Intensive Course

거리상 또는 직장 일 때문에 MBSR 8주 일반 과정에 참여할 수 없는 사람들을 위해 개설된 9일 집중 프로그램이다. 따라서 이 코스는 MBSR 8주 일반 과정 커리큘럼에 기반하고 있다. 수련 기간 9일은 전반 5일과 후반 4일 코스로 나뉜다. 전반 5일은 마음챙김 도구(Mindfulness Tools Program) 관련 수업으로 마음챙김 명상, 그룹 토론, 강의 등으로 구성되고 후반 4일은 전반 5일 동안 수련한 마음챙김 도구 관련 심화 과정으로 수행, 이론 수업, 피드백 나눔, 그룹 토론 등으로 구성된다.

제5단계: MBSR Practice Teaching Intensive(9-days)

MBSR 전문 지도자가 되기 위한 핵심 지도자 교육과정이다. 엄격한 MBSR 지도훈련 과정으로 지도자로서 갖추어야 할 태도, 지도기술, 교육과정 구성 등을 수업한다. 이 과정에서는 실제로 그룹별 지도실습으로 가르치는 기술을 개발하고 익숙해지도록 한다. 이 과정을 마치고 수료증을 수여하면서 "MBSR 일반 과정을 지도할 수 있는 자격이 이제 여러분에게 부여되었습니다."라고 선언한다.

제6단계: MBSR Individual Supervision

MBSR 관련 지식과 교육 경험이 풍부한 Supervisor(선임지도자)로부터 개인지도를 받는 과정이다. 이 과정에서 훈련받는 지도자는 실제로 MBSR 8주 일반 과정을 개설하고 이 과정에서 커리큘럼 구성, 교육내용, 지도기술 등의 코칭을 받는다. 슈퍼비전을 받는 지도자는 각 과정에 들어가기 전 다음 과정의 계획과 각 과정이 끝났을 때의 교육 결과를 슈퍼바이저에게 보고해야 한다. 필자는 이 과정에서 캐나다인들로 구성된 8주 일반 과정을 개설하고 미국인 슈퍼바이저 Colleen Camenish로부터 매주 1시간씩 실시간 화상 회의를 통해 슈퍼비전을 받았다.

제7단계: MBSR Group Supervision

MBSR 자격증 취득을 위한 마지막 과정으로 앞의 지도자 전 과정을 마친 MBSR 지도자들이 그룹을 구성해 교육과정, 지도기술, 지도 경험 등을 나누며 시니어 지도자로부터 코칭을 받는 과정이다. 실시간 화상 강의와 토론으로 구성되어 있다.

미국 CFM MBSR 8주 일반 과정 프로그램

회기	수업 내용
1회기	**주제: 자신 안에 내재된 내적 자원에 대한 재인식** * 스탠딩 요가, 바디스캔, 건포도 명상, 마음챙김 정좌 명상(호흡관찰) * 홈 과제: 바디스캔, 9 Dots Puzzle, 1일 1끼 식사 명상
2회기	**주제: 자각과 창조적 반응** * 약식 스탠딩 요가, 정좌 명상(상세 설명), 바디스캔(45분), AOB 정좌 명상 * 홈 과제: 일상의 일 마음챙김, 바디스캔(매일), AOB(매일 10~15분), 일상의 즐거운 일 마음챙김, 일상의 일 마음챙김
3회기	**주제: 현존하는 기쁨과 힘** * 정좌 명상(정밀 관찰), 마음챙김 라잉 다운 요가, 걷기 명상 * 그룹 토론: 마음챙김 경청과 대화 * 홈 과제: 라잉 다운 요가 및 바디스캔, AOB(1일 15~20분), 불쾌한 일 마음챙김
4회기	**주제: 스트레스 자동 반응과 마음챙김 자율 반응** * 스탠딩 요가, 정좌 명상(몸의 감각 관찰) * 그룹 토론(마음챙김 대화 연습, 불쾌한 일 마음챙김 리뷰) * 홈 과제: 바디스캔과 라잉 다운 요가 매일 교차 수행, * 정좌 명상: 호흡관찰, 감각 알아차림(매일 20분), 습관적 반응 알아차림, 스트레스 관련 리뷰
5회기	**주제: 막다른 골목(Stuck) 알아차리기** * 약식 스탠딩 요가 * 정좌 명상: 5개 명상 주제 알아차림(30분 이상) * 홈 과제: 스탠딩 요가, 정좌 명상 매일 교차 수련, 커뮤니케이션 장애 기록
6회기	**주제: 커뮤니케이션 장애와 패턴 알아차리기** * 정좌 명상(선택 없는 알아차림), 그룹 토론(효과적 경청 연습) * 홈 과제: 스탠딩 요가, 라잉 다운 요가, 바디스캔 매일 혼합 수련 및 교차 수련
7회기	**주제: 자신과 타인에 대한 사랑과 친절 함양** * 정좌 명상(산 명상, 호수 명상, 자애 명상), 자리 이동 정좌 명상 * 요가(자율 요가), 걷기 명상(빠른 걸음), 창문 명상 * 홈 과제: 셀프 가이던스 수련(요가, 정좌 명상, 걷기 명상, 바디스캔)
8회기	**주제: 일상에서 마음챙김 수련** * 셀프 가이던스 수련: 바디스캔, 요가, 정좌 명상 * 홈 과제: 자신의 수련 계획 세우기

※ 위 MBSR 8주 일반 과정 프로그램은 미국 CFM 표준 커리큘럼임

26.3 BMC(Brown Mindfulness Center) MBSR 지도자 과정

매사추세츠 의과대학 MBSR센터(CFM)가 문을 닫고 2019년 브라운대학 MBSR센터(BMC)가 문을 열었다. MBSR 창시자 존 카밧진을 비롯한 CFM 지도자 대부분이 BMC로 옮겨가면서 기존 CFM의 MBSR 지도자 교육과정이 수정·보완되었다. 그 과정은 다음과 같다.

제1단계: MBSR Teacher Training Level 1

1. Silent Retreat(집중 묵언 수행)
2. MBSR Foundation(MBSR 지도자 기반 과정)
3. Begin Teaching Introductory Program and Workshops(입문 프로그램 및 워크숍 지도 시작)
4. Silent Retreat(집중 묵언 수행)
5. MBSR Teacher Advancement Intensive(MBSR 지도자 심화 과정)

제2단계: MBSR Teacher Training Level 2(MBSR 지도자 수련 2단계)

1. MBSR 1 to 3 Cycles of 8-Week MBSR(MBSR 8주 과정 1~3회 지도 경험)
   MBSR Curriculum Study Group and Skill-Building Workshop(MBSR 스터디그룹 및 기술 습득 워크숍)
2. MBSR Insight Retreat(MBSR 통찰력 개발 집중 수행)
3. MBSR Individual Mentoring(MBSR 개인 멘토링)
4. Teach 4-6 Cycle of 8-Week MBSR(MBSR 8주 과정 4~6회 지도)

제3단계: MBSR Teacher Certification(MBSR 지도자 인증 과정)

1. One Silent Retreat(침묵 1회 수행)
2. MBSR in Medicine, Practice & Science(치유, 수행, 과학으로서의 MBSR)
3. MBSR Teacher Certification Assessment(MBSR 지도자 인증평가)
4. New-MBSR 교육 프로그램 구성

필자는 미국 CFM에서 MBSR 지도자 과정을 이수하고 캐나다와 한국에서 MBSR을 지도해본 경험이 있다. 이러한 경험을 바탕으로 존 카밧진이 개발한 MBSR 과정이 한국의 문화·정서와 잘 안 맞는다는 결론을 내렸다. 미국 CFM이 개발한 MBSR 프로그램은 동양적인 명상 자원을 서양인들에 맞게 적용한 프로그램이기 때문이다. 따라서 필자는 지금까지 MBSR 지도자로서 경험한 내용을 바탕으로 새로운 MBSR 프로그램을 만들게 되었다. 이 프로그램을 'New-MBSR'이라고 명명했다.

필자는 미국 CFM 표준 커리큘럼에 따라 MBSR 8주 기본 과정 프로그램(MBSR Fundamental – 8 Week)을 5차에 걸쳐 지도했다. 1차 MBSR 8주 기본 교육과정 참여자는 대부분 명상이나 요가를 전공한 대학원생으로 구성되었다. 그들에게 CFM MBSR 교육 프로그램을 그대로 적용한 결과, 참여자 중 몇 명이 MBSR 프로그램이 단순하고 내용이 빈약하다는 소감을 밝혔다. 좋은 소감을 발표한 참여자도 있었지만 일부는 MBSR 프로그램에 새로운 것이 없고 이미 다 아는 내용이라는 반응이었다.

3차 MBSR은 캐나다에서 실시했다. 캐나다인들에게 MBSR을 적용한 결과, 그들은 MBSR 프로그램의 효과성에 놀라워했다. 만성 두통, 불면증, 어깨 통증 등이 사라졌다거나 의사소통 개선으로 부부간 관계가 좋아졌다는 참여자도 있었다. 여기서 존 카밧진이 개발한 MBSR 프로그램이 동양인보다 서양인에게 더 적합한 프로그램이라는 결론을 내리게 되었다. 필자가 미국에서 경험한 MBSR 수업에서는 그룹 토론 시간이 많았고 참여자들 간에 활발한 토론이 벌어졌지만 한국에서 실시한 MBSR 수업에서는 토론 내용이 질의응답 수준에 불과했고 대부분 지도자 강의 중심이었다.

천안에서 실시한 4차 MBSR 수업에서는 등록한 11명 중 6명만 수료증을 받았다. 미수료자 대부분이 수업 결석이 많았기 때문이다. 이처럼 결석이 많았던 것은 나름 사정이 있었겠지만 MBSR을 자신의 일과에서 우선순위로 두지 않았기 때문이라고 생각한다. 적극적으로 참여하지 않은 것은 프로그램에 대한 관심과 호기심이 적고 기대한 만큼 새로운 것이 없다는 반응으로 해석할 수 있다. 물론 수료자 중에는 좋은 경험을 했고 삶의 자세에 변화가 생겼고 매우 유익했다는 소감도 있었다.

위와 같은 필자의 MBSR 교육 경험으로 필자는 나름 더 의미 있고 흥미로운 MBSR 프로그램을 구성할 생각이다. MBSR은 'Mindfulness-Based Stress Reduction(마음챙김 명상에 바탕한 스트레스 완화)'의 머리글자다. 필자는 Mindfulness를 Meditation(명상)으로 바꾸어 사용하고 싶은 마음이다. 다양한 명상 자원에 기초한

MBSR 프로그램을 만들기 위해서다. 하지만 더 보편적이고 일반적으로 사용되고 심리학적 개념이 담긴 Mindfulness를 당분간 사용할 생각이다.

지금까지 필자는 다양한 명상을 수행했다. 경험한 명상 수행 방식들을 New-MBSR 프로그램 구성 자원으로 삼을 생각이다. Meditation의 접두어 'med'는 '치유의'라는 뜻이다. 필자가 경험한 모든 명상은 심신치유 자원이 될 수 있다고 본다. 이러한 심신치유 자원이 되는 명상에 기반해 New-MBSR 프로그램을 만들려고 한다. 존 카밧진의 MBSR 공식 명상에서는 요가, 좌선, 바디스캔, 걷기 명상 등이 프로그램 구성 자원으로 사용된다. 필자는 기존 MBSR 프로그램 구성 자원인 공식 명상과 비공식 명상 외에도 동양 전통의 기 수련, 명상 춤, 동적 명상, 심상화 명상 등 다양한 비공식 수행을 MBSR 콘텐츠에 포함시킬 생각이다.

Mindfulness Based Stress Reduction

Mindfulness Based Stress Reduction

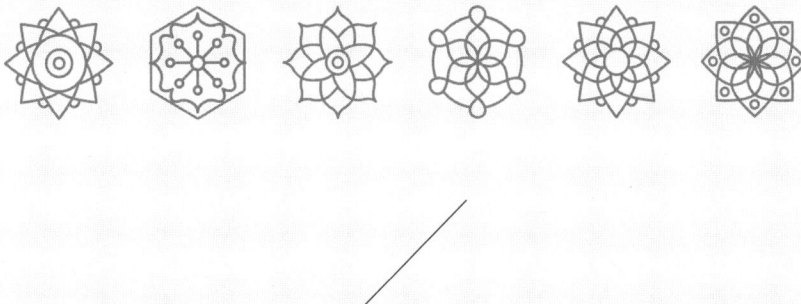

부록

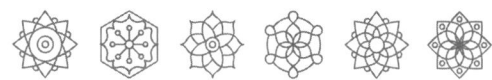

부록 1

Mindfulness Based Stress Reduction

마음챙김 요가 자세

▎Mindfulness Standing Hatha Yoga

	1. 두 발을 바닥에 딛고 편한 자세로 균형 있게 선다. 발과 발 사이는 약 5~6cm 간격으로 벌린다. 2. 머리끝부터 발끝까지 스캔하며 긴장과 무거움을 내려놓는다. 3. 배를 주시하며 잠시 호흡한다(호흡 3회).
	1. 숨을 들이마시면서 손을 위로 천천히 뻗는다. 팔을 뻗으면서 팔꿈치, 겨드랑이, 골반 등에서 일어나는 감각을 느끼며 알아차린다(3초 동안 자세 유지). 2. 손을 천천히 내리고 잠시 호흡한다(호흡 3회).
	1. 팔을 위로 서서히 올렸다가 내리면서 바닥과 양손이 수평이 되게 하고 손등이 머리 쪽을 향하도록 손목을 꺾는다. 2. 그 자세에서 손끝, 팔목, 어깨, 겨드랑이 등에서 일어나는 감각을 주시하며 알아차린다(2초 동안 자세 유지).

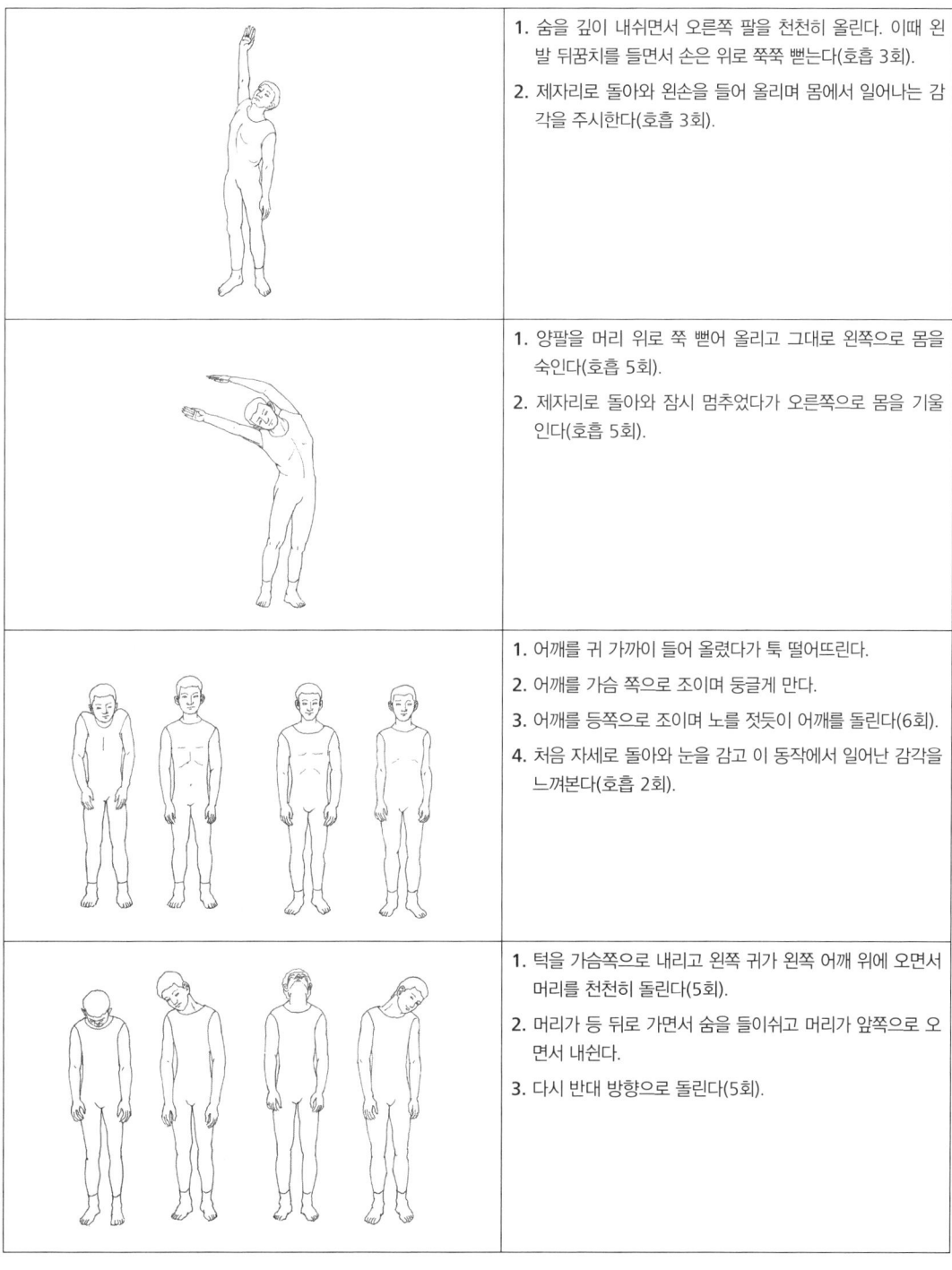

1. 숨을 깊이 내쉬면서 오른쪽 팔을 천천히 올린다. 이때 왼발 뒤꿈치를 들면서 손은 위로 쭉쭉 뻗는다(호흡 3회).
2. 제자리로 돌아와 왼손을 들어 올리며 몸에서 일어나는 감각을 주시한다(호흡 3회).

1. 양팔을 머리 위로 쭉 뻗어 올리고 그대로 왼쪽으로 몸을 숙인다(호흡 5회).
2. 제자리로 돌아와 잠시 멈추었다가 오른쪽으로 몸을 기울인다(호흡 5회).

1. 어깨를 귀 가까이 들어 올렸다가 툭 떨어뜨린다.
2. 어깨를 가슴 쪽으로 조이며 둥글게 만다.
3. 어깨를 등쪽으로 조이며 노를 젓듯이 어깨를 돌린다(6회).
4. 처음 자세로 돌아와 눈을 감고 이 동작에서 일어난 감각을 느껴본다(호흡 2회).

1. 턱을 가슴쪽으로 내리고 왼쪽 귀가 왼쪽 어깨 위에 오면서 머리를 천천히 돌린다(5회).
2. 머리가 등 뒤로 가면서 숨을 들이쉬고 머리가 앞쪽으로 오면서 내쉰다.
3. 다시 반대 방향으로 돌린다(5회).

	1. 양팔을 어깨 높이로 올려 쭉 뻗고 왼발에 무게를 두고 오른쪽 다리를 옆으로 곧게 편다. 2. 그 자세에서 시선은 정면 한 지점에 두고 호흡하면서 몸의 감각을 느껴본다(20초). 3. 제자리로 돌아와 반대쪽 다리를 든다(20초).
	1. 발을 넓게 벌리고 왼발 끝을 밖으로 향하고 왼쪽 팔꿈치를 오른쪽 무릎 위에 올려놓는다. 2. 오른발을 쭉 뻗고 오른손을 하늘쪽 머리 위로 쭉 뻗는다(호흡 3회). 3. 선 자세로 돌아와 잠시 몸의 감각을 느껴본다(호흡 3회).
	1. 두 손을 골반 위에 올리고 발은 어깨 넓이로 벌리고 골반이 정면을 향하도록 한다. 2. 숨을 들이마시면서 허리, 어깨, 머리 순으로 상체를 오른쪽으로 돌리고 시선은 오른쪽 어깨너머 먼 곳을 바라본다(10초). 3. 잠시(2초) 쉬었다가 반대 방향으로 상체를 비튼다.
	1. 두 손을 골반 위에 올리고 발목부터 돌려 발을 제외한 몸 전체를 오른쪽으로 최대한 돌린다. 2. 이 자세에서 잠시(8초) 멈추었다가 발목, 무릎, 허리, 어깨, 머리 순으로 천천히 제자리로 돌아온다. 3. 잠시(2초) 쉬면서 호흡하다가 왼쪽으로 몸 전체를 돌리고 그 자세에서 호흡하면서 멈춘다(8초).

	1. 무릎을 살짝 구부리고 숨을 깊이 마시면서 팔을 머리 위로 올렸다가 날숨과 함께 허리를 천천히 구부려 팔과 손과 머리가 바닥에 닿도록 내린다. 2. 머리를 무릎 밑으로 최대한 내리고 자신의 한계를 느껴본다(호흡 2회).
	1. 위의 자세에서 숨을 들이쉬면서 오른쪽 팔을 바닥과 수평이 되도록 들어 올린다. 2. 제 자리로 돌아와 잠시 쉬었다가 왼팔을 들어 올린다(멈춘 채 호흡 2회).
	1. 양발을 어깨 너비로 벌리고 양팔을 앞으로 뻗어 지면과 수평이 되도록 한다. 2. 의자 위에 앉은 것처럼 무릎을 천천히 굽혀 적절한 각도에서 멈추고 그 자세를 유지한다(10초). 3. 그 자세에서 자연스럽게 호흡하면서 발목과 어깨의 감각을 느껴본다(호흡 2회).
	1. 무게 중심을 왼쪽 발로 천천히 옮기고 오른발을 최대한 접어 왼쪽 다리 무릎이나 허벅지에 모은다. 2. 몸의 균형이 잡히면 양팔을 위로 뻗어 귀 옆에 붙이고 검지가 천장을 향하도록 팔을 천천히 올린다. 3. 시선은 앞쪽 한곳에 고정하고 나무처럼 굳건히 서서 깊이 호흡한다(호흡 2회).

	1. 양 발바닥을 마주 닿게 하고 허리를 곧게 펴고 앉는다. 2. 두 손으로 발가락을 감싸 쥐고 숨을 들이쉬면서 골반쪽으로 천천히 당겨 발 뒤꿈치가 회음부에 닿도록 한다. 3. 이 자세에서 무릎을 가볍게 흔들어 골반과 허벅지 안쪽의 긴장을 푼다(멈춘 채 호흡 15회).
	1. 두 손의 엄지를 걸어 합장하고 숨을 깊이 마시면서 팔을 머리 위로 쭉 뻗는다. 2. 숨을 내쉬면서 허리를 굽혀가면서 두 손을 뻗어 자신이 잡을 수 있는 왼쪽 다리의 가장 먼 부위를 잡는다. 3. 이 자세를 유지하면서 등, 근육, 무릎 뒷쪽 오금 엉덩이와 아랫배의 감각을 느껴본다(호흡 3회).
	1. 머리를 다리 쪽으로 숙이면서 자신의 한계를 느껴보고 그 자세에서 잠시 호흡한다(호흡 3회).
	1. 오른쪽 다리를 쭉 뻗고 왼쪽 다리는 구부린다. 이때 왼쪽 다리를 오른발 너머에 둘 수 있다. 2. 오른손으로 왼쪽 무릎을 고정하고 몸을 비틀어 왼쪽에 시선을 둔다(호흡 3회). 3. 팔과 다리를 바꾸어 같은 동작을 한다.

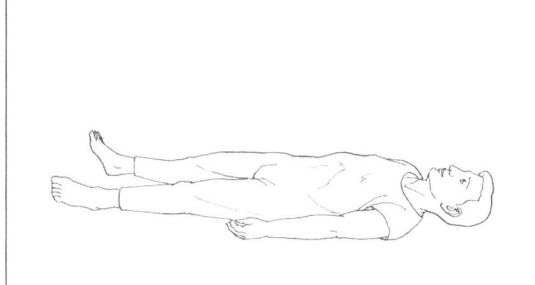

1. 송장 자세로 돌아와 지금까지 한 동작을 통해 일어나는 감각을 느껴보고 배를 주시하면서 호흡한다(6분).

마음챙김 라잉 다운 하타 요가(Mindfulness Lying Down Hatha Yoga)

	1. 바닥에 매트나 깔개를 깔고 그 위에 송장 자세로 눕는다. 2. 배를 주시하면서 배에서 느껴지는 호흡을 느껴본다(호흡 3회). 3. 눈을 감고 자신의 몸을 주시하면서 몸이 바닥으로 가라앉는다고 상상한다.
	1. 양팔을 위로 뻗어 올린다. 2. 호흡하면서 모든 관절이 이완되면서 늘어나는 감각을 느껴본다(호흡 3회). 3. 몸 뒷면이 바닥에 닿는 감각을 느껴본다.
	1. 무릎을 당겨 구부리면서 양발 간격을 발 하나 정도로 벌린다. 2. 숨을 들이마시면서 배가 일어나면서 허리가 아치 형태가 되도록 한다. 3. 골반을 오른쪽으로 기울이면서 호흡한다(호흡 2회). 4. 제자리로 돌아와 숨을 쉬고 골반을 왼쪽으로 기울인다.
	1. 앞의 자세에서 꼬리뼈를 살짝 들어올리고 허리에서 생긴 공간에 손을 집어넣는다. 2. 들숨에 골반을 올리고 날숨에 골반을 내린다(4회 반복).

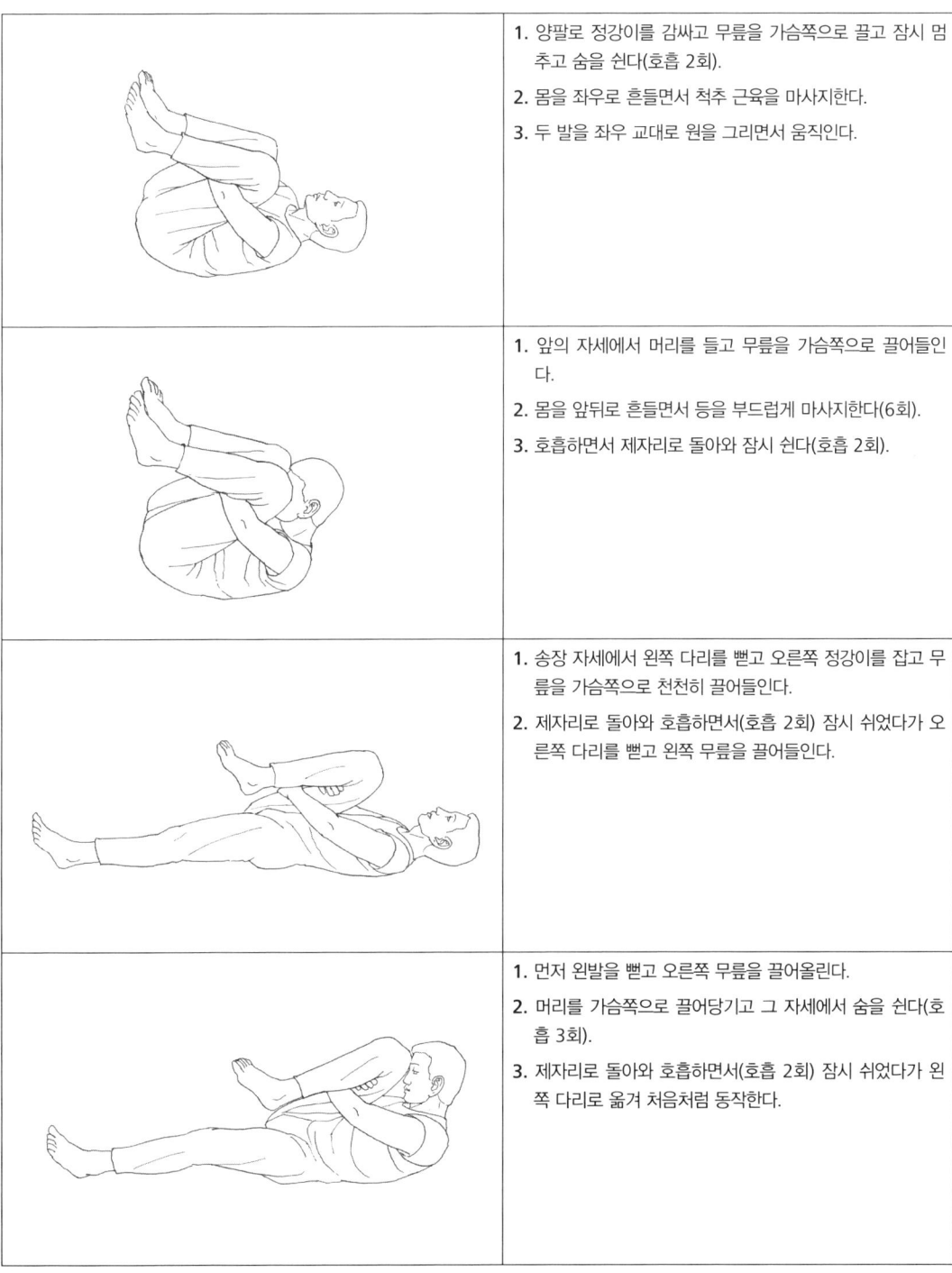

1. 양팔로 정강이를 감싸고 무릎을 가슴쪽으로 끌고 잠시 멈추고 숨을 쉰다(호흡 2회).
2. 몸을 좌우로 흔들면서 척추 근육을 마사지한다.
3. 두 발을 좌우 교대로 원을 그리면서 움직인다.

1. 앞의 자세에서 머리를 들고 무릎을 가슴쪽으로 끌어들인다.
2. 몸을 앞뒤로 흔들면서 등을 부드럽게 마사지한다(6회).
3. 호흡하면서 제자리로 돌아와 잠시 쉰다(호흡 2회).

1. 송장 자세에서 왼쪽 다리를 뻗고 오른쪽 정강이를 잡고 무릎을 가슴쪽으로 천천히 끌어들인다.
2. 제자리로 돌아와 호흡하면서(호흡 2회) 잠시 쉬었다가 오른쪽 다리를 뻗고 왼쪽 무릎을 끌어들인다.

1. 먼저 왼발을 뻗고 오른쪽 무릎을 끌어올린다.
2. 머리를 가슴쪽으로 끌어당기고 그 자세에서 숨을 쉰다(호흡 3회).
3. 제자리로 돌아와 호흡하면서(호흡 2회) 잠시 쉬었다가 왼쪽 다리로 옮겨 처음처럼 동작한다.

	1. 양손과 무릎을 바닥에 대고 몸을 엎드린다. 2. 날숨에 등을 아치 형태로 하고 머리를 양팔 사이로 떨어뜨린다. 3. 멈춘 자세에서 호흡한다(호흡 2회).
	1. 숨을 들이마시면서 등을 내리고 머리를 든다. 2. 그 자세에서 숨을 쉬면서 손과 무릎에서 느껴지는 감각과 배의 감각을 느끼면서 알아차린다.
	1. 무릎과 양손을 바닥에 댄 자세에서 오른쪽 다리를 들고 왼팔을 뻗는다. 2. 잠시 제자리로 돌아와 호흡하면서 쉬었다가 왼쪽 다리를 들고 오른팔을 뻗는다.
	1. 등을 바닥에 대고 양팔을 머리 위로 올린다. 2. 발바닥을 바닥에 대고 골반을 들어 올린다. 3. 들숨에 배를 내리고 날숨에 배를 들어 올리면서 배가 확장되는 것을 느낀다(호흡 3회).

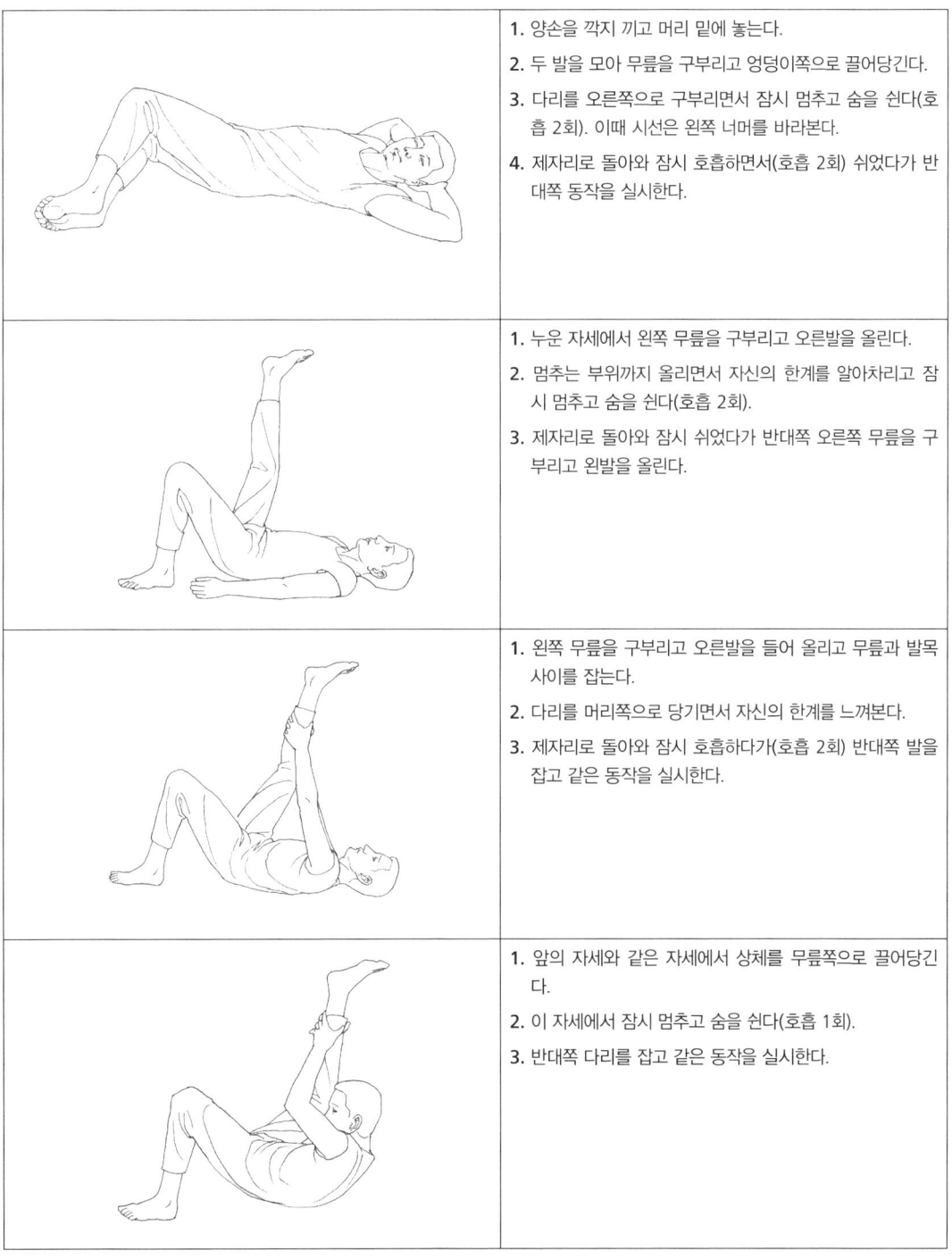

	1. 양손을 깍지 끼고 머리 밑에 놓는다. 2. 두 발을 모아 무릎을 구부리고 엉덩이쪽으로 끌어당긴다. 3. 다리를 오른쪽으로 구부리면서 잠시 멈추고 숨을 쉰다(호흡 2회). 이때 시선은 왼쪽 너머를 바라본다. 4. 제자리로 돌아와 잠시 호흡하면서(호흡 2회) 쉬었다가 반대쪽 동작을 실시한다.
	1. 누운 자세에서 왼쪽 무릎을 구부리고 오른발을 올린다. 2. 멈추는 부위까지 올리면서 자신의 한계를 알아차리고 잠시 멈추고 숨을 쉰다(호흡 2회). 3. 제자리로 돌아와 잠시 쉬었다가 반대쪽 오른쪽 무릎을 구부리고 왼발을 올린다.
	1. 왼쪽 무릎을 구부리고 오른발을 들어 올리고 무릎과 발목 사이를 잡는다. 2. 다리를 머리쪽으로 당기면서 자신의 한계를 느껴본다. 3. 제자리로 돌아와 잠시 호흡하다가(호흡 2회) 반대쪽 발을 잡고 같은 동작을 실시한다.
	1. 앞의 자세와 같은 자세에서 상체를 무릎쪽으로 끌어당긴다. 2. 이 자세에서 잠시 멈추고 숨을 쉰다(호흡 1회). 3. 반대쪽 다리를 잡고 같은 동작을 실시한다.

	1. 왼쪽으로 누워 왼손으로 머리를 받치고 오른쪽 다리를 천천히 올린다. 2. 이 자세에서 호흡하면서 잠시 쉰다(호흡 3회). 3. 제자리로 돌아와 반대쪽도 천천히 실시한다.
	1. 엎드린 자세에서 배를 바닥에 대고 한쪽 얼굴을 옆으로 놓는다. 2. 날숨에 몸이 바닥으로 가라앉는다고 상상한다(호흡 3회). 3. 바닥이 내 몸을 지지하는 것을 느껴본다.
	1. 엎드려 턱을 바닥에 대고 오른발을 들어 올린다. 2. 이 자세에서 숨을 쉬면서 감각을 알아차린다(호흡 3회). 3. 제자리에서 잠시 쉬었다가 오른발을 들어 올린다.
	1. 엎드린 자세에서 손을 양옆에 대고 바닥을 밀면서 어깨 윗부분을 천천히 들어 올린다. 2. 그 자세에서 잠시 멈추고 호흡한다(호흡 2회).

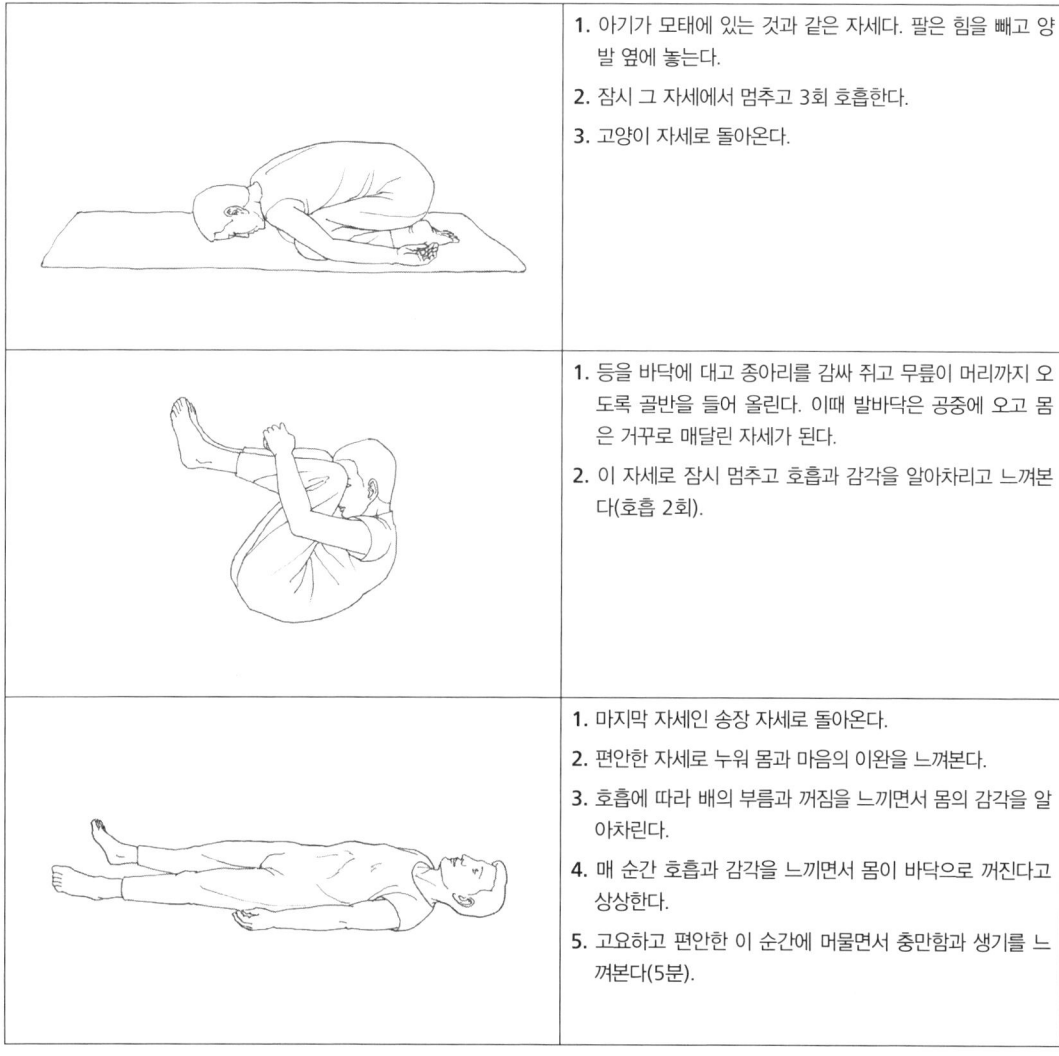

1. 아기가 모태에 있는 것과 같은 자세다. 팔은 힘을 빼고 양발 옆에 놓는다.
2. 잠시 그 자세에서 멈추고 3회 호흡한다.
3. 고양이 자세로 돌아온다.

1. 등을 바닥에 대고 종아리를 감싸 쥐고 무릎이 머리까지 오도록 골반을 들어 올린다. 이때 발바닥은 공중에 오고 몸은 거꾸로 매달린 자세가 된다.
2. 이 자세로 잠시 멈추고 호흡과 감각을 알아차리고 느껴본다(호흡 2회).

1. 마지막 자세인 송장 자세로 돌아온다.
2. 편안한 자세로 누워 몸과 마음의 이완을 느껴본다.
3. 호흡에 따라 배의 부름과 꺼짐을 느끼면서 몸의 감각을 알아차린다.
4. 매 순간 호흡과 감각을 느끼면서 몸이 바닥으로 꺼진다고 상상한다.
5. 고요하고 편안한 이 순간에 머물면서 충만함과 생기를 느껴본다(5분).

부록 2

Mindfulness Based Stress Reduction

마음챙김 바디스캔 지시문

선문 명상원 원장 이재영 교수입니다. 우리의 몸과 마음을 이완시키고 고요와 평안함을 경험하는 바디스캔 수련 시간입니다. 이 바디스캔 안내 멘트는 미국 MBSR 본부에서 제작한 존 카밧진 박사의 영어 안내 멘트를 바탕으로 각색한 한국어 버전입니다.

머리가 아닌 가슴으로 이 CD 지시문을 들으면서 자신과의 진정한 만남의 시간이 되기를 바랍니다. 이 바디스캔 CD 지시문에 따라 주기적으로 수련하면 균형 있고 활기찬 심신의 건강을 증진할 수 있을 것입니다. 이 바디스캔을 수련하면 몸과 마음이 이완되어 쉽게 잠들 수 있습니다. 가능하면 잠들지 않고 깬 상태로 처음부터 끝까지 지시문대로 수련하기 바랍니다. 그럼 몸과 마음이 깊이 이완된 상태를 경험할 것입니다.

먼저 주변에 방해물이 없는 편안하고 안락한 장소를 선택하십시오. 다른 사람이나 소음으로부터 방해받지 않는 장소로 준비하기 바랍니다. 숨을 쉬고 움직이는 데 방해되지 않도록 부드럽고 헐거운 옷을 입으시기 바랍니다.

이 시간은 오직 자신만의 시간으로 활용하는 것이 좋습니다. 자신과 온전히 함께하는 시간이 되도록 하십시오. 사랑스러운 마음으로 자신의 마음을 주시하면서 자신에게 활기찬 에너지와 자양분을 주는 시간이 되도록 하십시오.

이 시간은 내면에 내재된 힘의 원천인 생명의 에너지를 열어 자신을 치유하는 시간입니다. 수련하는 동안 너무 애쓰거나 뭔가를 만들려고 너무 노력하지 말기 바랍니다. 지나친 노력은 더 긴장하게 만듭니다.

매 순간 몸과 마음에서 일어나는 일들을 알아차리고 받아들이기 바랍니다. 지금 일어나는 이 모든 것은 우리의 경험을 '있는 그대로' 받아들이고 지금 이 순간 자신의 모습을 '있는 그대로' 인정합니다. 자신의 몸과 마음에서 일어나는 일들을 주시하며 판단이나 비판을 내려놓고 CD의 안내에 따라 지금 이 순간의 느낌이나 감각을 최대한 '있는 그대로' 주시하고 알아차리기 바랍니다. 눕기 불편하다면 의자나 벽에 기대앉아도 좋습니다. 바닥에 매트를 깔거나 침대 위에 누워 눈을 살며시 감아보세요.

이제 편안하고 방해받지 않는 장소에 누워 바디스캔을 시작합니다. 손바닥은 펴서 천장쪽을 향하고 양팔은 몸통 옆에 나란히 놓으십시오. 눈은 지그시 감고 발목은 꼬이지 않도록 하고 발과 발 사이를 어깨 너비로 벌립니다. 코로 숨이 들어와 아랫배가 자연스럽게 올라가고 내쉴 때 아랫배가 내려가는 감각을 느껴보십시오.

자! 편하게 숨 쉬면서 숨이 들어오고 나가는 것을 느껴봅니다. 숨을 조절하려고 하지 말고 배에 주의를 기울이면서 숨을 들이쉬고 내쉴 때 온몸이 이완되는 것을 느껴보십시오.

이제 알아차림을 배에서 왼쪽 다리, 허벅지, 발목, 발로 쭉 훑듯이 내려가면서 왼쪽 발가락을 주시하면서 감각을 느껴보십시오. 발가락 부위에 어떤 감각이 느껴지든 지금 그 감각을 '있는 그대로' 느껴보십시오. 따스함, 서늘함, 촉촉함, 저림, 간지러움 등 어떤 감각이든 '있는 그대로' 경험하십시오. 발가락 사이 공간도 알아차려 보십시오. 잡념이 많거나 감정이나 감각이 너무 강하게 느껴지면 주의를 배로 돌리면서 호흡에 집중하십시오. 숨을 들이마시고 내쉬고 배가 일어나고 내려가는 과정을 4회 반복합니다.

엄지발가락, 새끼발가락, 그 사이 발가락들을 어떤 감각이 느껴지든 '있는 그대로' 지켜보십시오. 이제 숨을 발가락 부위까지 보내고 거기서 숨이 나오듯이 상상하면서 숨을 쉬십시오. 발가락에 생기를 불어넣고 들어온 숨이 몸 밖으로 나갈 때 모든 긴장을 풀어주면서 온몸이 편하게 이완되는 것을 느껴보십시오.

이제 발가락으로 가 엄지발가락의 도톰한 부분, 움푹 들어간 아치 부분, 발뒤꿈치를 알아차려 보십시오. 발뒤꿈치와 바닥이 닿는 접촉 부위에서 어떤 느낌이 드는지 살펴보십시오. 공기가 발바닥에 닿는 느낌, 양말과 발바닥이 닿는 느낌, 저린 느낌, 간지러움, 맥박이 뛰는 느낌 그 어떤 느낌이든 지금 일어나는 느낌을 '있는 그대로' 느끼도록 마음을 모아보십시오. 숨을 발바닥까지 들이쉬고 내쉬면서 모든 것을 편하게 내려놓으십시오.

이제 왼쪽 발등 부위로 주의를 기울입니다. 피부, 근육, 뼈 등의 감각을 '있는 그대로' 느껴보십시오. 발등에서 느껴지는 체온, 간지러움, 저림 등 지금 일어나는 모든 느낌을 호기심으로 관찰해보십시오. 발등 부위로 숨을 들이쉬면서 신선함, 활력 등이 그 부위로 들어오고 발등에서 탁한 기운, 긴장감, 불편감이 모두 밖으로 나간다고 상상하면서 숨을 내보내십시오.

이제 왼쪽 발목으로 올라갑니다. 발목 앞뒤, 옆 모두 주의를 기울이면서 아킬레스, 힘줄, 피부, 뼈, 근육 등을 자세히 느껴보십시오, 숨을 발목까지 들이쉬고 내쉬십시오. 발목과 무릎 사이의 왼쪽 아랫다리를 알아차립니다. 장딴지와 바닥이 닿는 느낌, 종아리뼈, 정강이뼈, 피부, 근육 등을 자세히 알아차리다가 정강이 부위도 같은 요령으로 느껴보십시오. 그 부위에서 일어나는 모든 감각을 놓치지 말고 알아차려 보십시오. 이제 숨을 그 부위로 들이쉬면 온몸에 생명력이 가득 차고 내쉴 때 왼쪽 아랫다리에 있던 모든 불편감이 눈녹듯 사라지는 것을 상상해 보십시오.

이제 무릎으로 올라가 무릎 앞쪽, 옆쪽, 뒤쪽까지 자세히 알아차리십시오. 무릎관절을 받치고 있는 인대와 연골 등의 감각도 느껴보고 슬개골, 무릎인대도 느껴보십시오. 그 부위의 피부, 뼈, 근육, 인대 등을 모두 느껴보십시오. 무릎을 통과하듯이 숨을 쉬면서 혹시 불편감이나 통증이 느껴지면 내쉬는 숨과 함께 눈녹듯 모두 사라지도록 놔두십시오.

이제 넓적다리로 올라가 무릎부터 왼쪽 엉덩이에 이르는 부위에 주의를 기울여보십시오. 이 부위에서 어떤 감각이 느껴지든 '있는 그대로' 알아차리십시오. 넓적다리 아래쪽과 방바닥이 닿는 부위의 압박감도 느껴보십시오. 넓적다리 부위의 묵직함, 맥박이 뛰는 느낌 등 모든 감각을 지금 일어나는 그대로 생생히 하나하나 모두 알아차려 보십시오. 숨을 들이쉴 때 들어온 에너지가 그 부위에 활력을 넣어주고 숨을 내쉴 때 그 부위가 완전히 풀리도록 하십시오.

이제 숨이 넓적다리, 무릎, 정강이, 발목, 발가락까지 왼쪽 다리 전체에 들어가면서 활력을 주고 숨이 나올 때 그 부위가 활력으로 가득 찬 것을 느껴보십시오. 그 부위의 모든 긴장감을 완전히 배출하는 것을 상상하면서 숨을 쉬십시오. 숨이 왼쪽 다리 구석구석까지 들어가도록 몸을 열면서 참을성 있게 계속 깨어있도록 노력하십시오.

이제 오른쪽 다리로 쭉 내려가 발가락 부위에 집중합니다. 엄지발가락, 새끼발가락, 그 사이 발가락들에서 시원함, 열, 저린 느낌 어떤 느낌이든 '있는 그대로' 느껴보십시오. 아무 느낌이 없다면 느낌이 없음을 알아차리면서 그냥 주의를 집중해 숨을 발가락 부위로 들이쉬고 내쉬십시오.

이제 발가락으로 가 엄지발가락의 도톰한 부분, 움푹 들어간 아치 부분, 발뒤꿈치를 알아차려 보십시오. 발뒤꿈치와 바닥이 닿는 접촉 부위에서 어떤 느낌이 드는지 살펴보십시오. 공기가 발바닥에 닿는 느낌, 양말과 발바닥이 닿는 느낌, 저린 느낌, 간지러움, 맥박이 뛰는 느낌 어떤 느낌이든 지금 일어나는 느낌을 '있는 그대로' 느끼도록 마음을 모아보십시오. 숨을 발바닥까지 들이쉬고 내쉬면서 모든 것을 편하게 내려놓으십시오.

이제 오른쪽 발등 부위로 주의를 기울여보십시오. 피부, 근육, 뼈 등의 감각을 '있는 그대로' 느껴보십시오. 발등에서 느껴지는 체온, 간지러움, 저림 등 지금 일어나는 모든 느낌을 호기심으로 관찰해보십시오. 숨을 발등 부위로 들이쉬면서 신선함, 활력 등이 그 부위로 들어오고 발등에서 숨이 나가면서 긴장감, 불편감 등이 모두 밖으로 나간다고 상상하면서 숨을 내보내십시오.

이제 오른쪽 발목으로 올라갑니다. 발목 앞뒤, 옆 모두에 주의를 기울이면서 아킬레스, 힘줄, 피부, 뼈, 근육 등을 자세히 느껴보십시오. 숨을 발목까지 들이쉬고 내쉬십시오. 발목과 무릎 사이의 오른쪽 아랫다리를 알아차립니다. 장딴지와 바닥이 닿는 느낌, 종아리뼈, 정강이뼈, 피부, 근육 등을 자세히 알아차리다가 정강이 부위도 같은 방법으로 느껴보십시오. 그 부위에서 일어나는 모든 감각을 놓치지 말고 알아차려 보십시오. 이제 그 부위로 숨을 들이쉬면 온몸에 생명력이 가득 차고 내쉴 때 왼쪽 아랫다리에 있던 모든 불편감이 눈녹듯 사라지는 것을 상상해 보십시오.

이제 무릎으로 올라가 무릎 앞쪽, 옆쪽, 뒤쪽까지 자세히 알아차리십시오. 무릎관절을 받치고 있는 인대와 연골 등의 감각도 느껴보고 쓸개골, 무릎인대도 느껴보십시오. 그 부위의 피부, 뼈, 근육, 인대 등을 모두 느껴보십시오. 무릎을 통과하듯이 숨 쉬면서 불편감이나 통증이 느껴지면 내쉬는 숨과 함께 눈녹듯 다 사라지도록 놔두십시오.

이제 넓적다리로 올라가 무릎부터 오른쪽 엉덩이 부위에 주의를 기울여보십시오. 이 부위에서 어떤 감각이 느껴지든 '있는 그대로' 알아차리십시오. 넓적다리 아래쪽과 방바닥이 닿는 부위의 압박감도 느껴보십시오. 넓적다리 부위의 묵직함, 맥박이 뛰는 느낌 이 모든 감각을 지금 '있는 그대로' 생생히 하나하나 모두 알아차려 보십시오. 숨을 들이쉴 때 들어온 에너지가 이 부위에 활력을 넣어주고 숨을 내쉴 때 이 부위가 완전히 풀리도록 하십시오.

이제 숨이 넓적다리, 무릎, 정강이, 발목, 발가락까지 오른쪽 다리 전체에 들어가면서 활력을 주고 숨이 나올 때 그 부위가 활력으로 가득 찬 것을 느껴보십시오. 그 부위의 모든 긴장이 완전히 배출되는 것을 상상하면서 숨을 쉬십시오. 숨이 오른쪽 다리 구석구석까지 들어가도록 몸을 열면서 참을성 있게 계속 깨어있도록 노력하십시오.

이제 골반쪽으로 올라갑니다. 대야처럼 생긴 골반이 생식기관의 방광을 둘러싼 것을 느껴보십시오. 엉덩이와 허리가 방바닥에 접촉된 부위도 느껴보십시오. 지금 이 부위에서 일어나는 느낌을 '있는 그대로' 느끼도록 마음을 모아보십시오. 강한 감각이나 불편감이 느껴진다면 복식호흡으로 돌아가 편하게 안정된 호흡을 한 후 다시 시작할 수 있습니다. 하지만 가능하다면 그대로 알아차림을 계속하십시오. 아무 느낌이 없거나 마비된 느낌일 수도 있습니다. 어떤 느낌이 일어나든 지금 '있는 그대로' 알아차리다가 날숨과 함께 모든 것을 내려놓으십시오.

이제 허리 부위로 옮겨갑니다. 골반과 직접 연결된 허리 부위의 척추를 하나하나 느끼면서 지금 일어나는 감각을 느껴보십시오. 묵직함, 뼈근함, 가벼움, 따스함 어떤 느낌이든 충분히 생생히 느껴보십시오. 심한 불편감이나 통증이 느껴지면 복식호흡으로 돌아가 마음이 안정된 후 다시 시작할 수 있습니다. 하지만 가능하다면 이 부위로 숨을 보내고 내쉬면서 이 순간의 느낌을 모두 알아차려 보십시오.

이제 척추를 따라 올라가면서 흉추 부위를 알아차립니다. 척추 중앙의 이 부위는 각각 한 쌍의 갈비뼈를 지탱하고 있습니다. 숨이 들어올 때 갈비뼈가 움직이면서 생기는 감각을 느껴보십시오. 이 부위의 근육, 척추 하나하나를 생생히 느끼다가 양쪽 어깨뼈도 느껴보십시오. 지금 느껴지는 감각을 변화시키려고 하지 말고 흉추 꼭대기부터 꼬리뼈까지 이 순간의 느낌을 '있는 그대로' 모두 받아들이십시오. 숨을 깊이 들이쉬면서 척추 전체에 활력을 받아들이고 내쉴 때 남아있을지도 모르는 긴장감을 모두 내려놓으십시오.

이제 주의를 배로 옮기면서 숨이 들어와 배가 올라가고 숨이 나가면서 배가 내려가는 것을 느껴보십시오. 이 모든 느낌이 저절로 일어나는 것을 아무 판단 없이 지켜보십시오. 배 속의 간, 위, 결장 등 내장기관은 물론 배의 중앙을 지나가는 대동맥, 대정맥 등의 혈관도 느껴보십시오. 숨을 들이쉬고 내쉬면서 이 부위의 긴장감도 모두 내려놓으십시오.

이제 가슴쪽으로 주의를 기울입니다. 중앙의 가슴뼈, 그 양쪽에 있는 한 쌍의 폐, 심장 등의 움직임을 모두 알아차려 보십시오. 숨이 드나들면서 폐가 커지고 작아지는 느낌, 심장의 고동 이 모든 것이 자연스러운 리듬대로 움직이도록 놔둔 채 일어나는 모든 느낌을 생생히 느껴보십시오. 심장과 폐를 통해 온몸의 생생한 생명력을 느끼면서 충만감을 마음껏 음미하십시오. 가슴에 주의를 기울이면서 날숨과 함께 가슴 속 긴장감 등 모든 것이 완전히 사라지도록 내려놓으십시오.

이제 양팔을 따라 쭉 내려가 양쪽 손가락 끝에 주의를 모으면서 손가락 하나하나에서 생기는 느낌을 그대로 느껴보십시오. 따스함, 화끈거림, 서늘함, 간지러움, 전기가 통하는 느낌, 저린 느낌 어떤 느낌이든 지금 '있는 그대로' 알아차리십시오. 손톱, 손가락 마디, 손등 등도 알아차려 보십시오.

이제 손바닥으로 주의를 넓혀 건조함, 간지러움, 촉촉함 어떤 느낌이든 지금 '있는 그대로' 느끼고 알아차려 보십시오. 손바닥으로 숨을 들이쉬고 손바닥으로 숨이 나가는 것을 느끼면서 지금 '있는 그대로' 깨어있으십시오. 이제 손목에서 느껴지는 맥박도 알아차려 보십시오. 양쪽 팔꿈치, 안쪽, 바깥쪽, 피부 등도 느껴보다가 위쪽 팔에서 어깨에 이르는 부위의 피부, 뼈, 근육 등의 감각도 모두 알아차리십시오. 이제 양팔 위부터 손가락 끝까지 들숨이 닿도록 한 후 숨을 내쉴 때 모든 긴장이 눈녹듯 사라지도록 내려놓으십시오.

이제 양쪽 어깨로 주의를 돌립니다. 입장뼈, 어깨관절, 삼각끈 등 어깨 부위에 흔히 생길 수 있는 불편감을 지금 '있는 그대로' 느껴보십시오. 어깨 속 깊숙이 닿는 것처럼 숨을 들이쉬고 내쉴 때 숨과 함께 모든 긴장이 풀리는 것을 경험하십시오. 목쪽으로 올라가 목 앞, 옆, 뒤, 목 전체의 감각을 알아차립니다.

목 안쪽의 습기, 건조함, 느슨함, 조이는 느낌, 삼키고 싶은 느낌 등 지금 일어나는 감각을 '있는 그대로' 알아차리십시오. 목 깊숙이 숨을 들이쉬고 내쉴 때는 편히 내려놓으십시오.

이제 얼굴쪽으로 주의를 기울입니다. 우선 턱에 집중해 턱 부위 근육, 뼈, 피부에서 일어나는 감각을 느껴보십시오. 긴장감, 느슨함 어떤 느낌이든 지금 '있는 그대로' 느끼십시오. 입, 입술, 혀, 치아, 입천장, 양 볼 부위의 느낌도 '있는 그대로' 느끼십시오. 코, 콧등에 집중해 숨이 들어오고 나가는 것을 느껴보십시오.

이제 눈쪽으로 올라가 양 눈썹, 양 눈, 간자놀이, 이마, 귀 부위를 자세히 살펴보십시오. 이제 숨이 얼굴 속으로 들어와 활짝 꽃이 피듯이 편안하게 얼굴이 펴지는 것을 알아차리면서 얼굴 부위의 긴장감이 날숨과 함께 모두 사라지는 것을 느껴보십시오. 얼굴의 수많은 근육이 완전히 풀리면서 얼굴에 미소가 떠오르는 것을 느껴보십시오.

이제 위쪽으로 올라가 두피 전체를 포함한 머리 부위에 주의를 기울이십시오. 머리 뒤쪽의 압박감, 간지러움, 가벼움, 중량감 등 모든 느낌을 '있는 그대로' 느끼면서 두피 전체로 숨을 들이쉬고 내쉬어보십시오. 정수리에 있는 동전 크기의 작은 숨구멍을 상상해 보십시오. 이 숨구멍이 열리면서 밝은 빛이 들어와 온몸 구석구석까지 퍼지고 온몸이 숨쉬는 것을 느껴보십시오. 머리, 목, 어깨, 손, 가슴, 등, 골반, 양다리, 발바닥까지 밝은 빛으로 가득 차는 것을 상상해 보십시오. 이러한 평온함 속에서 모든 것을 믿고 수용하면서 편히 내려놓고 쉬십시오. '후~' 소리와 함께 숨을 밖으로 깊이 내뿜으면서 온몸이 이완되는 것을 느껴보십시오. 후~~~~~.

무한한 에너지가 온몸 구석구석에 흐르는 것을 느끼면서 자신을 완전히 열어놓으십시오. 이러한 집착 없음과 받아들임이 자신의 지위의 원동력임을 깨닫고 지금 이 순간 우주의 정체성과 연결된 자신을 느껴보십시오. 지금까지 살아오면서 굳은 모든 개인적인 틀에서 벗어나 지금 이 순간의 고요함, 평온함, 이완감 속에서 모든 것을 내려놓고 그냥 이대로 현존하고 있습니다.

이제 의식을 방안으로 돌려 손발을 천천히 움직이면서 몸이 원하는 대로 해주십시오. 지금까지 자신을 돌보는 소중한 시간을 가진 것을 자축하면서 이 깊은 이완 상태가 어떤 순간 어떤 일이 닥치더라도 호흡을 알아차려 우리 앞에 현존하고 있음을 기억하십시오. 이 알아차림 속에서 매 순간 깨어있는 삶을 누려보십시오.

부록 3   Mindfulness Based Stress Reduction

Body Scan Meditation

Instruction Letter: Lee, Jae Young

From now we will start doing body-scan meditation in which you will thoroughly explore every nook and corner of your body. This meditation is especially beneficial to people who have physical problems, or to people who find it difficult to sit for long periods of time. The purpose is to help you enter a very deep state of relaxation. Okay, to start with, lie down or sit in comfortable chair and relax and make yourself comfortable. Try to get rid of all the stress in your body. First raise your hands naturally towards the ceiling and then let your arms fall naturally alongside your body. The special point of body-scan meditation is to become aware of the feeling in every part of your body and without judgement or trying to understand it, and lay aside everything just as it is. The purpose of this mediation is to become aware of all feelings and lay them down. If you are ready, let's start doing the body-scan meditation.

Allow your eyes to gently close and start breathing through your nose. Allow yourself to become aware of your breath entering and going in and out of your body. As you breathe in through your nose let your lower abdomen rise, and as you breathe out let your abdomen fall. Not trying to control your breath in any way but simply experiencing it as the air moves in and out of your body and noticing your abdomen and feeling the sensations there as your breath comes into your body and your abdomen gently expands. Then noticing your belly fall down as the breath comes out of your body. And following the rhythmic movement of each breath…the rising of your belly on the inbreath and on each outbreath just letting go, letting your body become heavy as it sinks a little bit deeper into relaxation. Just bringing full attention to each breath in each moment. Although your eyes are closed you shouldn't fall asleep in this meditation.

Having connected with the sensations in the abdomen, bring the focus or "spotlight" of your awareness down the left leg, into the left foot, and out to the toes of the left foot. Focus on each of the toes of the left foot in turn, bringing a gentle curiosity to investigate the quality of the physical sensations you find. What kind of feeling do you notice in your toes? Perhaps you feel a sense of itching, tingling, coolness, warmth, stiffness or whatever sensation. Just allow yourself to become aware of whatever sensations are there. Let yourself be fully aware of whatever sensations you are experiencing. If you feel that your mind is starting to wander, and you start to day dream or are distracted and you can't concentrate well on your toes, move your attention back to your breathing and your lower abdomen. Again, allow yourself to become aware of your abdomen rising as you breathe in, and deflating as you breathe out. When the distractions of your mind have gone return your focus to your toes. And as you breathe in, imagine your breath moving all the way down to your foot and then when you reach your foot, begin your outbreath and let it move all the way up your body and out your nose. So that you're breathing in through your toes and breathing out from your toes. As you breathe in through your toes imagine that energy is flowing through your body and as you breathe out through your toes imagine that all stress and tension is flowing out through your toes.

Now move your attention from your toes to the sole of your left foot. Imagine that you are breathing in through it, and out through it. Let yourself feel the physical sensation in every part of your sole. Itchiness or dullness, the sensation of your socks or the air on your skin, dampness or a moist feeling, try to feel any kind of sensation through the sole of your foot. If you feel that your mind is starting to wander, and that you are starting to day dream or are distracted and you can't concentrate well on the sole of your foot, slowly move your attention back to your breathing and your lower abdomen. Again, allow yourself become aware of your abdomen rising as you breathe in and deflating as you breathe out. When the distractions of your mind have gone return your focus to the soles of your feet. Imagine that you are breathing in through the soles of your feet and that you are also breathing out of them. Again, allow yourself to become aware of all the sensations of the soles of your feet. Feel that the energy is entering your body through your breath as you breathe in, and the all tension and stress is going out as you breathe out. Imagine that all of your stress and tension is just disappearing and you feel comfortable and relaxed.

Now slowly focus your attention on your left ankle. Start with the front of your ankle and slowly start moving your focus in a clockwise direction. As you do this feel the physical sensation of each part of your ankle. Feel that you are breathing in and breathing out of each part of your ankle. As you do this also imagine that the fresh energy is entering into your body as you breathe in, and all the tension and stress is going out of your body as you breathe out.

Now move your focus up to your calf. Start with the lower part of your calve and slowly move your attention on each part of your calve up to your knee. Feel any kind of sensation. Feel that life energy is entering your body as you breathe in and that all tension and pain is leaving your body as you breathe out. Then let your awareness expand up your calf, to your knee joint and let yourself feel any feeling you can in it. For example, the sensation of pain, of pressure, of coldness or of warmth. Allow yourself to feel any sensation that you can in your knee joint. And if you have any pain in this part, as you breathe out imagine that all pain and discomfort is disappearing with your breath.

Now slowly move the focus of your attention from your knee up to the top of your thigh. Start with the lower part of your thigh and slowly start moving your focus of attention in a clockwise direction up and around each part of your thigh to your bottom. As you do this let yourself feel the physical sensation of each part of your thigh. And if you have any pain in this part, as you breathe out imagine that all pain and discomfort is disappearing with your breath.

Now, as you breathe in, feel or imagine that vital energy is flowing slowly up from the sole of your foot to your ankle, to your calf, to your knee, to your thigh, to the whole of your leg. And as you breathe out feel the breath going out from your body from your thigh, to your knee, to your calf to your ankle, and out through the sole of your foot. As you breathe in try to imagine that the fresh vital energy is entering into your body, and as you breathe out that all the discomfort, tension, stress and pain is melting away and disappearing out through your foot. Start the process again with the whole of your left leg and after you finish direct your attention to your right leg.

Allow your focus to travel from your right thigh, to your knee, to your calf, to your ankle, to the sole of your foot, to your toes. Allow yourself to become aware of all the sensations in the toes of your right foot. Itchiness, numbness, any kind of pain or discomfort, a feeling of freshness, warmth, coolness, a moist feeling, notice and feel any kind of sensation you can. Are you starting to feel any kind of sensation in your toes? Allow yourself to feel all the sensations that you can. Again, if you feel that your mind is wandering, and that you are starting to day dream or are distracted and you can't concentrate well on your toes, move your attention back to your breathing and your lower abdomen. Let yourself become aware of your abdomen rising as you breathe in and deflating as you breathe out. When the distractions of your mind have gone return your focus to your toes. Now breathe in through your toes and feel or imagine your breath come into your body and breathe out through your toes again.

Feel that you are breathing in through your toes and out through your toes. As you breathe in through your toes imagine that the vital energy is entering your body, and as you breathe out feel the stress and tension leave your body.

Now shift your attention to your foot. Focus your attention on the central and deepest part of your foot. Feel that you are breathing in through this point and that you are breathing out through this point. Allow yourself to feel all the sensations that you can through this point.

Feel any kind of itchiness or dullness, the sensation of your socks, shoes, or the air on your skin, a moist or damp feeling. Let yourself feel any kind of sensation through the sole of your foot.

If you feel that your mind starts to wander, and that you are starting to day dream or are distracted and you can't concentrate well on the soles of your feet, try to move your attention back to your breathing and your lower abdomen. Again, allow yourself to become aware of your abdomen rising as you breathe in and deflating as you breathe out. When the distractions of your mind have gone return your focus to the soles of your feet. Imagine that you are breathing in through the soles of your feet and that you are also breathing out of them. Again, let yourself become aware of all the sensations of the soles of your feet. Imagine and allow yourself to feel that the energy is entering your body through your breath as you breathe in, and the all tension and stress is going out as you breathe out. Imagine that all of your stress and tension is just disappearing and you feel comfortable and relaxed.

Now focus your attention on your ankle. Start with the front of your ankle and slowly start moving your focus in a clockwise direction. As you do this try to feel the sensation of each part of your ankle. Allow yourself to feel that you are breathing in and breathing out of each part of your ankle. As you do this also imagine that the fresh energy is entering into your body as you breathe in, and all the tension and stress is going out of your body as you breathe out.

Now move your attention up to your calf. Start with the lower part of your calf and slowly move your attention on each part of your calf up to your knees. Just feel any kind of sensation. Feel that life energy is entering your body as you breathe in and that all tension and pain is leaving your body as you breathe out.

Now let your awareness expand up from your calf to your knee joint and try to feel any feeling you can in it. For example, the sensation of pain, of pressure, of coldness or of warmth. Feel any sensation that you can in your knee joint. And if you have any pain in this part, as you breathe out imagine that all pain and discomfort is disappearing with your breath. Feel that life energy is entering your body as you breathe in, and that all tension and pain is leaving your body as you breathe out.

Now slowly move the focus of your attention from your knee up to the top of your thigh. Start with the lower part of your thigh and slowly start moving your focus of attention in a clockwise direction up and around each part of your thigh to your buttocks. As you do this try to feel the sensation of each part of your thigh. And if you have any pain in this part, as you breathe out imagine that all pain and discomfort is disappearing with your breath.

Now, as you breathe in, feel or imagine that vital energy is flowing slowly up from the sole of your foot to your ankle, to your calf, to your knee, to your thigh, to the whole of your leg. And as you breathe out feel the breath going out from your body from your thigh, to your knee, to your calf to your ankle, and out through the sole of your foot. As you breathe in try to imagine that the fresh vital energy is entering into your body, and as you breathe out that all the discomfort, tension, stress and pain is melting away and disappearing out through your foot.

Now allow your awareness to move up to the lower part of your pelvis.

Focus your attention on the lower part of your pelvis just above the genitals. Starting with the right part of the pelvis allow your attention to slowly move from your pelvis, to your sides, to your waist to your buttocks and allow yourself to feel all the physical sensations of these parts that are in contact with the floor. Notice your buttocks in contact with the floor or the chair. And the sensations of contact and of weight. Allow yourself to feel any kind of sensations there are. If you feel any kind of pain at any point imagine that you are breathing in and out through that area. As you breathe in feel the energy is coming into your body and as you breathe out let the pain flow out of your body with the breath. Don't make an effort to try to feel any sensations, just allow yourself to notice, heaviness, lightness, itchiness, a tingling sensation, the hardness or coldness of the contact of your buttocks on the floor or chair.

Now shift your attention to your bellybutton. Direct your attention up the right side of your waist and the lower part of your back and then the left side. Allow yourself to feel any of the sensations that are there. Notice all and any of the physical sensations that are there. If you feel any kind of discomfort in any part of this area move your attention there and imagine yourself breathing in and out through this area. Now direct your attention to your abdomen. Direct your attention to slowly move from your abdomen, to your sides, to your waist and your back and allow yourself to feel all the physical sensations that are there. Notice all the sensations appearing, changing, and then slowly disappearing. And as they disappear let your body sink even deeper into a state of relaxed awareness and stillness.

Now move your attention to your chest. Move your attention slowly from your chest to your ribcage to your spine. Let the focus of your attention move around each part and notice any of the sensations that are there.

Feeling the movements of your diaphragm, that umbrella-like muscle that separates your belly from your chest. And experiencing the chest as it expands on the inbreath and deflates on the out-breath. Just experiencing your chest, your belly, as you lie here…the muscles on the chest wall, the breasts, the entirety of the front of your body. If there is any discomfort in this area let it slowly dissolve and disappear. Allow yourself to tune into the rhythmic beating of your heart within your chest. Feeling it if you can. Also feel your lungs expanding on either side of your heart. Notice that if you are a little anxious, your heart beats more quickly, and if you are relaxed, your heart beats more slowly. As you fall into a deeper state of relaxation notice your heart is beating more slowly. Feel that on every heart beat vital life energy is flowing throughout your body. As you slowly breathe in and breathe out notice that the life energy entering your body with your inbreath and as you breathe out your whole body is sinking into an even deeper state of relaxation.

Now shift your attention to your arms. Let it move down your arms to your hands and your fingers. Allow yourself to feel any of the sensations that are there. Moving your attention to your fingertips and to both hands together, just becoming aware of the sensations now in the tips of your fingers and thumbs where you may feel some pulsations from the blood flow, a dampness or a warmth or whatever you feel. Just feeling your fingers. And expand your awareness to include the palms of your hands and the backs of your hands. Now move your attention back to the palms of your hands. Imagine yourself breathing through the palms of your hands. As you breathe in feel the energy entering with the inbreath and as you breathe out feel all the tension is disappearing.

Now shift your attention to your wrists. Notice the physical sensations that are there. Do you feel the pulsations of the arteries in your wrists as the blood flows to and from your hands? Do you feel your pulse beating quickly or slowly?

Now shift your attention to your elbow. Direct your attention from your elbows up your arms to your shoulders and allow yourself to feel any of the physical sensation in each region of your arm. Now breathe in through the palms of your hands, and let your breathe flow up through your arms to your shoulders, and then down your arms and out through your palms. Become aware of any and all sensations regardless of what they are. Allowing the field of your awareness to include now the upper arms. Right up to your shoulders. Just experiencing your shoulders and if there are any tensions, breathing into your shoulders and arms. And letting that tension dissolve as you breathe out. Letting go of the tension and letting go of your arms. All the way from your fingertips, right through to your shoulders. As you sink even deeper into a state of relaxed awareness. Just being present in each moment. Letting go of whatever thoughts come up or whatever impulses to move and just experiencing yourself in this moment.

Now focus your attention on your neck and throat and feel this part of your body, experiencing what it feels like perhaps when you swallow and when you breathe. And then letting it go. Letting it relax and dissolve in your mind's eye. Allow yourself to feel any of the sensations you can in this region. And breathe in and breathe out through this area. As you breathe in, let the life force enter your body, and as you breathe out let all tension and discomfort disappear.

Now shift your attention to your face. Focusing on the jaw and the chin, and the lips, and the mouth. Notice any of the sensations that there are. Becoming aware of your lips and your mouth. Allow yourself to become aware of any kind of stiffness, dryness of the lips, dryness of the throat, the saliva in your mouth, notice all the feelings that are there.

And becoming aware of your cheeks now…and your nose, feeling the breath as it moves in and out at the nostrils. And be aware of your eyes. And the entire region around your eyes and eyelids. And if there's any tension, letting it leave as the breath leaves. And now the forehead, letting it soften to let go of stored emotions. And the temples. And if you sense any emotion associated with the tension or feelings in your face, just being aware of that. Breathing in and letting the face dissolve into relaxation and stillness. And now become aware of your ears, and back and top of your head. Become aware of any of the sensations that there are. Now letting your whole face and head relax. For now, just letting it be as it is. Letting it be still and neutral. Relaxed and at peace.

Now notice the whole of your body. Breathe in through the small hole in the crown of your head. As you breathe in, imagine that Heaven's energy is entering and flowing throughout your body. As you breathe out, imagine that all tension is leaving through this part. And as you breathe in again through the crown of your head, let Heaven's energy enter with the breath into the whole of your body, and as you breathe out let all the negative energy leave through the soles of your feet with this breath. This time breathe in through the soles of your feet and as you breathe in let the earth's energy flow up through the whole of your body, and as you breathe let all the negativity go out through the crown of your head. As the earth's energy enters with your inbreath, all tension and discomfort leaves with your outbreath.

Now let your breath move through your entire body in whatever way feels natural for you. Through the entire length of your body. All of your muscles in a deep state of relaxation. And your mind simply aware of this energy, of this flow of breath. Experiencing your entire body breathing. Sinking deeper and deeper into a state of stillness and deep relaxation. Allow yourself to feel whole. In touch with your essential self in a realm of silence, of stillness, of peace. And seeing that this stillness is in itself healing. And allowing the world to be as it is beyond your personal fears and concerns. As you breathe let Heaven's energy and the earth's energy enter your body. And as you breathe out let all your tension and negative feelings leave. With your outbreath just let go of everything. In a state of deep relaxation just breathe freely and comfortably..

Mindfulness Based Stress Reduction

부록 4

산 명상 지시문

이 산 명상 지시문은 미국 MBSR 본부 CFM에서 영어로 제작한 지시문을 각색한 것입니다. 내가 산과 동일화되는 경험을 하는 시간이 되기 바랍니다.

어떤 자세도 좋지만 편한 자세로 가능하면 정좌 명상 자세를 취하기 바랍니다. 기품 있게 견고하게 쿠션 위에 앉습니다. 허리는 똑바로 세우고 반가부좌 자세에서 어깨와 손의 힘을 빼고 두 손은 양쪽 무릎 위나 발목 위에 포개 놓습니다. 손을 양 무릎 위에 놓을 때는 손바닥이 천장을 향하도록 하십시오. 눈을 지그시 감고 호흡을 주시합니다. 호흡을 강하거나 약하게 조절하려고 하지 말고 자연스럽게 호흡하면서 주시하고 알아차립니다. 그리고 지금 이 순간에 머물면서 몸에서 일어나는 감각을 주시하기 바랍니다. 내려놓고 비운다는 마음으로 머리끝부터 발끝까지 천천히 살펴보면서 몸에서 일어나는 감각을 관찰합니다.

지금 이 순간에 머물면서 당신이 경험했던 가장 아름다운 산을 상상해 보십시오. 당신이 알고 있거나 보았던 산을 상상하십시오. 그냥 아름다운 산을 상상해도 좋습니다. 이 이미지를 떠올리면서 마음의 눈으로 그 산을 살펴보십시오. 매우 넓은 큰 바위 위에 꼿꼿이 앉아 하늘을 향해 우뚝 솟은 산을 상상하십시오. 장엄하고 견고하고 흔들림 없이 앉아있고 부드러운 능선을 가진 산입니다. 멀리 가까이 펼쳐진 아름다운 모습을 상상하십시오.

당신이 바라보는 그 산 정상에는 눈이 쌓여 있고 아래 경사지에는 나무들이 울창할 것입니다. 우뚝 솟은 봉우리와 그 주변의 높고 낮은 봉우리들이 보일 것입니다. 당신이 바라보는 그 산이 어떤 자태와 모습이더라도 그냥 앉아서 호흡합니다. 그 산의 특성을 살펴보면서 호흡합니다.

이제 당신 앞에 펼쳐진 그 산을 몸속으로 가져와 당신이 산이 됩니다. 산과 당신이 하나가 됩니다. 앉아있는 몸과 당신의 마음의 눈으로 보았던 산이 하나가 되었습니다. 당신은 매우 육중하고 고요하고 기품 있는 산이 되었습니다. 당신의 머리는 몸이 받치고 있는 우뚝 솟은 산 정상이 되었습니다. 앞에 보이는 경치들이 파노라마처럼 펼쳐집니다. 당신의 어깨와 팔은 산의 능선이 되었습니다. 방석 위에 있는 당신의 다리와 엉덩이는 견고한 바위에 앉아있는 산 아랫부분입니다.

앉아있는 지금 이 순간에 머물면서 당신의 골반과 엉덩이에서 일어나는 감각을 주시하면서 알아차립니다. 산이 된 당신의 몸이 숨쉬는 것을 느끼십시오. 말, 생각, 어떤 이미지가 일어나도 판단하지 말고 그것을 초월해 고요함과 평화로운 이 순간에 머물러 있습니다.

산이 호흡과 함께 앉아있으면서 골반 위에 척추가 들어 올려진 것은 견고하게 바위 바닥에 올라온 산이라고 상상하십시오. 매일 밤이 찾아오고 또 낮이 되면서 별, 달, 태양이 매 순간 변하면서 일어났다가 사라집니다. 계절이 변해도 별, 달, 태양은 변함없이 나타나고 사라짐을 반복합니다. 모든 것이 변하지만 고요함과 평화로움은 변함없이 이어지고 있습니다.

여름이 되었습니다. 울창한 숲이 나를 덮었습니다. 멀리 보이는 산 정상에는 아직도 눈이 덮여있습니다. 가을이 되니 붉은 단풍색 코트로 갈아입었습니다. 겨울이 되어 내 몸은 차가운 눈과 얼음으로 만든 하얀 담요로 덮였습니다. 계절에 따라 때로는 구름과 안개에 덮여 앞을 볼 수 없고 빗물로 내 몸을 씻기도 합니다.

사람들은 나를 보기 위해 내 가까이 다가옵니다. 그리고 아름다운 내 자태를 보며 감동합니다. 구름과 안개로 어두워지면 날씨를 탓하고 불만을 토로합니다. 하지만 나는 모든 것을 보고 들어도 판단하지 않고 수용하고 그냥 묵묵히 앉아있습니다. 나를 보러 온 손님이 있든 없든 나를 좋아하든 싫어하든 나는 그대로 앉아있습니다. 사람들이 나를 보러오든 찾아오는 사람이 아무도 없든 나는 변함없이 장엄하고 고고하게 앉아있습니다. 날씨가 덥든 춥든 태양이 보이든 안 보이든 나는 산 그 자체로 존재합니다.

봄이 왔습니다. 새들이 다시 찾아와 나무 위에 앉아 노래합니다. 나뭇잎이 다시 돌아오고 꽃들도 핍니다. 산등성이에는 초목이 우거지고 눈이 녹아 시냇물이 되어 흐릅니다. 내 외모가 어떻게 변하든 날씨가 어떻게 변하든 세상이 어떻게 변하든 나는 묵묵히 앉아있습니다. 나는 산입니다.

나는 산이 되어 앉아있음을 경험했습니다. 산의 자태는 바로 우리가 명상하는 자세입니다. 시간이 지나고 내 주변 환경이 변해도 나는 산처럼 견고하고 고요하게 앉아있는 것을 경험했습니다. 어떤 일이 있더라도 산이 견고하게 묵묵히 앉아있듯이 명상은 몸과 마음, 외부에서 무엇이 일어나고 사라지든 그냥 내버려두고 묵묵히 알아차리며 앉아있는 것입니다.

우리는 살아가면서 폭풍과 같은 분노, 험한 시련, 참을 수 없는 고통을 경험합니다. 우리의 마음과 몸이 비바람과 추위에 시달려도, 어둠과 고통의 시간을 맞더라도 묵묵히 앉아있는 산처럼 '있는 그대로' 바라보고 주시하며 알아차리십시오. 그러다 보면 봄의 생기, 여름의 성장, 가을의 풍요, 겨울의 고요와 인내심을 배우며 고요와 평화로움을 경험할 것입니다.

Mindfulness Based Stress Reduction

부록 5

느티나무 명상 지시문

앉든 서든 눕든 어떤 자세라도 좋습니다. 편한 자세로 시작합니다. 먼저 자신의 긴장과 무거움을 내려놓고 비운다는 마음으로 머리끝부터 발끝까지 천천히 훑어 내려가면서 감각을 알아차립니다. 이렇게 바디스캔을 3회가량 실시하면서 주시를 호흡으로 돌립니다. 호흡의 흐름을 느끼면서 배를 주시하기 바랍니다. 배의 일어남과 꺼짐을 관찰하며 호흡을 느끼십시오.

지금 이 순간에 머물면서 당신이 경험했던 무성하고 푸른 느티나무를 상상해 보십시오. 하늘을 향해 우뚝 솟은 견고하고 늠름한 느티나무를 상상해 보십시오. 이러한 나무를 경험하지 않았다면 광장이나 언덕에 서 있는 크고 아름다운 나무를 상상해도 됩니다. 이 나무 옆에 벤치나 걸터앉을 수 있는 평상 마루가 있으면 좋습니다. 이 나무의 이미지를 떠올리며 마음의 눈으로 이 나무를 관찰합니다.

지금 내가 바라보는 이 나무는 우리 조상들이 심은 나무로 온갖 풍상을 다 겪은 수백 년 묵은 나무입니다. 이 나무는 굳건히 서서 주변 사람들의 애환을 함께 하며 그들의 쉼터가 되어주었습니다. 누군가가 이 나무를 베려고 한 적도 있었고 불에 타버릴 위기의 순간도 있었을 것입니다. 지금 나무가 어떤 자태더라도 나는 그 나무를 주시하며 호흡합니다.

이제 내 앞에 서 있는 그 나무가 나를 향해 클로즈업되면서 내 몸속으로 들어와 나와 하나가 됩니다. 지금까지 마음의 눈으로 보았던 나무와 나는 하나가 되었습니다. 나는 매우 우람하고 기품 있는 나무가 되었습니다. 내 발은 뿌리가 되어 내 몸을 떠받치고 있고 내 몸통은 견고한 줄기가 되었고 가지에 달린 무성한 나뭇잎과 열매는 내 머리가 되었습니다. 느티나무가 된 내 주변의 나무들을 내 가족이라고 상상하며 이미지화해 세워도 좋습니다. 이 나무들이 어디에 어떻게 서 있는지 상상해 보십시오.

지금 이 순간에 머물면서 나무와 함께 호흡하며 나무가 된 나를 주시합니다. 느낌, 감각, 생각, 어떤 이미지가 일어나도 판단하지 말고 이 모든 것을 초월해 고요함과 평화로운 이 순간에 머물러 있습니다. 매일 밤이 찾아오고 또 낮이 되면서 별, 달, 태양이 매 순간 변하면서 일어났다가 사라집니다. 계절이 변하고 나뭇잎이 무성했다가 떨어져도 나는 고요함과 평화로움이 깃든 나무 그 자체입니다.

지금 내 주변에 몇 사람이 와 쉬고 있습니다. 벤치에 앉거나 내게 기댄 채 상념에 잠긴 사람도 있고 졸고 있는 사람도 있습니다. 천진난만하게 뛰노는 아이들도 있습니다. 나는 그들에게 그늘이 되어주고 그들의 친구가 되기도 합니다. 내게 업히고 싶어 하거나 목말을 타려고 내 어깨에 올라타는 사람도 가끔 있습니다.

여름이 되었습니다. 나는 진한 초록색 옷을 입었습니다. 태양이 내리쬐는 날 갈증도 있지만 시원한 소나기에 해갈이 되기도 합니다. 사람들이 나를 보러 찾아옵니다. 옛날에는 많은 사람이 찾아와 낮잠도 자고 삼삼오오 모여 대화도 나누었는데 요즘은 많이 찾아오지 않습니다. 너무 바쁘거나 다른 데로 이사갔나 봅니다. 하지만 나를 찾아오는 사람이 있든 없든 나는 그냥 묵묵히 서 있습니다. 날씨가 덥든 춥든 태양이 보이든 안 보이든 나는 나무 그 자체로 존재합니다.

가을이 왔습니다. 갈색 코트로 갈아입었습니다. 사람들이 아름다운 내 모습을 보러 찾아옵니다. 그들의 옷도 표정도 달라졌습니다. 즐거워하는 사람이 있고 우울한 사람도 있습니다. 나를 아름답다고 칭찬하는 사람도 있고 말없이 무표정한 사람도 있습니다. 나를 칭찬하든 싫어하든 나는 상관하지 않습니다. 그냥 묵묵히 서서 그들의 이야기를 들어줍니다.

겨울이 되었습니다. 찬 바람이 몰아치고 냉기가 내 몸을 감싸도 나는 이 자리에 이 자세로 서 있습니다. 때로는 흰 담요로 내 몸을 덮지만 몸이 시려옵니다. 근심 걱정에 고개를 떨구고 찾아오는 사람도 가끔 있지만 이제 나를 찾아오는 사람은 거의 없습니다. 사람들이 찾아오든 안 오든 나는 견고하게 고고하게 서 있습니다. 그리고 소리 없이 찾아오는 봄을 기다립니다.

봄이 왔습니다. 땅에서 생명이 약동하는 기운이 올라옵니다. 하늘에서는 따스한 태양빛이 나를 보드랍게 감쌉니다. 다시 찾아온 새들이 내 위에 앉아 노래합니다. 사람들도 하나둘 내 주변에 모여들기 시작합니다. 사람들의 이야기가 밝고 희망찬 것 같습니다. 내 외모가 어떻게 변하든 세상이 어떻게 변하든 나는 묵묵히 서 있습니다.

느티나무 명상을 통해 나는 한 그루 느티나무가 된 것을 경험했습니다. 느티나무의 그 자태가 바로 명상하는 자세입니다. 시간이 지나고 내 주변 환경이 변하더라도 나는 느티나무처럼 견고하고 고요하게 존재하는 것을 경험했습니다. 계절이 바뀌고 무슨 일이 일어나든 견고하게 묵묵히 서 있는 느티나무처럼 명상은 마음과 몸, 외부에서 어떤 일이 일어나고 사라지든 내버려두고 묵묵히 알아차리는 것입니다.

우리는 살아가면서 폭풍과 분노, 험한 시련과 참을 수 없는 고통을 경험할 때가 있습니다. 우리의 몸과 마음이 비바람과 추위에 시달리고 어둠과 고통의 시간을 맞더라도 묵묵히 서 있는 느티나무처럼 '있는 그대로' 주시하며 알아차리십시오. 그러다 보면 봄의 생기, 여름의 성장, 가을의 풍요, 겨울의 고요와 인내심을 배우며 평화롭고 행복한 인생 여정이 될 것입니다.

New-MBSR 자격증 과정 안내

1. New-MBSR 8주 일반 과정(3급 자격증)

　　신청자격: New-MBSR에 관심 있는 누구나

　　수련일시: 신청자가 6명 이상일 때 상시 개설함

2. New-MBSR 8주 지도자 과정(2급 자격증)

　　신청자격: New-MBSR 8주(31시간) 일반 과정 수료자 및
　　　　　　 이에 준하는 교육 수료자

　　수련일시: 신청자가 6명 이상일 때 연 2회 실시

3. New-MBSR 8주 슈퍼비전 과정(1급 자격증)

　　신청자격: 위 2번 지도자 과정을 수료한 개인 슈퍼비전 과정 이수자

　　수련일시: 개인별 슈퍼비전 과정 실시

※ 문의: 010-8250-1237 (문자 메시지만 가능)
　　　　madhuri8290@gmail.com